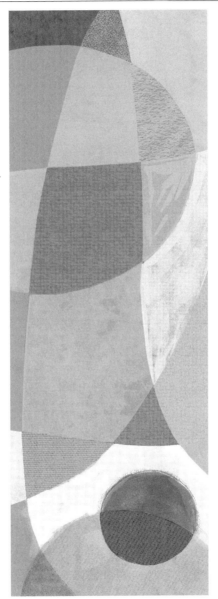

民主主義の深化と真価

思想・実践・法

桐山孝信
Takanobu Kiriyama
本多滝夫
Takio Honda
奥野恒久
Tsunehisa Okuno
的場かおり
Kaori Matoba

編

文理閣

はしがき

　本書は、2022年2月22日に75歳で亡くなられた法哲学者である中村浩爾さんを追悼するものとして構想された。生前に、中村さんは、新たな共同研究の著作を公刊することを企画されていたようであり、コロナ禍で交流を続けていた何人かから、中村さんへの追悼を形として残しておくべきではないかとの意見がでて、論文集として出版しようということになった。記念論文集としては、2017年に中村さんの古稀を祝った『社会変革と社会科学』が出版されたが、その折に中村さんは次のようなことを書いていた。

　「中村古稀記念とは銘打たず、一冊の本として、魅力のあるものであってほしい。つまり、義理やお付き合い的な論文の集まりということではなく、緩やかな形であれ一定のテーマ性の下に全体としてのまとまりをもち、また、それぞれの原稿が学術的な業績として評価されうるような本であってほしいと思います。」

　今回も、生前に中村さんと交流のあった方々から、「義理やお付き合い的な論文の集まり」ではなく、民主主義社会の危機の時代に研究者としてどのように対峙するかという観点も視野に入れた執筆をお願いした。もちろん民主主義はそれを定義する人の数だけ違いがあり、執筆者もそれぞれの学問分野からアプローチしているので、内容は広範かつ多様性に満ちたものになっている。しかし執筆者はみな、中村さんとの研究や議論を楽しんだ方ばかりである。そこで中村さんが民主主義を論じた『民主主義の深化と市民社会』へのオマージュという意味も込めて、本書を『民主主義の深化と真価』と題した。『社会変革と社会科学』に執筆いただいた方だけでなく執筆いただけなかった方にもお願いし、また、中村さんも編者となっている『権力の仕掛けと仕掛け返し』というユニークな題名の書物の執筆者にもお願いした。執筆者の顔ぶれをみれば、中村さんの研究関心および活動の場の広さを知ることができよう。巻末には中村さんの履歴と主要業績のほか、簡単な執筆者紹介も掲げておいた。

　今回の出版にあたっては、出版事情の大変厳しい中で、文理閣に出版を引き受けていただくことができた。英断を下された黒川美富子代表をはじめ、編集部の山下信さんにも大変お世話になった。この場を借りて改めて感謝申し上げたい。

　なお、この「はしがき」執筆途中で、本書の編集委員のひとりである田中幸世さんの突然の訃報に接し、私たちは茫然自失となった。田中さんこそ本書の実現に向けて最も精力的に働きかけられた方であり、私たちはそのバイタリティーに押されてこの企画を進めてきたといってもいいからである。刊行のあかつきには、編集委員一同、本書を共に携えて中村さんの墓前に参るはずであった。今はもうご冥福をお祈りするほかはない。刊行に尽力された田中さんに感謝し、彼女にも本書を捧げることをお赦し願う次第である。

2024 年 2 月 22 日

　　　　　　　　　　『民主主義の深化と真価』編集委員会（＊は編者）

　　　　　桐山孝信＊　　本多滝夫＊　　奥野恒久＊　　的場かおり＊

　　　　　北川健次　　　田中幸世　　　中野裕史　　　川西玲子

目次

第 1 部

民主主義と思想・歴史

第1章
川島武宜『所有権法の理論』に係る覚書

広 渡 清 吾

はじめに

　中村浩爾氏とは、民主主義科学者協会法律部会の活動で長く交流があった。かれは個人的には同じ大学で1学年下、筆者のつれあいが同じクラスというよしみもあった。追悼論集には新しく原稿を書く積りであったが、執筆計画がうまく行かず、思いついて未発表の原稿を整理してみることにした。原稿は、民主主義科学者協会法律部会民事法分科会合宿（2018年8月）において所有権論をテーマにした際、川島武宜『所有権法の理論』をどう読んだか、という報告を割り当てられ、そのために用意したノートである。これを基に論点を絞って「覚書」とした。新しく調査する余裕がなく、中村氏なら面白がってくれるだろう、ということをただよすがとして、寄稿の責めを塞ぐことにした。

1　マルクス主義法学理論としての「所有権法の理論」

　法学史における『所有権法の理論』（岩波書店、1949年、以下「」で記す）の位置づけは、マルクス主義的なブルジョア法分析理論として開拓者的で、最重要の業績ということであろう。渡辺洋三は、「ブルジョア法の基礎理論」を表題とする『マルクス主義法学講座・第5巻』（1980年）で、第1章総論、第2章財産制度を執筆しているが、検討のためのもっとも重要な業績として、

「所有権法の理論」を位置づけ、これに加えて、我妻栄の『近代法における債権の優越的地位』（有斐閣、1953 年）を挙げている[1]。近年、水林彪も、川島所有権法の理論の再検討をテーマにした論文[2]で、この 2 つの業績をマルクス主義理論によってブルジョア財産法体系分析を行うに際しての最大の手掛かりとしている。渡辺と水林に共通する評価は、川島の仕事が我妻の仕事に比して、よりマルクス主義的、社会科学的であるが、我妻の仕事は川島の仕事に大きなインパクト（社会科学的法学への刺激）を与えたということである。

　渡辺は、川島と我妻の仕事を並べて次のように評している。まず、二人の問題関心のちがいについて、我妻論文の刊行当時（1929 年）は金融資本の時代であり、市民法的構造の変容（「所有権の絶対性は睡眠状態」）のあとづけを課題とし、これを法学的カテゴリーによって分析したのに対して、川島は市民法構造の析出を試み、私的所有権の確立をもって近代市民社会の成立と規定し、それに基づいた戦前日本社会批判を課題とした。

　我妻の仕事の根本的な問題点は、渡辺によれば、所有権から切り離された独自の存在として債権を把握するという方法論的把握そのものにある。我妻の分析のためのカテゴリーは、一貫して法学的カテゴリーであり、それゆえ、物権を外界のものに対する排他的支配権、債権を人と人の関係として把握し、川島のように、所有権の実体的基礎が人と人の関係、物を媒介とする人の人に対する支配であるとする洞察を欠いている。法解釈学的認識と社会科学的認識の混同、ないし、法解釈学上の「法的構成」の道具概念を使って直接に社会現象の事実関係を説明するところが我妻のアキレス腱であり、法的概念が社会関係のイデオロギー的反映であることを理解せず、法解釈上の概念、規範命題で現実の社会関係をみる「法学的世界観」から脱却していない。国家論がなく、それゆえ国家は統制の主体としてしか位置づけられない。

　渡辺は、我妻理論と比較して川島「所有権法の理論」を「その理論の骨格は、一言でいえば、資本主義の全体的構造についての本質的把握という社会科学的視点に立脚し、資本主義的私的所有権に内在する矛盾とその統一という弁証法的考察にもとづいて、資本主義財産制度の一般理論を根底から吟味したもの」（同書 98 頁）と基本的に高い評価を与えている。ただし、川島理論の問題性は、商品という経済的範疇と所有権という法的範疇が区別されず

混淆していることを指摘する。この点は、筆者も同じ認識であり、とくに商品の私的性質と社会的性質の矛盾と統一の理解が法的カテゴリーとしての所有権の理解に並行移動している。

　川島は、「所有権は、生産関係の基礎的な構造の 1 つの側面であり、言いかえれば、生産関係そのものの中にまた生産関係そのものとして直接的に存在するところの・端緒的直接的存在形態における法の、基礎的部分である」（所有権法 14 頁）として、生産関係それ自身のなかに所有権という法的存在を看ているが、この認識は、国家法の媒介によって生産関係に所有権が強制力をもって措定される側面の看過という批判を引き出す。これは、マルクス主義法学の理論的可能性を拓いたパシュカーニス『法の一般理論とマルクス主義』（原著刊行は 1929 年、稲子恒夫訳第 1 版 1958 年、第 2 版 1967 年）に対して行われた「流通論的偏向」という批判、すなわち〈商品交換関係それ自身において経済と法の照応関係をみいだすところにとどまり、法がここに現実的基礎をもちながら、国家意思を媒介として強制的契機をともなって交換関係に法的効果を与える、という循環関係を度外視した〉に通じる。この論点は、法社会学論争の 1 つの重要なテーマを成した[3]。

　水林は、前掲論文で川島と我妻の仕事を批評しつつ、自己の所有権法論を展開するが、ここでは論及しない。かれは、『法律時報』の川島追悼特集（1993年 1 月号）で「川島博士の日欧社会論」を執筆し、川島理論が西欧近代社会を日本社会の後進性の批判的規準とすることによって、資本主義擁護論に帰結していることを指摘していた。かれによれば、「所有権法の理論」の意義は、①実定法を対象とする法社会学であり、②歴史的考察が行われ、③弁証法的思考が採用されていることであり、他方でその問題性は〈近代法を資本主義法と等置すること〉である。これは、水林が近代市民法、すなわち、CodeCivil の段階を〈経済的に、土地商品化と市民オイコス＝商人資本的経済の段階、封建経済ではないが、資本主義経済でもない段階、つまり、価値生産としての資本制経済が社会に全面化していない、つまり労働力商品の売買が普遍化していない、独立自営農民、手工業生産者などが支配的〉な歴史的段階としてとらえ、資本主義法の展開が、取引法的には民事から商事中心への移行をともなう次の段階であることを歴史実証的に主張しているからである。

　渡辺は、戦後の近代的土地所有権論の展開において、川島理論が果たした役割をとくに評価している。「川島理論は、今日にいたるまでの戦後財産法学における土地所有権論の基本的わく組みを決定した、といってよいであろう。」(112頁)。これについては、次項でふれよう。

　筆者のみ方によれば、川島が「所有権法の理論」に託した抱負は、資本論が「政治経済学批判」であったように、「ブルジョア法学批判」であり、著作末尾でかれは「本書の目的は、まさに所有権の抽象的な特殊＝法的な諸形態のこの不透明性によってさえぎられているところの、その内在的モメント、諸矛盾、諸発展の蔽いを取り去ること、への一つの試みであったのである」(354頁)と述べている。

　この「法学批判」は、法学史において19世紀末以降、「法社会学」として、法に係る社会的事実と法の関係および法の社会的根拠を実証科学的に明らかにすることが課題とされたことに通底する。川島の「所有権法の理論」は、マルクス的認識と方法(資本論による資本主義経済の構造分析とその方法)による、法社会学的見地にたつ法学批判であり、体系的な記述に成功したことにおいて、日本の法学史における画期的な業績となった。

　資本論におけるブルジョア経済学批判は、弁証の目的とされた資本主義経済社会そのものの変革を動機としたが、川島は、「**近代的所有権の典型を描き出し分析すること**」をもって「**現実にわれわれがおかれているところの日本の非近代的諸関係—特に、農村における—の止揚という現実的課題の解決**」を目的とする(はしがき2頁、ゴチ原文傍点)。ここに、一つのネジレが生じる。なぜなら、近代的所有権は、資本主義的商品交換経済社会を支える基礎条件であり、それゆえ、科学的批判の対象として分析されながら、同時に、それが実現すべき目標(非近代的日本社会の近代化の指標)と位置づけられているからである。

　川島によれば、資本主義的近代的所有権は、現在の日本社会において実現すべきものであり、他方で独占資本・金融資本(資本としての所有権)の分析において、生産の社会的性恪と私的所有の矛盾は、所有の社会化によって止揚すべきものとされている。こうして、川島の設定した課題の位置づけは段階論的にのみ理解し得る。つまり、まず近代化としての資本主義化、とくに

農村の近代化 (資本主義化)、そして全産業の社会主義化である。そして川島
の所有権論が直接の課題としたのは、近代化としての資本主義化であり、こ
れを戦後日本的課題と捉えたのである。

2 「所有権法の理論」と近代的土地所有権論

　川島によれば、近代的土地所有権の展開は、まず封建的土地関係の解体か
ら「資本の原始的蓄積過程の・所有権の側面」(78頁) として、「土地の商品
化の確立」において示され、これを前提与件として、不動産賃借権の物権化
が進む。川島は、土地所有権が地代収取権化することをもって、私的性質の
否定ではなく、その発展的現象形態であると位置づける (この論点はすでに我
妻が示したと註が付される。62頁註38)。ブルジョア法学は、ローマ法的絶対
的所有権観念に基づき、BGB の「売買は賃貸借を破らず」を所有権の自由
の制限と位置づけるが、資本制社会のあり方からすれば、所有権の価値権原
としての発展に他ならない。

　このように不動産所有権の価値支配権としての純化 (近代的所有権の発展的
現象形態) を捉えると、川島の議論から外れるが、「近代的土地所有権」と「近
代的土地所有」を分けて議論することが適切ではないかという考えが後にで
てくる。これによると、物権化した利用権とそれ相応した土地所有権 (価値
権限化した近代的所有権) という2つのメルクマールが近代的土地所有を構成
するとされる。

　近代的土地所有をこのように把握した場合、日本の戦後の農地改革の自作
農主義は、どのように位置づけられるか。日本の農村では、農地所有を大前
提とする家族経営が基幹的な生産様式となった (それは安定した中間層を創出
し、保守自民党の支持基盤となった)。他方で、都市における土地改革は行わ
れなかった。都市における土地所有権と土地利用権の関係は、借地法による
借地権の安定化 (物権化) が図られるが、借地権譲渡の承認と担保化の推進
が実現せず、地価高騰を背景にサプライサイド改革 (地主の地位の回復強化に
よる借地権の相対化) に帰結した。このように、土地所有権が価値支配権とし
て純化し、生産的機能からの遊離によって近代的な発展を遂げるという図式

は、日本ではみられない。また、バブル期の日本の現代的土地所有問題は、借地権価格の成立と上昇、つまり、土地所有権から土地利用権への価値権原の移行として現れた。

　戦後日本の土地問題に対して川島理論が有効な処方箋をみちびくものであったかはともかくとして、「所有権法の理論」における近代的土地所有権の歴史的発展の経済史的、法制史的記述とそこでの理論展開が、戦後法律学における土地所有権論に基礎と方法的視角をあたえたことは間違いない。戦後の土地法研究においては、具体的な歴史過程のなかでの所有権の発展（制度と実態）を分析して、近代的土地所有権論が展開した。このなかでも、歴史過程から発展史の一般理論をえがく方法（渡辺洋三、水本浩）と、他方で各国社会の発展の固有性に着目して議論をたてる方法が分かれる（先行して甲斐道太郎、続いて稲本洋之助、戒能通厚、原田純孝）4）。

　甲斐道太郎は70年代はじめ、「プロセスとしての近代」という考え方を示した。つまり「近代」「近代法」とは、どこかの時点で確立するといった形で捉えられるものではなく、一定の歴史過程として把握することがより実証的だという考え方である。筆者は、これを踏まえて、近代法の2段階的発展という議論をしたことがある。近代的土地所有の2段階的発展（第1に土地について私的所有権の確立、第2に農業経営資本の耕作権の物権的保障、すなわち、土地所有権の地代収取権化および賃貸借関係における信頼関係の物化）だけでなく、営業の自由や団結権保障も段階的な発展を示している。ここでは、各国の固有の発展史の実証分析と一般理論仮説の相互往復がいうまでもなく必要である5）。

3　「近代的所有権」を歴史的にどうとらえるか

　近代的所有権の史的成立は、川島の記述にしたがえば、具体的な史的経過として Code Civil が展開基点であり、BGB で完成とされる。その限りでは、甲斐が指摘したように「近代はプロセス」である。川島は、近代的所有権の成立を資本主義社会成立の本質的基礎と位置づけている。また、川島において「市民社会」概念は「資本主義社会」とまったく同義的に使われている。

たとえば、川島は「市民法と社会法」の議論に関して、「市民法」に二義あ
りとし、第一に日常的、同位的市民関係を処理する法であり、このレベルで
は市民法と社会法は対峙するが、第二に資本主義の基礎に係る法、たとえば、
私的所有権制度は社会法に対置して論じられえないとしている[6]。

　では、川島が近代社会＝市民社会＝資本主義社会という等号で考えている
ことは何かが問題である。近代的所有権成立の史的分析において、フランス、
ドイツと比較して戦前日本の場合には、半封建的土地所有および身分的な権
力関係の要素を色濃く持つ労使関係が存在するがゆえに、そこに「資本制生
産」を語りえても「近代的所有権について語ることは正確でない」（89頁）と
する。資本主義経済があっても、それだけで近代社会ではないという趣旨で
あろう。近代的所有権は、川島によれば、近代資本主義社会の本質的基礎と
いう位置づけであるが、ここでは社会そのものと同置されているように見え
る。

　川島は、別の行論で「近代的法意識」の欠如として、使用窃盗の観念がな
いとか、取締役が会社のものを自分のもののように使うとかを指摘している
（67頁）。これは比較法学者の野田良之が比較法文化論において指摘した問題
であり、法意識論・法文化論における共通の重要な素材である。川島は、
1967年刊行の『日本人の法意識』（岩波新書）において、法意識における日本
社会の「後進的」特性が社会経済的条件に規定されたものであり、「工業化
と都市化の進展」によって変化するだろうと見通している。これに対して、
比較法文化論に立つ野田は、法意識が各民族の基層をなす精神的文化に規定
されたものであり（狩猟文化と農耕文化）、よほどの精神的文化論的改革が教
育などによって行われないかぎり、変わらないという宿命論的なみ方を主張
した[7]。

　このように川島は、戦後日本の高度成長期にあっても、近代化をもたらす
ものは、資本主義化であり、それも西欧モデルの資本主義と考えていた。川
島が市民社会ということばを資本主義社会と同じ意味で使った含意は、市民
社会には、資本主義経済システムを本質的要件にしながら、「近代的」なる
ものの文脈で歴史的に肯定的な社会関係と社会意識を含むという観念があ
り、応じて資本主義社会も資本主義経済システムプラスとしてのイメージが

作られたということではないか。これらを考え合わせると、川島は、資本主義社会を単に資本主義経済システムとして理解するのでなく、資本主義経済システムがもたらしうる合理的な社会関係と社会意識を含むものとして理解し、それを積極的に肯定し、その趣旨を「近代的」に託し、近代的所有権論を構築したというのが筆者の想定である。

　我妻がすでに紹介していたカルネルの『法律制度特に所有権の社会的作用』（1904 年）[8] は、マルクス主義的研究であるが、これは明確に「資本主義的所有権」を対象と規定し歴史的推移と作用を分析している（我妻 333 頁以下）。「資本主義的所有権」ならば、一方で、封建的所有、他方で社会主義的所有とカテゴリカルに区別ができ、「近代的」所有権のようなあいまいさがない。川島は、この道を採らなかった。

　川島も編集委員の一人であった『講座・日本近代法発達史』（全 11 巻、勁草書房、1958-1961 年）は、その副題に「資本主義と法の発展」が付され、明治維新から敗戦までの時期を分析した。川島は、この講座を総括する座談会において、この講座が描いたのは「日本近代法**不**発達史」（ゴチ引用者）だった、戦後の日本で本来の近代法発達史がみられると語った。ここで近代法は、まぎれもなく、歴史の進歩を示すポジティブなものとして位置づけられ、資本主義が法の発展の起動力として配されている。戦後日本において「近代的」ということばが、ポジティブな、未来志向的な意義を担ったのは、満州事変以降の軍国主義日本のもとで称揚されるべき「日本的なるもの」が、「反近代」や「近代の超克」として位置づけられたことによる反動ではなかったか。ドイツのナチズムの下では、19 世紀の啓蒙主義、自由主義、個人主義に対して、20 世紀の民族共同体思想が対置された。「近代」対「反近代」というワーディングはなかった。

　こうした「近代的」ということばのもつ位置を確かめるために、ドイツの「私法史 Privatrechtsgeschichte」の領域の業績をみると「近代法」「近代的所有権」の概念はそれとして使われない。フランツ　ヴィアッカー『近世私法史』（初版 1952 年、第 2 版 1967 年）（鈴木禄也訳は第 1 版）は、原題が Die Privatrechtsgeschichte der Neuzeit であり、Neuzeit の辞書的意味によれば、古代、中世、に対する近代として、16 世紀から現代までを指すとされる。鈴木の「近

世」という訳語は、日本歴史の近世という概念とはうまく合っていない。ヴィアッカーが扱っているのは、ローマ法継受から第二次世界大戦後までである。ヴィアッカーの「私法史」は、かれ自身が拓いた新しい学問分野であり、その研究対象についての説明によれば、もともと伝統的な私法史が古代ローマ法を対象にし、ユスティニアヌス法典で終わるのは、これ以降ローマ法は西欧世界に作用を持つ新しい発展をはじめるからであり、ゲルマン法史は、また、独自の対象をとらえる独自の学問領域である。これに対して、この著作は「今日の私法の精神的、学問的諸前提とみなされる Neuzeit の私法史を扱う」とされる。

　ヴィアッカーがこの長い私法史のなかで、所有権（Eigentum）の制度と概念に言及する箇所を拾うと、まず到達点は、ローマ法の絶対的所有権概念の継受と完成、その最終的原因が「modern な産業的階級社会の成立」とされる（S.234）。「産業的階級社会」に「modern」の形容詞がついているが、これは今の時代の、当世のという意味であり、価値的なニュアンスはない。このあと所有権論史が辿られ時代に応じて、H.Grotius の所有権論、C.Wolff および S.Puchendorf の Eigentum 論、オーストリア民法典およびプロイセン一般ラント法の所有権規定、BGB の所有権規定、ソ連法の所有権制度が、それぞれ考察され、そして「展望」が語られる。こうした歴史的把握の枠組みのもとで、わたしたちが理解する近代市民法は近代的所有権を含めて、ヴィアッカー的用語では「古典的私法制度」として総括される。

　ドイツ法史関係の著作が日本の法学者によって翻訳される場合、原題とその邦訳名の関係には、「近代」という言葉への日本的含意がみられる。ヘルムート　コーイング著、久保正幡／村上淳一訳『近代法への歩み』（東京大学出版会、1969 年）は、ドイツ法の発展を中世から現代まで概説するものであるが、その原題は "Epochen der Rechtsgeschichte in Deutchland" であり、そのまま訳せば「ドイツにおける法史の諸段階」である。邦訳名には、「近代法」が法発展の方向であるというニュアンスが認められる。

　以上のようにみると、近代社会＝資本主義社会、近代法＝資本主義法という等号を前提にして法の歴史的、現代的分析を行う方法は、日本の戦後法学（戦前来の伝統的解釈法学に対して社会科学としての法学を志向し、法社会学的お

よびマルクス主義的法学を中心とする営為）の作り出したものであると言えよう。ドイツにおける 1960 年代後半以降のオルタナティブな法学の試みも、社会科学としての法学を目指し、資本主義と法の関係を分析の中心としたが、日本の議論で「近代法と現代法」と提示されるものは、「初期資本主義法と後期資本主義法」のように表現され、また、たとえば、1873 年以降戦後西ドイツまでのドイツ資本主義と法の発展を分析する著作は、日本風に「ドイツにおける現代法の発展」と称しうるところ、事物に即して「組織された資本主義における法の発展」と題される[9]。

　日本では科学としての法学の取組みである「講座・近代法発達史」（明治維新から第二次世界大戦の敗北までを分析）および「講座・現代法」（第二次世界大戦後の高度成長期を分析）は「近代法」・「近代市民法」、そして「現代法」という概念を資本主義経済の発展を軸に定義して、歴史と現状の分析の基礎とした。このこと自体が「ブルジョア法学批判」であったといいうる。川島は、それを先導したが、同時に、近代社会＝市民社会＝資本主義社会が、日本社会の後進性批判の規範的基準とされたという日本的文脈もそこにうかびあがる。

4　「私的所有権」と「個人的所有権」

　「近代的所有権」という用語はドイツ法文献にはみられず、資本主義経済を基礎づける所有権は、絶対性をもった「私的所有権 (Privateigentum)」であるとされる。我妻の「近代法における債権の優越的地位」は、近代法においてもはや「所有権の絶対」が問題の中心ではなく、「資本主義の現時の発展段階においては、もはや事実上存在しない」のであり、このように「睡眠状態に陥れるもの」は「除去するも、何等経済組織の行程を破壊する結果とはならない」と結論する（319-320 頁、321 頁）。つまり、資本主義の現時の発展段階で最重要の問題の中心は「金銭債権の威力」（324 頁）であり、この国家的統制こそが課題とされている。我妻の考察においては、それゆえ、所有権の分析はメインの課題ではないが、「近代的所有権」も、「私的所有権」も用語として登場しないことに気づかされる。

　「序」において、「第1部の所有権論では、まず、前近代的所有権ないし封建的所有権の社会的作用と法律的構成を明らかにした上で、自由なる所有権への推移をたど（る）。……物質的支配権から離脱した自由なる所有権は、その資本的作用を営むために利用した契約−債権のために、次第に圧倒されて、機能的没落の運命をたどる。それが近代法における債権の優越的地位である」（6頁）と記述され、ここで「自由な所有権」の用語がでるが、これも本文では再出しない。また、我妻は、Privateigentum の訳語に「個人的所有権」をあてて、「私的所有権」も用いられない（この箇所では、共同体におけるローマの家父の権利として Privateigentum が言及される。231-233 頁）。行論中、所有権は、たんに「所有権」と記述される。

　「近代的所有権」に戦後日本社会的な含意があること（我妻の1953年の著書の原論文は戦前の作品である）は、ここにも見えるが、私的所有権と個人的所有権の互換の意味が気になる。我妻は、ヘーデマン（Justus Wilhelm Hedemann）の諸著作をよく使っているので[10]、手元にあったヘーデマンの物権法の教科書を探索してみた[11]。ワイマール共和国の草創期にかかれたこの物権法は、「（物権の基本類型である所有権について）現在の強力な争いが、個人的所有権 Inidividualeigentum と社会化 Sozialisierung の間にある」と最初に問題提起している。ここでは「私的所有権」ではなく「個人的所有権」の用語が利用される。ヘーデマンの説明によると、今日の思考様式によれば、すべての所有権は、一定の個々人 Einzelnen、つまり個人 Individuum に結びついており、歴史的に所有権が家族・団体に属していたのと異なる。いまや、物権法の全理論は、個人主義的刻印をもった形象のうえに成り立っている、とされる。我妻が古代ローマ法の家父の Privateigentum を個人的所有権と訳したのは、共同体的所有権と対峙的に区別する文脈でこの訳語が適切と考えたからであろう。

　ヘーデマンは、今日「個人的所有権」に対して、それが個人に恣意的な力を与え、かつ、不平等をもたらすという大きな批判があり、この批判に対して、かつて倫理学、哲学そして宗教が、擁護し、そのためにたたかってきた「私的所有権 Privateigentum」の基礎づけがあらためて試みられていると状況を観察している。その上で、「私的所有権」問題は人間にとって永遠の課

題であると述べている。「私的所有権」は、フランス革命以来、19世紀を通じて、人間がその力を完全に解き放ちうるためには必要なものとして正当化され、攻撃に対して擁護されてきたとして記述されるが、個人的所有権と私的所有権の使いわけについては何も説明されない。ヘーデマンの主要大著である『19世紀における民事法の進歩』第2部第1巻『フランス革命から現在にいたる土地法の発展』[12] では、Individualeigentum ではなく、Privateigentum が使われている。ヘーデマンは、社会化に関連してドイツ社会民主党のエアフルト綱領を引用し、また、帝国議会における民法審議を紹介しているが、「私的所有権」が一方で廃止すべきもものとして攻撃され、また、ゲルマン法的見地から非難され、他方で、社会の柱石として擁護され、その歴史的階級的意味が明確であるので、以下にその資料を示す（ゴチ引用者）。

ドイツ社会民主党エアフルト綱領（1891）

「ブルジョア社会 bürgerliche Gesellschaft の経済的発展は、自然必然的に、その基礎が生産者 Arbeiter の**生産手段についての私的所有権**であるところの、小経営の没落に帰結する。この発展は、生産者を生産手段から切り離し、無所有のプロレタリアに転化する。これに対して生産手段は、相対として少数の資本家および大土地所有者の独占物となる。」それゆえ「**生産手段の私的所有権**は、その目的に適合的な利用および完全な発展にとって一致しないものとなった。」そこで、「生産手段についての**資本家的な kapitalisitsich 私的所有権**―土地、鉱山、原材料、生産道具、機械および交通手段―の**社会的な gesellschaftlich 所有権**への移行および商品生産の社会主義的な、社会のために、社会によって経営される生産への転換のみが、大経営およびたえず増大する社会的労働の収益可能性をこれまで搾取されてきた階級のために、悲惨と抑圧の源泉から最高の福祉と全面的に調和的な改革の源泉にすることができる。」

帝国議会での質疑

中央党議員の BGB903 条（「物の所有権者は、法律および第三者の権利に抵触しないかぎりにおいて、物を任意にとりあつかうことができ、また、他のあらゆる作用を排除することができる。」）に関する反対討論：「私は、ま

ずは法典におけるそのような概念規定は過剰のものと考える。いや他方
で、そのような概念規定は、まちがいであり、非ドイツ的（undeutsch）
だと考える。われわれは、ドイツ法にしたがえば、そのような**絶対的所
有権**を知らない。そのような所有権概念は、ローマ法によってもたらさ
れたものである。所有権があたえられた者は、恣意的に、また、任意に
（Willkür und Belieben）物を処分することができるわけではなく、その利
用に際しては制限としての一般の福祉（allgemeine Beste）に奉仕させら
れるものであり、所有権者とは一定の意味において管理者（Verwalter）と
いう立場に立つべきである。」

編纂委員会委員ゾーム（Rudolf Sohm）の応答

「**所有権の自由**は、われわれすべてにとって不可欠のものであります。
われわれは、この自由によって生きるのです。われわれが個別人格とし
て保持している公的な、人倫的な自由、われわれすべてが保持している
もっとも高価な法的財産は、**私的所有権 Privateigentum、自由で私的
な所有権**によって可能とされるのであります。私法 Privatrecht には、
われわれの公的自由のマグナカルタが存在しているのです。」

　それでは、ヘーデマンの私的所有権と個人的所有権の使い分けには、なに
か意味があるのだろうか。かれによれば、個人的所有権は、共同体（家族・
団体）所有と対置され、その解体によって生まれるものと位置づけられる。
筆者なりに忖度すれば、次のような説明が可能である。

　〈個人的所有権は、共同体から解放された個人を基礎づけるものであり、
その自由と発展の保障である。同時に、共同体の保護を失った個人は、生存
のために商品交換経済社会に否応なく組み込まれ、この社会は諸個人の欲望
を充足しあう社会であり、諸個人は、自己と他者の支配物を明確に区別し、
「私のもの」として主張しなければならない。また、この社会は、公共的事
柄を処理する国家に対して、前国家的な、私的な領域と位置づけられる。こ
のような事情は、諸個人の生存、経済活動の基礎を「私的所有権」と呼ぶこ
とを必然的なものとするが、諸個人にとってのこのような私的所有権の歴史
的意義は、共同体から解放された個人の自由と発展の保障として「個人的所

有権」と称すべきものでもある。〉

　個人的所有権は、名辞的なレベルでいえば、社会主義において、市民個人に保障される所有権としても現れる。1949年から1990年まで存続したドイツ民主共和国（DDR）の憲法（1974年）は、「共和国の国民経済は、生産手段の社会主義的所有を基礎」とする「社会主義的計画経済である」（9条1、3項）と規定した。この下で制定された「ドイツ民主共和国民法典 Zivilgesetzbuch der DDR」（1976年）は、社会主義的所有権 sozialistisches Eigentum と並んで個人的所有権 persönliches Eigentum を認めた。いうまでもなく、persönliches Eigentum は、Individualeigentum に対して、ことばのニュアンス上も、その体系上の位置も大きく異なる。前者は、プライベートなこと、個人的なことに属するものが対象であるにすぎない。

　社会主義的所有権は、人民所有権（全生産施設が対象）、社会主義的協同組合所有権（農業生産協働組合など）および市民団体の所有権が具体的カテゴリーとして規定される。個人的所有権は、その対象が「労働収入、預貯金、住宅および家計の設備備品、個人的必要に供せられるもの」とされ、住居や保養施設のための土地および家屋も個人的所有権の対象と規定された。東西ドイツの統一に際しての最大の処理問題は、DDR の社会主義的所有権の対象（生産施設・農林業地など）を私有化して（投資家への売却と旧所有者への返還）、DDR 地域に私的所有権秩序を再創出することであった[13]。

　「個人的所有権」に係って、最後に経済学者、平田清明が提起した「個体的所有の再建」という理論（『市民社会と社会主義』岩波書店、1969年）について言及しておこう。平田によれば、マルクスの史的唯物論は、人類史を3段階で把握し、前史の2段階、つまり、私的所有が確立する市民的（ブルジョア的）段階とそれ以前の段階、そして私的所有が個体的所有として現れる人類の本史（社会主義・共産主義段階）として構成される。

　平田の問題提起は、マルクスの著作に見られる das individuale Eigentum（平田はこれを「個体的所有」と訳する）をマルクスの全理論（とくに資本主義のあとの未来社会論）のなかで、どのように解釈して位置づけうるかという論争的議論に係るものである。DDR についてみたように、私的所有権は、生産手段については社会主義的所有権に移行し、市民個人の収入や私的生活に

係る財貨は個人的所有権に属するというのが、ポスト資本主義社会の所有権制度の一般的形態である。DDRにおいて、生産施設は、人民所有企業として、人民所有権の対象であったが、人民所有権の主体は全人民であり、つまり全人民を代表する国家（国家は社会主義統一党の指導の下にある）ということになる。

「個体的所有」の議論は、生産手段の私的所有が社会的所有に移行したとき、その社会的所有のあり方こそが個体的所有であると主張する。それが「再建」されるという意味は、資本主義によって否定されたものが、「否定の否定」によって高次の形態において復活するということである。

具体的には、生産者が自己労働および自己労働による生産物を所有（＝領有）するという事態が、共同体から人間が解放された歴史的時期に社会的に出現するが（そこでは独立自営の生産者が社会に分散して分業関係にある）、労働力の商品化を通じた資本主義の確立によって生産者の自己労働と自己労働による生産物が私的所有権に基づいて資本家に領有されて、この事態が否定される。しかし、資本制大工業の展開にともない、目的をもった生産のために資本家の下であれ、多数の労働者が協業し、生産手段を共同占有するという状況がつくりだされ、ここで生じる生産の社会性と私的所有の矛盾は、生産手段の私的所有を社会的所有に移すことを必然化する。このときに、協業し、生産手段を共同占有していた生産者たる労働者集団は、新しい次元で、自己労働および自己労働による生産物を所有することになる。これが「個体的所有」である。

以上の議論は、当時の現存社会主義における社会主義的所有のあり方、それを基礎にした社会主義のあり方そのものに対する批判的意識を背景にして展開した。DDRについて述べたように、「人民所有」とは、人民国家所有であり、国家を掌握する党機関の実質的支配を意味した。これに対して、人民所有企業や人民所有農場における労働者参加制（自主経営制）などが改革論として議論され、部分的に実現したが、それが「人民の所有」にふさわしいものであったかどうかは問題である。生産手段の社会化＝社会主義的所有は、すでに人民国家の成果（つまり、政治権力の社会化の成果）とされ、逆にこれを基礎にして、政治権力の社会化＝真の意味での人民主権の確立を展望する

という議論は決して提起されなかった。党が人民を社会的に代表し、その党
が国家を指導するという理論の下で、人民国家は当然に「人民の」国家であ
ると正当化された。そこでは、思想・信条の自由、政治活動の自由、結社・
政党設立の自由、政党の平等、自由な普通選挙、議員の国民に対する代表責
任などの政治制度が確立されるのではなく、むしろブルジョア的なものとし
て斥けられた[14]。

　ヘーデマンがワイマール時代にのべたように、私的所有権問題は、人間に
とっての永遠の課題であるということ、社会の基本秩序を規定する制度とし
て、時代の生み出す問題をかかえ続けるものであること、そして、川島「所
有権法の理論」は、このような課題に向かう不可欠の踏み台であること、こ
れを最後の感想としよう。

注
1）この二つの著作は、マルクス主義法学からみて最重要の業績であるが、民法学の体系
　　的、理論的な基礎づけを志向する戦後民法解釈学にとっても同様であった。筆者は、於
　　保不二雄のゼミ生だったので於保財産管理権論に学生時代から関心をもっていた（私の
　　助手論文は「財産管理権論への一アプローチ―その史的基礎と論理構造」『法学論叢』第
　　88 巻 4・5・6 号、1971 年）。その於保の『物権法・上』（有斐閣、1965 年）は、参照文献
　　の表示が一切ないが、川島の「近代的所有権」「商品所有権」の論理を基礎にしているこ
　　とは、たとえば物権的請求権論や二重譲渡論の基礎づけから容易に見て取れる。また法
　　律学全集の於保『債権総論』（1959 年）では、債権概念についての総説的説明に際して、
　　川島『所有権法の理論』と我妻栄『近代法における債権の優越的地位』の二著だけが引用
　　されている。於保と川島は 1908 年と 1909 年生まれで同世代である。
2）水林彪「近現代所有権法論の構図私案」『法社会学』）第 80 号、2014 年。
3）パシュカーニス理論はソ連政治の文脈に置かれ〈商品交換の論理で法の形態を特徴づ
　　けたが、経済関係と法関係を直接的に照応させ、国家の作用を等閑視し、法一般をブル
　　ジョア法と同置し、法の階級的本質と社会主義的過渡期の法の建設的役割をあいまいに
　　した〉という政治的批判にさらされた。藤田勇『法と経済の一般理論』（日本評論社、
　　1974 年）における「法のゲネシス論」と「法の現象論」の上向・下向の二重的分析は、こ
　　こにみられるマルクス主義法学の基本課題に正面から取り組んだ試みである。
4）原田『近代土地賃貸借法の研究―フランス農地賃貸借法の構造と史的展開』1980 年、
　　およびこれについての広渡の文献研究『民法学説 100 年史』三省堂、1999 年参照。
5）広渡「近代法の成立過程」天野和夫他編『法学の基礎』青林書院、1977 年参照。
6）川島「市民法と社会法について・アンケート」法律時報 30 巻 4 号、1958 年 68-70 頁。
7）これについて広渡『比較法社会論研究』日本評論社、2009 年、第 1 部第 4 章「文化と

制度—法の作用因をどうとらえるか」参照。

8）Josef Karner,Die soziale Funktion der Rechtsinstitute besonderes des Eigentums, Marx-Studien, Bd.1, 1904. これはカール・レナー（Karl Renner, 1870-1950）がペンネームで発表したものである。レナーは、オーストリア社会民主労働党の政治家として活動し、第二次世界大戦後、初代のオーストリア大統領に就任した。

9）Gerd Brüggemeier, Entwicklung des Rechts im organisierten Kapitalismus, 2 Bd. 1977, 1979.

10）ヘーデマンの民法学の歴史的位置とかれの法学者としての立ち位置については広渡『法律からの自由と逃避—ヴァイマル共和制下の私法学』日本評論社、1986年。

11）Hedemann,Sachenrecht des BGB, 1924.

12）Hedemann, Fortschritt des Zivilrechts im 19.Jh., Zweiter Teil, Erster Halbband, Die Entwicklung des Bodenrechts von der französischen Revolution bis zur Gegenwart, 1930.

13）旧東ドイツの所有権問題について広渡『統一ドイツの法変動—統一の一つの決算』有信堂、1996年第2章参照。

14）生産手段の社会化と政治権力の社会化の関係について広渡「藤田の社会主義史三段階把握について」法の科学第40号、2009年参照。

第2章
「歴史における進歩」と
どう向き合うか

笹倉秀夫

はじめに

　「歴史における進歩」と聞くと、「進歩史観」の語が思い浮かぶであろう。この進歩史観をめぐっては、最近の論壇で聞こえるのはそれの「終焉」・「黄昏」・「葬送」ばかりである。進歩史観を擁護する声は、すっかり弱くなった。だが、「歴史における進歩」に関しては、進歩史観を終焉させれば「問題解決」となるだろうか。本稿は、この点を扱う。

　(1)ここで進歩史観とは、ある価値物の増大が歴史のゴールだと説く考えである。進歩史観の具体例については、後で個別的に検討するが、ここでまとめておくとそれは次のような問題性をもっている。第一に、〈ある事柄がこれまで発展してきた〉という事実を根拠に〈それは将来も発展する〉と言えるためには、「発展法則」を措定しなければならない。しかし、自然ではなく社会の場においては、ある強い傾向が見られても、それを〈法則の現れ〉だとするのは実際には困難である。物理学や化学の場では、分析対象となる物体の動きに対する意識的な妨害や物体自体の油断・内紛などは考えなくともよい。これとは異なり、社会で運動する人間や集団をめぐっては、運動体の内の弛緩や内紛、外からの干渉等によって、たとえ強力な運動であっても歪んでいくことを免れない。法則がありそれが発現していると言える場合（とくに経済）でも、その必然性に着目するだけでは不十分で、動いている対象の内外からの、意識的抵抗等への着目が欠かせない。これらのため動きに

は変様がまとわりつく。運動や結果は不確定となることが避けられない。第二に、進歩史観は、ある価値物の増大を是とするのだが、その際それによって帰結するプラス面にはまたマイナス面が伴う事実を度外視することが多い。第三に、事実と当為との関係付けに問題がある。人は、ある事象が法則の発現だと確認しえても、その指摘を受け容れるとは限らない。たとえば、恐慌が法則的だとしても、人はその法則定着を阻止しようとする。資本主義に合理化や独占が法則的にあるとしても、人はそれを規制して発現させないようにしようとする（下記の「4　豊かさという価値物」参照）。

　(2)このようにして、法則の存在を素直に前提にした進歩史観を説くのは難しくなっている。だが、「歴史における進歩」をめぐっては、進歩史観以外にも考えるべき点がまだある。すなわち、歴史の中には分野によってはある価値物の増大を確認できる場合があり、それゆえそのことの未来への帰結を考える必要があるという事実である。我々は、人びとに支持され受け入れられてきた価値が増大している事実自体は、正当に評価しつつ、その増大をめぐって将来にも続く増大と、時代の変化や抵抗によって後退していくものとを区別し運動の方向を予測したり運動態様を考えたりする道を探らなければならないことがある。この立場においてはその議論は、①事実認識をめぐるものとなり、そこに留まる性質のものである。②ある価値物の増大が確認できるとしても、それを善いことだとするかしないかは人による、と見る。③ある価値物が増大しても、他方ではそれのマイナス面が生じることをも問題にする。認識とは、両面を見るものだからである。そして、④ある価値物の増大が確認できるとしても、それを法則によるとすることには慎重である。

　本稿で試みるのは、この(2)の議論展開、進歩の検討である。それゆえ本稿における論点は、次のようなものとなる。㈤これまでの歴史において、どの分野でどういう点で進歩が確認できるか、㈥それらの増大・前進はこれまでのところどういう問題をもたらしたか、㈦それらは進歩史観とどう関わるか、である。

　こうした問題を扱う際には、〈進歩史観は可能か不可能か〉、〈歴史に進歩はあるか否か〉といったかたちで一般論的・抽象的に考えるのではなく、多様な価値物ごとに個別具体的に考えなければならない。そこで以下では、社

会をめぐって進歩が論じられてきた事項ごとに、上記の問題を検討する。

1　知的価値物

　知における価値物としては、ルネサンス以降の、とりわけガリレオ（1564-1642 年）、ホッブズ（1588-1679 年）、デカルト（1596-1650 年）という 3 人の同時代人以来の、合理的思考・科学の拡大が挙げられる。ガリレオにおいては自然科学の知が、デカルトにおいては哲学的知が、そしてホッブズにおいては社会論上の知が、伝統を破るかたちで構築されていった。

　ホッブズ、およびとりわけロックが明らかにしたように、そしてチュルゴーやコンドルセらフランスの啓蒙主義者たちが文化面での進歩史観を打ち出す際に前提にしたように、人間は、時間の経過にともなって知を蓄積しその知の中身を豊かなものにしていく；各人は、外部との接触によって得た事柄（体験）の一般化された記憶、すなわち経験、を蓄積するかたちで知を増やす；これ自体は他の動物でも同じであるが、人間の特徴はその際に、言語を使う点にある；言語の利用は、個人的体験を越えたかたちで知を蓄積することを、個人および人間集団に可能にした；人間は言語を通じて、他者の経験を自己の知にしうる；人間はこうして獲得した知を、現在の他者、未来の他者に伝えていく；それらの手段としては、なかでも会話、書物、教育、メディアが重要である、と。

　その知が正しいものかどうかは、論理と経験に照らしまた実験によって、検証していく（この検証を欠けば誤った知が蓄積していく）。蓄積された知をどのように構成するかに際しては、採用される視座・パラダイム次第で、知は事実から乖離する方向に総括されてしまうこともある。この点で歴史には、後退も付きまとう。

　知の一つが、発明品と発見物である（他に文学・芸術作品、宗教などもある）。生活と生産の部面ではそれらの応用が技術となり、したがって、技術に関する情報もまた、言語を通じて現在の他の人びと、および未来の人びとへ発信され、言語を通じて蓄積されていく。

　言語は人間に、物事を抽象化し理論的に捉える能力をも与えた。人間はこ

の思考能力によって、既存の知（経験や技術）を限りなく改造・増殖させる道、経験がなくとも、あることについてその帰結を予想する力を獲得した。

　知、とくに科学・技術のこうした増殖の可能性が開けたのが、ルネサンス期以降、とりわけバロック期以降である。言語に媒介された知は、文字の活用、コミュケーション手段（本、印刷物、手紙・通信、電波の利用、コンピュータなどの利用）の発達によって拡大していく。

　知の拡大、科学・技術の発展はこのようなものだから、それには将来においても拡大・発展が予想できる。この点では、知や科学・技術に関しては進歩史観が成り立ちうる面がある。しかしながら、知の拡大や科学・技術の発展が常に人間にとって善をもたらすとは限らないことが、今日鮮明化してきた。人類は科学・技術によって新たな脅威にさらされ、明るい未来を確信できないようにもなった。原発の脅威、新しい戦争技術による大量殺戮の可能性の増大、工業化に伴う地球温暖化の暗い影、コンピュータ技術による秩序・人間精神の異常化、化学物質による環境汚染、食品添加物や遺伝子組み換えによる肉体侵害等々である。知や科学・技術に関しては、これらとの関連を踏まえると、「歴史における進歩」はここでは全体としては維持困難だと結論せざるをえない。

2　人間性的価値物

　これの一つに倫理性がある。倫理性向上は、人間の集団生活の所産である。人間性が本来善なのか悪なのかについては古今東西で議論されてきたが、善だとすればいうまでもなく、本来悪だとしても、人は集団内で共同生活を営む中で、相互扶助・協力・親しみなどを基盤にして倫理性を強める（反倫理性に至りうるエゴイズムの悪を共同性が押さえ込む）。

　しかしこの集団というものは、他方で、その指導者・構成員次第で倫理度を変えるという問題とともに、それ自体が集団エゴイズムをもっている。ある集団は、親交のない他集団に対し往々にしてエゴイスティクに振る舞う。集団は、利害や思想信条・宗教・人種・言語等のちがいによってその内部をまとめ、他集団との区別付けをするので、このことによる反倫理性増大も避

けられない。

　このように見てくると、倫理性を向上させるには、集団性を強化すると同時に、その集団を外に対して開かれたものにすることが、欠かせない。実際このかたちで倫理性が向上し始めたのは古代以来の、帝国拡大や三大宗教の影響で狭い共同体の壁が破られだした時からであり、動きが本格化し始めたのは近代以降である。しかし近代においても国によっては奴隷制度が再活用され、奴隷解放後も人種差別が続いたのであって、ようやく 1960 年代以降、諸運動（閉鎖集団の打破を含む）の結果、異人種に対する差別やアウトローに対する残酷さの規制が進み、憲法や諸法、判例で明記されるに至り、また国際的にも反差別の運動や世論が高まってきた。こうして倫理性の制度的基盤が固まりつつあることを考えると、この点では未来に対しても前進が予想できる。

　しかしながらこの点に関しても、ことは単線的には進まないだろう。上に見たように、人間の倫理性と反倫理性はともに集団性の子である。それゆえ集団のあり方、他集団との関係のあり方によって、倫理性と反倫理性の度合いは変動する。現在に至る歴史の中で、閉鎖的で他の文化を理解・受容しない国家や国家内外の集団も多い。今日、SNS など個人的見解をストレイトに社会的に伝搬できる可能性が広まった結果、規制されないままにヘイトスピーチや虚偽情報、粗悪・残酷な趣味が発信され、世相を規定するようになった。資本主義によって増大した貧民層を放置することは、長い間当然視されていたところ、後述のように 19 世紀末葉以降、この点での倫理性の向上が見られた。しかしそれでも、経済状況や世論の動向によっては貧困層を社会的に支援することが後退しがちである。とりわけ、社会連帯の思想に代わって自己中心主義が新自由主義のかたちで影響力を持ち始め、この点での倫理性も困難に直面している。

　倫理性の価値に関しては、以上によって「歴史における進歩」を語れる基盤はあるものの、上記の新種の抵抗物をも考慮に入れると、楽観はできない。

3　政治的価値物

　(1)政治的価値としては、民主主義や自由・人権、平等などがある。これらが自然状態にある個人に定礎して理論化され始めたのは近世以降である。そしてフランス革命以降、未来社会を民主的で自由・平等の社会にすることが課題になり始めた。

　先行する、ルネサンス期イタリア、ピューリタン革命期イギリス、独立戦争期アメリカなどにおいては、シヴィック・ヒューマニズム（Civic Humanism）が信奉された。この立場においては、歴史の中に進歩を見出しそれを追求するというより、自由な共和制（民主制を加味した貴族制）である古代ローマ共和制を新しい地で再興させることが課題であった。古代を輝かしい時代と見てその再建を課題にするということは、その限りでは、歴史において進歩よりも復古、取り戻しが観念されていたということである。

　こうした古代指向とは異なるかたちでの、自由や人権の理論化は、ホッブズ、ロック、ルソー、カント、ヘーゲルらに確認できる。ここでは人間の本源的な存在性に、民主主義、自由・人権、平等が求められた。これまでの歴史（西洋史）は自由が拡大していく歴史だったと見たのはヘーゲルである。彼は歴史を、アジアにおいては君主一人だけが自由であり、ギリシャ・ローマの古代においては少数者（市民）だけが自由であり、そして宗教改革以降はすべての人間が内面において自由となり、フランス革命以降はすべての人間が政治的にも自由になった、とした。しかしヘーゲルは、歴史はこの時点で完成したと見た。これからの歴史において自由がさらに拡大し、社会がヨリ自由なものへ変容していくとは、時事論においては別として、論じなかった。この点でヘーゲルは――ホイッグ史観と共通の――過去から現在にのみ限定された「進歩史」観に留まっていた（進歩史観には至らなかった）。

　フランス革命を経ても、抑圧や権威主義、精神的・肉体的障害者に対する残酷な扱い、女性蔑視の伝統などは継続した。しかしその後の法改正、裁判闘争、社会的運動の成果などによって、次第に問題点が改善されていく。女性差別解消への動きは、1960年代以降、本格化した。障害者に関するバリア

フリーや就職機会の拡大、差別用語の規制などが本格化し始めたのは、1970年代以降である。19世紀後半以降、労働者の組織化はめざましかった。そして、労働者組織を主軸にする組織や政党が政権を獲得したことも起こった。

　抑圧され差別されている人びとが、自由・人権、平等を求めて運動するとともに、その運動の効果的な組織化が拡大すれば、運動が世論をとらえれば、運動の成果は歴史の中に蓄積されていく。また、その成果の一つとして自由・人権、平等を国家の原則として憲法典・諸法律、国際法規で明文化され、それにもとづく諸制度の整備が国内的・国際的に進めば、それを遵守・適用していくことが今後の政治の方向となり（国内にはまだないが他国で始まっている制度化を「先進的事例」として押し出す場合もある）、その結果、未来の歴史の中に自由・人権、平等が拡大していくことが、かなり確実に予測できる。したがってこの点では、自由・人権、平等の拡大は多くの国家で未来に向かっても一つの継続する動き、進歩の一つであることとなる。

　　以上との関連で、法学上の次の問題を論じておこう。戦後日本の法学界における法解釈論争の中で、家永三郎や渡辺洋三らによって「歴史の発展方向」に即した解釈が提唱された。これに対しては、歴史に発展があるのか、あるとしてそれをどう認識するのかなどの疑問が出た。しかしこの点は——多くの批判論のように——「歴史一般に発展があるか」とか「法解釈のすべての対象について進歩が語れるのか」とかのかたちで議論するのでなく、先述のように価値ごとに個別具体的に、かつ制度化論として考えるべきである。そしてこのようにすると、価値によってはそれぞれの運動の成果が憲法や諸法に明記され、また国際規範や国際世論・組織となっている場合がある。このような場合には、それらは人びとや国家の行為を方向付けることによって未来を規定する力をももつのであるから、その限りで家永・渡辺的解釈論には、法解釈は〈解釈者の単なる主観的選択にすぎない〉とする議論を克服しうるものとして、正当な評価が付与されて然るべきであろう。

　だが、これをもって〈自由・人権、平等の拡大、労働者の組織化・政治的支配は歴史の法則だ〉と断定することはできないだろう。自由・人権、平等、労働者組織の拡大は、これまでのところ成果を着実に挙げてきたが、それは

運動・闘争であるから、敵対する運動体との力関係や、運動を担う主体の継承・強度に左右されるからである（後述するマルクス論参照）。また人間には、世代間継承に関して次の問題を抱えている：自由・人権、平等を徹底すればそれを担う主体も自由・人権、平等に帰依するようになるというものではないという問題だ。「自由は不自由の際に生ず」という指摘（福澤諭吉）があるが、自由を求める気概は不自由な環境との闘い・抵抗によって内発的に高まるのである。逆に言えば、永らく続いてきた自由の環境においては、自由を求める意欲が萎縮してしまう。『ブッデンブローク家の人びと』や、ヴェブレンにおける「有閑階級化」の問題においてもテーマとなっているとおりである。また、人は新しいものに可能性を感じるわけだが、古くさくなり欠陥も目立ってきた既知の自由な体制よりは未知数の独裁者に魅されるという問題もある。現に自由・人権、平等への運動は、先進国、とりわけ日本において――保守派の多様な画策によるとともに――こうしたポピュリズムの動きによって、困難に直面している。

　1990年代以降、東欧諸国で自由・人権や民主主義を求める動きが高まり、社会的にも自由化・市場経済化が進んだ。しかしまもなく2000年以降、これらの国々でむしろ自由・民主主義の否定・独裁化、経済格差が強まっていく。自由・人権や民主主義を求める動きを今日の世界全体において総括すれば、むしろ歴史は――1960年代後半を頂点として――後退している。

　⑵政治的価値物としてはまた、帝国主義者や軍部、とりわけその中の国粋主義者にとっては自国の、熱心でかつ成長している運動体の担い手にとっては自組織の、拡大がある。〈自国・自組織は歴史の中で着実に拡大しており、これからも拡大していくのだ〉といった言明に出ているものである。これは、大英帝国やアメリカ、ソ連、敗戦前の日本やドイツ、バブル期の日本、おそらくは今日の中国などにおいて見られるであろう。これも進歩史観の一つである。

　⑶世界平和もまた、政治的価値物である。歴史を総括すれば、戦争や社会勢力間の対立が日常であった時代から、それらの対立がかなりコントロールされ減少した時代への動きは、とりわけ1945年以降確認できる。平和確保のための条約や国際法、国際的な制度も拡大しており、平和の原理が、現代

史の中で成長していることは否定できない。しかしそれでも各地で戦争はなお頻発している。こうしてこの平和に関しては、進歩はあるものの、「歴史における進歩」を主張することはもともと難しいところであった。

　(4)エコロジーを価値物とすることで、それを尊重しようとする意識が次第に増大する傾向を歴史の中に見ることもできる。近代以降、自然破壊は激しかったし、現代に入ってエコロジーに関わる問題は深刻化したが、1960年代以降、反公害、環境保全、景観保全、生物多様性保護、持続可能な社会への動き、地球温暖化対策など、この価値物を尊重する国際世論の広まりが読み取れ、この点での運動の発展の余地がある。しかしながら我々はまた、アメリカのトランプやブラジルのボルソナー、中国政府、日本の歴代の支配層のように経済的利益優先の立場から、エコロジー価値、環境問題に消極的である強権的勢力をも目撃しているのであって、この点で進歩を説くことは、困難である。

　これら(1)〜(4)はすべて、それらの増大・前進を支える運動が成功しなければ、敵対する勢力との不断の闘争に勝たなければ、歴史の中で後退する。この点で、これらについて「歴史における進歩」を言うのは、実際には難しい。

4　豊かさという価値物

　人は、快適さを求め、それを確かなものとする物資・サービスの豊かさを求める。豊かさを確保できるためには、生産と流通の経済活動を活性化する必要がある。この経済活動は、市場経済のかたちで展開する場合には、目に見える利潤拡大が動因となる。利潤拡大のためには、生産の強化と販路拡大が必要である。生産強化のためには、労働意欲と技能をもった労働力の獲得、生産規模の拡大（資本と土地、原材料の確保、生産技術の向上）が欠かせない。これを可能にしたのは、産業革命と資本主義の発達である。利潤追求のエネルギーは、その後も、分業、効果的な資本集積方法、生産・流通・金融・消費への技術の応用によって拡大していった。そしてそれぞれの国内の社会全体の部門に浸透していき、また政治・国家をも取り込み、さらには資本主義

国家同士が地球規模で資源、労働力、消費者確保を競い合う植民地化、帝国主義にまで至った。

　資本主義的な生産・流通関係が地球規模で社会活動をとらえる動きは、1990年代以降、一層進んだ。すなわち、産業化・自由な市場化が、それまでまだ不十分だった地域（中国やインド、東南アジア、東欧、ロシアなどをはじめ地球のかなりの部分）に急速に浸透していった事実を我々は目撃している。またIT革命とグローバリズムの結果、人びとが国境を越えて情報・物資を交換し、気軽に移動・交流するようにもなった。資本主義は、様々な自己調整機能を調達して恐慌を制御し、それをむしろ若返りの契機として成長を遂げるようにもなっていった。

　利潤の拡大は人間の根強い志向であり、それゆえそれにもっとも効果的な産業化・市場経済化を進めていくこと、その経済体制として資本主義経済を構築・拡大していくことは、半ば必然的・法則的現象である。それゆえ、今後の社会においても産業化・市場経済化が拡大していくと予想できる。この点で、その限りで、ここでは進歩史観が成立する面がある。

　しかしながら他方で、こうした産業化・市場経済化には、貧富の差、環境問題、資源の枯渇、人間の肉体的・精神的破壊、パンデミック、文化の破壊などの点で大きなマイナスがある。資本主義の驚異的な発展、市場経済の世界的拡大、グローバリズムなどが、期待されるほどには人びとを幸福にするものではないことの認識が共有されている。今日、浸透した新自由主義的諸政策によって貧富の差が拡大しており、言われるところの「豊かな社会」とは、そこに暮らす多くのメンバーの切り捨て・搾取によるものであることが明らかになった。世界を見ても、アフリカや中南米、一部南アジアの貧困は深刻化している。資本主義が順調に成長して「調和のある社会」が可能になるというアダム・スミス的な見方が幻想であることは、すでにルソーやヘーゲルが予感し、そしてとりわけマルクスによって深められたが、我々はその問題性を現代的態様において目撃している。

　　ここでマルクスと進歩史観との関係について見ておこう。マルクスについては、〈そもそもその史的唯物論が古代から共産主義への発展を必然としている

点で進歩史観だ〉とされる。しかしマルクスは、資本主義から共産主義への体制移行（政治的展開）が実際にどう法則として展開するかについては、論じていない。体制移行をめぐっては、長い間〈恐慌を契機にして移行が起きる〉との説が有力だったが、近時異説が出されている。マルクスは、1857 年の恐慌が革命と結び付かなかったことの体験等を踏まえ〈利潤率の傾向的低落→恐慌→体制転換〉論を脱却したとの異説である。ここではこれをめぐる議論は扱わない。しかしマルクスの体制転換問題をめぐって筆者がこだわるのは、次の点である。すなわち、たとえ深刻な世界恐慌が起きたとしても、それを契機にして労働者の革命が成功するためには、別途、労働者や他の民衆の組織化・政治意識の成長、実際の政治闘争の成功が欠かせない。それゆえ、たとえ恐慌が必然であるとしても、政治革命はその経済法則には還元できない。マルクスは後年──恐慌ではなく──①資本主義が労働者を増加させ組織化することや、資本主義の諸矛盾を体験して人びとが変革に覚醒することに注目して変革主体形成を考えたり、あるいは②資本が独占・寡占を強め、その副産物として多数者革命の主体を形成する事実に着目したりした、ともされる。しかしこの場合でも、体制変革の政治運動は、やはり経済法則に還元はできない事項である。

　実際マルクスは、政治の世界で労働者の組織化や政治的覚醒が法則的に順調に伸びていくとは見ていなかった。それどころか彼は、歴史の局面においては──ある偶然的要素によって──労働者の力が弱体化し、危機が逆に反動勢力支持の方向で集約されることをも見ていた。たとえば彼の論考「ルイ・ボナパルトのブリュメール 18 日」（1852 年）がその代表作である。ここでは、①フランスの歴史における特有の事情によって諸ブルジョワジーが分裂しつつ妥協し合う関係があり、この分裂の解消を求める人びとに指導者希求があったこと、②その情況下で、ナポレオン 1 世のカリスマ性がたまたまその甥を浮上させることになったこと、③分割地農民がその土地の小規模性ゆえに開明的企業家とはなれず保守的でかつ権威主義的であったこと、④プロレタリアートがフランスでは弱体化していたこと、⑤ルイ・ナポレオンによる 1851 年のクーデターがたまたま成功したこと等々、時のフランス政治の偶然的事情が政治に作用した様を描いている。革命の命運は偶然的要素によっており、かつ反革命を努力と工夫によって乗り越える必要があることの指摘である。マルクスは論考「フランスの内乱」（1871 年）においても、パリ・コミューンを経済法則に還元はせず、当時の政治的力関係の偶然的要素を総合しつつ考えている。

　経済は物化（Verdinglichung。人びとの利潤追求の動きがそのベクトルによって、個々人が制御できない運動を呈し、自然史的過程としての把握が可能とな

る——私見でありマルクスの概念とは異なる) の上に成り立っているが、政治においては物化はごく限定されている。それゆえ、経済法則を論じるだけでは、資本主義の「必然的没落」は言えたとしても、体制転換に及ぶ進歩史観は語れないのである。

5　社会生活上の価値物

(1)安心して暮らせるということも、社会的価値物である。それが人びとにかなりの程度現実となったのは、19世紀以降の、国家的統一、官僚制や警察・軍隊の機構整備によって治安が確保され、犯罪捜査や処罰が進み、紛争処理の諸機構が整備されたことなどによる。そうした装置の整備は、今日に至ってますます進んでいるし、今後も進むことは予想できる。それゆえこの所でも、進歩史観が出てくる基盤はある。

しかし他方で、警察や軍隊の強化は、人権の新たな抑圧を生じさせる。治安のためには監視カメラや国民総背番号制が効果的だが、これらによって国家が国民の情報を詳細に把握・監視できるようになる。また、紛争処理機構の整備は、「訴訟社会」の語が示すように、裁判等への面倒な関わりを増やし経済面・精神面での負担を増大させもする。対応する新手の犯罪の増加も顕著である。

(2)健康で文化的な生活の共有という価値物が身近になったのは、19世紀末葉以降、とりわけ1950年代以降の社会保障・公正分配によって、貧富の差の修正が進められてからである。「ゆりかごから墓場まで」の社会福祉によって、最低限、人生を安心して送ることが可能になった。国によっては、様々な社会権が憲法などで明文化されている。それゆえ健康で文化的な生活が今後も国家や社会で行政上追求される見込みがある点では、ここでも進歩史観が唱えられる基盤がある。しかしながら他方では、アメリカのように社会保障に対する消極性が世論の一部を強く規定している国があるし、社会国家的な国々でも、1980年代以降強まった新自由主義によって社会保障・公正分配はその基盤を削られている。この点で社会権をめぐっても、手放しに「歴史における進歩」を打ち出すのは、今日では難しい。

おわりに

　進歩史観には、歴史における法則の扱い方を中心に、難点があった。しかし他方では、歴史はやはり進歩している点をももつ。諸価値物をめぐる運動の成果が、原則や制度、世論形成にまで発展した場合など、それらが橋頭堡となり向上へのステップを保障する。それらを踏まえて今後も発展させていこうとする運動・組織力が確かな場合もある。民主主義や自由・人権、平等、倫理性、社会連帯などをめぐる運動がその一例であった。今日それらは、憲法などに実定法化され、社会の慣行、判例、社会保障や社会保険などに制度化されており、その限りで生活が続くに伴い関係する諸価値の歴史的発展・進歩が現出する。なぜなら、憲法を遵守しそれにもとづく諸制度を担い発展させることは、国家の義務でありかつ国民一人ひとりの課題でもあるから、生活の中でこれらの義務が果たされ課題が追求されていく可能性が大きいからである。

　反進歩史観の論者には、「進歩史観の終焉」の名の下に上記諸価値の擁護・発展の運動も清算しようとする傾向がある。こうした反進歩史観の風潮に対しては、進歩史観をひたすら擁護しようとして旧態依然の論陣を張るのではなく、歴史における進歩を正当に位置付け、またこれまでの進歩史観がもっていた問題を正しく評価することによって、進むべき道を示すことが大切である。

第3章
人間の尊厳と
個人の尊重をめぐって

牧 野 広 義

はじめに

　中村浩爾が「人間の尊厳」と「個人の尊重」について論じた論文（中村2005）は、この問題を考える上で有益な論考である。この論文では、法学者の諸見解を整理して紹介したうえで自らの見解を述べている。私も「人間の尊厳」と「個人の尊重」の関係について論じた（牧野2022）。しかし「人間の尊厳」と「個人の尊重」をめぐる法学者の議論の検討は不十分であった。そのため、中村論文で紹介された幾つかの論考を検討したいと思う（ただし小論では中村論文が取り上げている「自己決定」をめぐる問題は割愛する。また諸氏の敬称は省略する）。

1　人間の尊厳と個人の尊重をめぐる議論

　まず、「人間の尊厳」と「個人の尊重」の意味と両者の関係を考えるうえで不可欠と思われる議論を取り上げたい。

(1) 恒藤恭「個人の尊厳」について

　恒藤恭は、「個人の尊厳」と「人格の尊厳」は密接につながりあうものであるが、本質的な相違が存在するとして、両概念を考察している（恒藤1969、以下頁のみを記す）。恒藤はまず「個人の尊厳の法的承認」として、国際連合

憲章、世界人権宣言、日本国憲法、ドイツ連邦共和国基本法をあげている。国連憲章（1945 年 6 月 25 日調印）の前文では、「われら連合国の人民」は、「われらの一生のうちに二度までも言語に絶する悲哀を人類に与えた戦争の惨害」から将来の世代を救いたいとして、「基本的人権と人間の尊厳及び価値（the dignity and worth of the human person）」が述べられている。この前文の原案は南アフリカ連邦代表のスマッツによるものである。そして恒藤は、「各人が個人としての尊厳の持ち主であること」が「自由の理念の要諦の妥当根拠」であるという思想は、「国連憲章の前文のなかで初めて明確に表明された」（172）と言う。こうして恒藤は、「個人の尊厳の法的承認」という意味では、「人間の尊厳」と「個人の尊重」とを同意義として理解している。

　そして恒藤は「人格の尊厳」について、アウグスティヌス、トマス・アクィナス、ルターの思想、およびカントの学説を検討している。これらにおける「人格の尊厳」は、神の似姿として創造された人間や、理性的な自律性をもった人格という、宗教的・哲学的な思想によるものである。それに対して、「法的自由の存立の基礎を成すものは個人の尊厳である」（196）と恒藤は言う。そして「個人の尊厳」が法的自由の存立の基礎であるという視点から日本憲法第 13 条の「個人の尊重」の意義をとらえている。しかも「日本国憲法の前文は、憲法の制定を指導する普遍的原理を指して、『人類普遍の原理』とか、普遍的な『政治道徳の法則』とか呼んでいるが、これは国連憲章の制定についてもまた妥当するところである」（200）とされる。ここで憲法前文の言う「人類普遍の原理」とは、「そもそも国政は、国民の厳粛な信託によるものであって、その権威は国民に由来し、その権力は国民の代表者がこれを行使し、その福利は国民がこれを享受する」という「国民主権」に基づく民主主義の原理である。恒藤は、この国民主権とならんで「個人の尊厳」もまた「人類普遍の原理」としてとらえているのである。こうして恒藤は、日本国憲法や国連憲章における「個人の尊厳」を、人類の普遍的な立場から人権の法的保障を規定する基礎と考えるのである。

　以上から、恒藤の結論は、「個人の尊厳を真に個人にそなわっている尊厳として観る立場、すなわち、啓蒙哲学的立場から構想された抽象的・孤立的個人ではなく、現代の世界に生きる現実的個人の全存立をば、個人の尊厳の

存立する基礎として理解する立場たるべきである」(201) ということである。
こうして恒藤は、西洋思想史上の「人格の尊厳」と、国連憲章や日本国憲法
の「個人の尊厳」とを区別して、「現実の世界に生きる現実的個人の全存在」
を「個人の尊厳」の基礎として理解しなければならないと主張している。こ
のことをより具体的に探究することがわれわれの課題であると言えるであろ
う。この点で、私は、「人間の尊厳」・「個人の尊重」の根拠として、障害児
の発達保障において理論的・実践的に大きな貢献をした糸賀一雄の「福祉の
思想」に依拠して、現実に生きるすべての人間の「個性的な自己実現」を重
視したいと考える (牧野 2022：28-39)。

(2) 青柳幸一「個人の尊重と人間の尊厳」について

　青柳幸一は「個人の尊重」と「人間の尊厳」の同義性と異質性を周到に検
討している (青柳 1996)。その中から小論のテーマとの関係で注目すべき論
点を見ておきたい。

　青柳は、憲法 13 条の「個人の尊重」と 24 条の「個人の尊厳」が成立する
経過を取り上げる。憲法改正草案 (マッカーサー草案) の作成を行った GHQ
民政局で、P.K.Roest, H.E.Wildes, B.Sirota をメンバーとする「人権の章に関
する小委員会」は、「個人の尊重」に関して次のように規定した。"All Japa-
nese by virtue of their humanity shall be respected as individuals." (すべての日
本人は、人間であるが故に個人として尊重される)。これがマッカーサー草案第
12 条となった (青柳：12-13)。その後、日本政府案 (3 月 2 日案) では、「人間
であるが故に」という言葉が削除され、3 月 4 日から翌日にかけて行われた
日本政府と GHQ との逐条審議において、この削除が承認された。青柳は、
「削除の理由は、資料には明記されていない。ただ、法令用語として、ある
いは日本語として熟していないというのが、削除の理由であったのではない
かと推察される」(14) と述べている。

　しかし、私はその理由として、英語と日本語との違いがあると思う。英語
の "individuals" は「個人」に限らず、物体の「個物」や動物の「個体」でも
ある。しかし日本語の「個人」は人間であることは明白である。GHQ の草
案では「人間であるが故に」によって「人間の尊厳」を明示したかったと思

われる。だが、「国民」や「個人」という言葉によって「人間」が意味されていることは明らかである以上、「個人の尊重」という言葉によって「人間の尊厳」も含意できると考えて、GHQ も削除に同意したのではないだろうか。

　こうして、日本政府によって 3 月 6 日に「憲法改正草案要綱」が発表され、4 月 17 日に口語体の「憲法改正草案」が発表された。これが、枢密院での諮詢を経て、6 月 20 日に「帝国憲法改正案」が帝国議会に提出された。そして帝国議会での審議を経て、憲法 13 条の「個人の尊重」が確定した。また 24 条の「個人の尊厳」については、マッカーサー草案の「個人の尊厳」が日本政府による「憲法改正草案要綱」でも「帝国憲法改正案」でも「個人の権威」とされていた。それが国会の審議を経て「個人の尊厳」となったのである。

　青柳は、以上の経過から、「こうして見ると、日本国憲法の父たちは、GHQ を含めて『個人の尊重』＝『個人の尊厳』＝『人格の尊重』と解していたといえる。とりわけ GHQ は『個人の尊重』と『人間の尊厳』を同義と捉えていた」(16) と述べている。さらに青柳は、憲法学説では美濃部達吉の「個人の尊重」＝「個人の尊厳」＝「人格の尊重」という説や、宮沢俊義の「個人の尊重」＝「個人の尊厳」＝「人間の尊厳」という説などを取り上げ、これが通説であるとして紹介している。同時にまた、通説に反対するホセ・ヨンパルトの「個人の尊厳」と「人間の尊厳」との峻別説を紹介して、それへの批判を述べている。この論点は、小論では以下のホセ・ヨンパルト説の検討において取り上げたいと思う。

　いずれにしても青柳論文は「個人の尊重」（＝「個人の尊厳」）と「人間の尊厳」との同義説の有力な論拠を示していると思われる。

2　「個人の尊重」と「人間の尊厳」の異質説

(1)「個人の尊重」と「人間の尊厳」

　「個人の尊重」と「人間の尊厳」とを区別する代表的な論者は、ホセ・ヨンパルトである（ヨンパルト 1990）。ヨンパルトの議論の特徴は、言語の分析によって法的概念の意味を考察しようとすることである。この点についてヨン

パルトは、「法とは何かを言語だけで説明することはできないと思う」(35)
としながらも、「とは言え、言語の分析と言葉の用方から、大いに教えられ
る点があることもまた事実である」(同)と述べている。「個人の尊重」と「人
間の尊厳」の区別も、まず言語の分析によって議論される。そして、「人間」
と「個人」の言葉の分析から次のようにまとめられる(段落は省略)。

　「(イ)『人間』という概念は、『人間』ではないものとの対比によって理解さ
れ、従って普遍的な意味での人間の本質に関わる概念である。この世に存在
するすべての人間は、全く同じように人間であるから、『すべての人間は人
間として平等である』と言えよう」(30)。「(ロ)『個人』という概念は、他人
あるいは全体(社会)に対して個々の現に存在する人間を表すと同時に、現
に存在するすべてのものは同一でないため、各人の個性をも含む概念であ
る。従って、『すべての個人は人間として平等である』と言えても、『すべて
の人間は個人として平等である』とは言えない」(同)。

　ここでは、「人間」も「個人」も概念としてとらえられている。しかし、概
念としての分析が不徹底であると思う。ヨンパルトは、「人間」は「普遍的
な意味」をもち、「個人」は「個々に現に存在する人間」であると言う。そう
すると両者の概念には「普遍」と「個別」との関係がある。しかも形式論理
学によれば、概念には「外延」(概念の適用範囲)と「内包」(概念の意味内容)
がある。憲法13条では「国民」という概念も使われるから、それを「特殊」
ととらえると、人間(普遍)－国民(特殊)－個人(個別)という関係がある。
それは、図1のような外延関係となる。同時にまた、図2のように内包関係

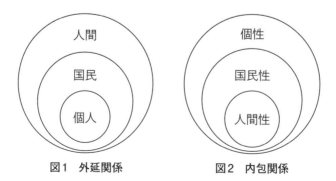

図1　外延関係　　　　図2　内包関係

でもある。後者では個人は人間という意味も、国民という意味も内包している。つまり、個人は「個性」をもつだけなく、その中に国民に共通な「国民性」も、人間に共通な「人間性」ももつのである。

　ヨンパルトは、言語の分析と言いながら、このような概念の分析をしていないために、「人間」と「個人」との相違のみを強調して、両者の相互関係をとらえていないと言わなければならない。

　そして彼は、言語の分析と「人間の尊厳」概念についての歴史的な考察を経て、「人間の尊厳」と「個人の尊重」について次のような命題を提示している。

　「①『人間の尊厳を尊重すべき』というのは、例外のない倫理上、かつ法学上の原則である。②これに対して、『個性を尊重すべき』という原則には例外がある（例えば、『公共の福祉に反しない限り』、日本国憲法第 13 条）。③質の問題としても、量の問題としても、『すべての人間は同じように尊厳をもっている』。④従って、『すべての人間は尊厳をもつ人間としては平等である』。⑤しかし、『すべての人間は個人として異なるのだから、個人としては平等でない』。⑥『人間は人間として平等を要求し、個人としては自由を要求する』。⑦『尊厳をもつものは人間だけであるが、尊厳をもたないが尊重すべきものは他にも沢山ある（すべての価値あるもの）。⑧『各個人の良心は、社会的にも法律的にもできる限り尊重すべきである』」（69、段落と⑨は省略。同様の主張は 83 にもある）。

　ここでは、概念の分析の欠如に加えて、「個人の尊重」をそれが述べられる憲法 13 条の全体から理解し、またそれを他の条文と関連させて理解しようとする視点がない。そのために「個人の尊重」が極めて狭くとらえられている。ヨンパルトの命題②に関しては、憲法 13 条は「すべて国民は、個人として尊重される。生命、自由および幸福追求に対する国民の権利については、公共の福祉に反しない限り、立法その他の国政の上で、最大の尊重を必要とする」と述べている。ここでの「公共の福祉に反しない限り」は、文脈から明らかなように、「個人の尊重」を制限したものではない。それは「生命、自由および幸福追求に対する国民の権利」を「国政の上で、最大の尊重」を行うにあたっての制限である。したがって、ヨンパルトの②の主張は成り立

たない。また 13 条の「個人として尊重される」の主語は「すべて国民は」である。したがって、ここで「個人」は複数存在することが想定される（英訳も individuals という複数形である）。したがって、そのような「個人」は「自由」等の権利をもつだけでなく、相互に平等な権利をもつのである。したがってヨンパルトの⑤の主張は成り立たない。さらに、ヨンパルトも認めているように、24 条は「個人の尊厳」を述べている。24 条での「個人の尊厳と両性の本質的平等」は確かに家族生活を規制する本質的原理を述べたものである。しかしそれが人間の本質的原理であるがゆえに、それは日本国憲法の全体を貫くものである。したがって、13 条の「個人の尊重」は「個人の尊厳」と結びついて理解されるべきものである。また、ヨンパルトの命題⑦や⑧が言うように、確かに「尊重すべきもの」はたくさんある。しかし「個人」は「尊厳」をもつものとして「尊重される」のである。

またヨンパルトの著作では「人格の尊厳」や「人格の尊重」も問題にされている。この点に関して言えば、現代社会の法的概念としての「人格」は、キリスト教的なものでもカント的なものでもありえない。「人間の尊厳」をもった「個人」が、「人格」として表現されるのである。したがって、「人間の尊厳」と「個人の尊厳」と「人格の尊厳」とは直接に結びつく。ここから「個人の尊重」も「人格の尊重」も語られるのである。

(2) ドイツ基本法と日本国憲法

ヨンパルトは、ドイツ連邦共和国基本法（ボン基本法）における「人間の尊厳」と日本国憲法における「個人の尊重」との相違を強調する。ヨンパルトは、ボン基本法 1 条と 2 条の全文を引用して、その構造をとらえている（77-79）。ところが彼は、日本国憲法 13 条については、同様の分析をせず、日本の実定法や裁判官や実定法学者の言葉遣いの検討に移ってしまう（79-81）。しかし、すでに述べたように「人間の尊厳」と「個人の尊重」とは密接な関連があるだけでなく、日本国憲法 13 条はドイツ基本法 1 条、2 条と大変よく似た内容になっている。

ドイツ基本法における「人間の尊厳は不可侵である。これを尊重し、かつ保護することは、すべての国家権力の義務である」という規定は、日本国憲

法の「すべて国民は個人として尊重される」に対応する。ここでの「個人の尊重」は尊厳をもった人間としての個人の尊重である。次に、ドイツ基本法における「人間の尊厳」を根拠とする「人権」の保障、および「基本権」が「立法、執行権および裁判を拘束する」という規定は、日本国憲法の「生命、自由および幸福追求に対する国民の権利については、……立法その他の国政の上で、最大の尊重を必要とする」という規定に対応する。しかも、ドイツ基本法において「各人」の権利の保障は「他人の権利を侵害せず、かつ憲法的秩序又は道徳律に反しない限り」であるという規定は、日本国憲法の「公共の福祉に反しない限り」という規定に対応する。なおドイツ基本法で言う「道徳律」もドイツ国民に特有なものではなく、"己の欲せざることを他者に為すなかれ"というような普遍的なものであろう。そしてドイツ基本法における「人格の自由な発展」の権利や「生命、身体を害されない権利」は、まさに日本国憲法における「生命、自由および幸福追求に対する国民の権利」に対応する。こうして、ドイツ基本法1条・2条と日本国憲法13条とを比較してみれば、ヨンパルトの主張とは反対に、その類似性は明らかである。

　それにもかかわらす、ヨンパルトは、青柳幸一が取り上げたように、ドイツ基本法の「人格主義」と日本国憲法の「個人主義」との違いについて、それらが言及される契機となった歴史的事実は「日本の場合は新憲法成立までに存続した『家』制度であり、ドイツの場合はナチス政権下で行われた虐殺」であると言う（青柳1996：34）。これに対して青柳は言う。「個人の尊重」は、「『家』制度の廃止だけに限定されるものではない」（同）。「日本国憲法13条の『個人の尊重』条項は、正に、天皇制ファッシズムに対する『反作用』としての意味を有するものであり、……わが国には、アウシュビッツ収容所はなかったかもしれない。しかし、名誉を毀損され、差別され、権利を剥奪され、隔離され、威嚇され、ひどく苦しめられ、拷問にかけられ、あるいは廃絶されるとき人間の尊厳が侵害されるならば、わが国でも、そのような『人間の尊厳』を傷つける行為があったのである。……この点で、日本国憲法の『個人の尊重』は、……ドイツ基本法の『人間の尊厳』の第一義的意味と同じ内容をもつ」（同：34-35）。青柳のこの見解を私は支持したい。

　なお、ヨンパルトの言うドイツ基本法の「人格主義」とは、「尊厳」をも

つ「人間」の一人一人の「人格」の尊重である。他方で、日本国憲法の「個人の尊重」という言葉から、その思想が「個人主義」と表現されるにしても、それは孤立した「個人」の尊重ではない。それは「人間」としての「尊厳」をもち、国民の一員としての「個人」の「尊重」である。したがって、ここでの「人格主義」と「個人主義」とは、内容的には同じ意味をもつと考えられる。

　ヨンパルトは、「検討してきた日本法の文言からボン基本法の文言と同じことを読みとるのは、解釈の限界を超えている」(86) と言う。しかしそれは、「言葉遣いにこだわる」(84) ことによって、相違ばかりを強調して、関連をとらえる手がかりを無視しているからである。たとえば、ヨンパルトは、マッカーサー草案にあった "by virtue of their humanity" という表現が、日本国憲法にもあれば、「人間の尊厳」の意味を入れることが可能であるが、それが削除されて、単に「個人として尊重される」になっているから、これは「人間としての尊厳」のことではないとしている (84)。ここではその削除の理由も考察されない。このように、解釈のための重要な手がかりもあえて無視する議論は、「解釈の限界」ではなく、「解釈の自己規制」と言わなければならないであろう。

3　「人間の尊厳」への懐疑論

　小林直樹は、「人間の尊厳」に対する懐疑論を展開している (小林 1972)。小林は「人間の尊厳」に対する否定的現象を指摘し、また「人間の尊厳」を否定する一連の思想を論じている。そして小林は、その結論において、人間は「尊厳」という言葉に値するような決断や実践を人類史の中で行うという課題を担っていると主張している。私はこの結論には賛成である。しかし、それに至る一連の議論には疑問がある。以下ではこの点を論じたい。

　小林は、「人間の尊厳」が世界人権宣言や各国の憲法でうたわれていることを確認したうえで、「世界の至るところで、人間の尊厳を傷つけ、踏みにじり、嘲り笑うような現実が日常的に生じている」(5) と言う。「20世紀はとくに顕著な大量殺戮の時代として刻印づけられる」(同) として、第一次・二

次の世界大戦、ナチスによるユダヤ人の組織的屠殺、日中戦争における中国人の虐殺、ヒロシマ・ナガサキの原爆投下、ベトナム戦争でのアメリカによる大量殺人などがあげられている。

　しかしながら、この議論は「人間の尊厳」が政治的・法的文書に登場した経過や、それが主張され続けられなければならない現実を、逆に「人間の尊厳」に対する懐疑の根拠にしていると言わなければならない。小論の最初に取り上げた恒藤恭論文が国連憲章の前文を引用していたように、「人間の尊厳」が語られなければならなかったのは、「われらの一生のうちに２度までも言語に絶する悲哀を人類に与えた戦争の惨害」への反省である。ドイツではナチスによる侵略戦争やユダヤ人の大量虐殺があったからこそ、ドイツ基本法は「人間の尊厳は不可侵である」と宣言したのである。また日本では戦前・戦中において個人が極めて粗末にされ、国家・企業・「家」の犠牲にされたからこそ、日本国憲法は「個人の尊重」を宣言しなければならなかったのである。日本の侵略戦争がアジアで多大の犠牲をもたらしたからこそ、憲法は「戦争の放棄」をうたったのである。そして、国連憲章の成立直後にも広島・長崎に原爆投下があり、その後もベトナム戦争を初めとして戦争による多くの犠牲者を生んでいる。だからこそ、われわれは「人間の尊厳」を主張し続け、戦争をなくする努力を続けなければならないのである。

　政治的・法的文書における「人間の尊厳」は、人間は神に似た創造物だからとか、人間は理性的存在だからとかの理由で主張されたものではない。戦争や虐殺などのあまりにも悲惨な現実があるからこそ、この現実を変えるために「人間の尊厳」が主張されたのである。それは人間自身が作りだした「人間の悲惨」という否定的現実への反省と抗議を意味する。「人間の尊厳」は、ヘーゲルの言葉を使えば「否定の否定」を示す概念なのである。

　小林はまた、「人間の尊厳」を否定するような思想として、ホッブズの「戦争状態」としての「自然状態」、社会ダーウィニズム（日本では加藤弘之）の「優勝劣敗の法則」、シュティルナーの「唯一者」としての自我、ニーチェの「能動的ニヒリズム」とナチスによるその利用などをあげている。これらの思想は、政治的・法的概念としての「人間の尊厳」の登場以前のものであり、すでにホッブズに対するロックやルソーの批判、加藤弘之に対抗する中江兆民

らの思想、シュティルナーに対するマルクスの批判、ニーチェとナチスに対するルカーチの批判などがある。小林は、「人間の尊厳」を否定する思想ばかりを取り上げて、それらを批判して、「人間の尊厳」を確立するために闘ってきた思想を無視している。「人間の尊厳」の思想は「否定の否定」であるがゆえに、「人間の尊厳」を否定する思想との闘いを抜きにしてはありえないのである。

　小林は、その結論部分で、人間は「善と悪、肯定と否定、向上と堕落など両極間の緊張に富んだ存在構造」(30) をもつととらえて、人間は「『尊厳』という言葉に値するような決断や実践がいかにして為されるか、という課題を課せられた存在、として自らを規定し直す必要があろう」(31) と言う。そして人間は「自ら作りだす歴史のなかで、さきの課題の実践を行うという類的努力が要求される」(同) と述べている。そうであるならば、まさに「人間の矛盾的存在構造」を踏まえて、人間の生命や生活を破壊する戦争に反対し、国家権力による暴力的支配などと闘ってきた人類の歴史をとらえるべきであろう。そして現在も「人間の尊厳」を実現するような理論と実践を積み重ねることが必要である。

　この点で、改めて憲法97条をふり返っておきたい。「この憲法が日本国民に保障する基本的人権は、人類の多年にわたる自由獲得の努力（英訳 struggle）の成果であって、これらの権利は、過去幾多の試練に堪へ、現在及び将来の国民 (this and future generations) に対し、侵すことのできない永久の権利として信託されたものである」。基本的人権の根拠となる「人間の尊厳」・「個人の尊重」もまた、「人類の多年にわたる自由獲得の努力（＝闘い）」の成果である。それは過去の「試練」に堪えてきたが、現在の「試練」にも堪えなければならない。こうしてそれは、「現在の国民」だけでなく「将来の国民＝未来の世代」にも引き継がれるべきものである。ここでは、「人間の尊厳」・「個人の尊厳」とそれに基づく基本的人権が、"人類－国民－個人"という連関においても、また人類史における"過去－現在－未来"という連関においてもとらえられているのである。私は、先にヨンパルトへの批判において、人間（普遍）－国民（特殊）－個人（個別）という形式論理学的な外延関係を述べた。同時に、憲法97条を踏まえるならば、それは、「人類」（普遍）

－民族・階級（特殊）－個人（個別）の歴史的な弁証法的関係としても理解できると思う。すなわち、「個人」の人権を確立するためにも、市民革命やその後の労働運動などの「階級」のたたかいがあり、「民族」がその権利を主張してきたのである。それが「人類」の普遍的な人権の確立となってきたのである。

おわりに

　中村浩爾は、「人間の尊厳」と「個人の尊重」についての諸説を検討して、「同質説」の場合に、「『人間』の理解も『個人』の理解も浅いものになっているのではないか？」（中村 2005：221）という評価を述べていた。私も幾人かの法学者の議論を検討して、以上のように「同質説」に立つ私見を述べた。この私見に対して中村浩爾はどのように論評するであろうか。もはや面前で議論することはできなくなったが、彼の提起を念頭において、この問題にいっそう深く取り組むことが私の今後の課題である。

文献

青柳幸一（1996）「『個人の尊重』と『人間の尊厳』―同義性と異質性―」青柳幸一『個人の尊重と人間の尊厳』尚学社：5-44

小林直樹（1972）「人権理念の根本的検討―人権の哲学・序説―」日本公法学会編『公法研究』34：1-34

ホセ・ヨンパルト（1990）『人間の尊厳と国家の権力』成文堂

牧野広義（2022）『人間の尊厳と個人の尊重』学習の友社

中村浩爾（2005）「日本国憲法の前提とする人間像―『人間の尊厳』と『個人の尊重』―」中村浩爾『民主主義の深化と市民社会―現代日本社会の民主主義的考察―』文理閣、第3章「民主主義と法・思想」の第1節：213-237

恒藤恭（1969）「個人の尊厳―自由の法理との関連から見た個人の尊厳について―」恒藤恭『法の精神』岩波書店：169-201

第4章
法概念としての「人間の尊厳」の内容と位置について

豊川義明

はじめに

　本稿においては、中村が、『民主主義の深化と市民社会—現代日本社会の民主主義的考察—』（2005年、文理閣。以下、中村『前掲書』という）において検討しているテーマ等を紹介しながらこれらについての私の見解を叙述する。

　私が指摘するテーマは、人間という存在、「人間の尊厳」と「個人の尊厳」、「強い」人から「普通の人」、民主主義、法と事実等である。

1　人間とは

　人とはなにかについての分析は歴史的に、科学的になされなければならず、この問いは、人生なり哲学上の主要なテーマでもあった。

　今から数百万年前にチンパンジーと別れたホモ属が250万年前、アフリカで進化し、7万〜5万年前に人類がアフリカ大陸からユーラシア大陸に拡がったといわれている。現生人類としての特徴は常時の「直立二足歩行」と言語、そして道具の使用である。脳を大きくし知能を発達させてきた。

　現生人類が形成されるまでに長い歴史があり、現世人類も長い時間をかけながら今日に至ったのであるが、人類の形態というか形の上での同一性は家族の形成、氏や部族の形成を容易にしたし、自然との関係においても集団としての生存のために様々な道具や生産方法を発達させてきたのである。この

なかで鳴き声や叫び声でない言葉（語）は、人間の行為と自然を対象化し、人同士の交流や生産といった共同作業のなかから生まれ、これらを促進させてきた。言葉表現のなかには私達の行為が基本にある。人類は言葉（語）と眼によって自己の外にある物や世界を認識し、この認識[1]を共有できるとともに、同類である他者と自分という存在を区別し、自分という認識する主体の自覚をもつようになった、と私は理解する。握ることのできる二つの手と歩き走れる二本の足、そして頭（顔）という機能における同一性と共通性は、アフリカを出た人類が移動し定着した地域が異なったとしても人類としての共通の生活様式（食事をとる、睡眠をとるといった基本的な生活自身に止まらない、人としての生きるための活動形態の共通性）を創り出してきたのである。私達の感情についても人類である限りにおいては共通のものであり、その対象（物）の認識に対しても共通のものと考えられる。各民族による言語の表現するものは、人間の行為と対象物によって共通のものであるから他の民族の言語として翻訳することができるし理解される。

2　「人間の尊厳」と憲法13条の「個人の尊重」について

(1) 人間の尊厳とその内容

　人間の尊厳は、日本も批准する国際人権規約の前文において国際連合憲章が指摘し、人間の尊厳の位置と内容について「人類社会のすべての構成員の固有の尊厳及び平等のかつ奪い得ない権利を認めることが、世界における自由、正義及び平和の基礎をなすもの」であるとする。世界人権宣言（1948年12月10日）でも同様に「人類社会のすべての構成員の固有の尊厳と平等で譲ることのできない権利の承認が、世界の自由、正義及び平和の基礎である」としている。

　このように、人間の尊厳は平等とともに人類としての人のすべてに人であるということによって存在し、これを奪われないことが自由、正義、平和の基礎であるとされている。人間の尊厳は法概念である。

　「人間の尊厳」は、第二次大戦における多数の戦死者と生存への侵害からの反省をふまえるとともに独においては、ナチスによるユダヤ人に対する大

量虐殺（ジェノサイド）への深く強い反省からドイツ連邦共和国憲法は、第1章　基本権の第1条に人間の尊厳を掲げ、人間の尊厳の不可侵であることと、これを尊重し保護することはすべての国家権力の義務である（1項）とした上で「ドイツ国民はそれ故に侵すことのできない、かつ譲り渡すことのできない人権を世界のあらゆる人間社会、平和及び正義の基礎として認める（2項）」。「以下の基本権（第2条以下17条のこと）は、直接に妥当する法として、立法、執行権および司法を拘束する（1条3項）」としている。そして「人間の尊厳」について、独の著名な憲法学者であるボード・ピエロード、ベルンハルト・シュリンクはその教科書で、人間の尊厳の保護領域の確定には2つの困難があり、1つはこの概念が2500年の精神史があり、それがさまざまな法律的解釈の存在理由になっている、もう一つには人間の実在にとってとくに危険なものは何かという観念は、社会の政治的、経済的、文化的状況によって条件づけられ、変化するものと指摘している。

　後段の指摘は私達にとっても理解し易いものである。基本権、人権の妥当範囲は、間違いなく政治、経済、文化そして社会条件による。そして基本権1条1項の保護領域を規定するものが何かについて(a)天賦理論（人間は自由で理性的な自己規律の能力を天から与えられ、義務づけられる主体であり、客体ではない)(b)能力理論（アイデンティティ形成の自己実現の能力に基づいて、国家が保護を与える）、(c)承認理論（人間が自由かつ平等な存在として相互に責任を負い、認め合う承認なり、承認、連帯共同体としての国家的共同体に自らをつなぎとめる）の3つの見解をとり上げ、そのいずれもが連邦憲法裁判所の判断において堅持されているとした上で、3つの見解とも①人間の主体性（肉体的、精神的同一性および統合）②人間が原則として法的に平等③最低限度の生存の保障の保護領域を一致して認めているとする[2]。

　私は、社会構成員間の相互の承認による法としての人間の尊厳概念が正当なもの（上記(c)に近似する）と考えるが、上記①～③の保護領域については異論はない。すなわち人間の主体としての存続、主体間の平等、そして主体の生存保障は、その内容になるという点である。

　ホセ・ヨンパルトは、「人間の尊厳」の歴史的成立過程を検討するなかで、人間の尊厳は、人間の人格としての尊厳と理解すると指摘した上で、ナチス

の強制収容所で殺害されたユダヤ人は人間の尊厳は侵害されたが、人間としての尊厳は失ったことにはならない。人間の最大価値である「生命」又は「自由」を奪われても、その人間の尊厳は奪われないと考えることによって「人間の尊厳」が、人間の生物学的な生命、又は外面的な自由に内在するものではないことが証明されるという[3]。この理解には、人間の尊厳を人間という存在に不可分なものであり、その人の生命の終了によっても奪われないものとする「尊厳」を人間主体の精神的、倫理的な価値とする信念（倫理観）が窮われるのであるが、私は主体である人間の存在を他者が否定したならば、それは人間の尊厳自体を侵害し奪われたと法律的には評価されるし、実態もそうであると考えている。そして人間の尊厳は、人である全ての人類の構成員に平等に「在る」ものであるから、人間としての尊厳の存在と、その現実化である上記の①〜③は、人権、基本権として国からの保護領域にあるし、人間の社会において自らの権利は他者も同一の権利主体であること、他者の権利への侵害は、自らの権利侵害と同じことである認識されることの法的な規範を共有するのである。

(2) 憲法13条の「個人の尊重」と「人間の尊厳」

　憲法13条は、「個人の尊重」および包括的な幸福追求権を規定する。この「個人の尊重」は、戦前の日本の全体主義や家父長的な社会構造に対して一人一人が人格の主体として自立したのであることと、この自立した個人を社会、政治、経済、文化関係において尊重するというものである。このことをもって憲法の「個人主義」と読みとる憲法学説は、宮澤俊義も含め多数説と理解するが、「個人の尊重」を個人主義のものとして、狭く限定して認識することは、充分でないと私は考えている。なお個人の「尊重」は「尊厳」であると理解される。全体主義と異なり個人主義は、個人の尊厳を前提にするが、市民社会のなかで個人を考える場合においても「個人の尊厳」は、前提になるからであって、共同体のなかにおいては個人が個性を喪い、多様なものではないという一部の政治的意図を持った意見を除いて異論はない。むしろ個人の多様な力が生かされ民主的、自主的な共同体（＝公共空間としての場）が構成されるからである。

　上述してきたように人間の尊厳は、各個人の人間の尊厳（＝個人の尊重にもつながる）は、当然であるが、一人一人の人間を越えて、これをつないで共通化する、普遍化するものであるから、人間の尊厳は、個人の尊重にとどまらない、他人（者）の尊厳、地球上に存在する人類全体につながる共有化された概念である。

　それ故に「個人の尊厳」は、個人としての「人間の尊厳」を根拠にするが「人間の尊厳」は、「個人の尊厳」であるということではない。

3　個人主義が前提にする人間像の転換

(1)「強い」人から「弱者を含めた普通」の人へ

　中村は、笹倉秀夫（法哲学）の社会法における「人間」の新しい内容が「ありのままの個人」、強い個人一辺例から弱い「ありのままの個人」が適切な援助によって「強い個人」へと成長していくという主体形成の展望を示しているとして積極評価をした上で「強い個人」への明確な志向性が「ありのままの個人」を認めることと矛盾しないのかどうかという問題は残る、と指摘する[4]。

　個人主義は全体主義と異なり、共同体内部での個人の多様な発展に究極の価値を認める。近代の民主主義は、個人主義原理と衝突せずに共通利益（市民的公共性）を実現する道を、民主主義的な自己決定に求めた。それは社会に最低限の秩序が必要ならば、他律より自律の方が個人主義に与える影響が少ないのである、と整理される（『法律学小辞典　第4版補訂版』有斐閣）のであるが、私は一個人の生存と人間形成が、他者、社会との相互依存のなかで行われるほかはないこと、個人と他者は、人間としての存在において平等であり、こうした社会、経済、政治、文化関係において現在の時点で個人主義、すなわち個人が社会の前にあるのではなく社会の共生（同）のなかにそれぞれの人間が存在していることを前提にするべきと考えている。

　ある個人から他の個人に対して、「あなたは従属していませんか。あなたは弱い人ではありませんか」という問いかけをすれば多くの人は、「そうではない、自立しています。弱くはありません」と答えると思われるが、なお

も個人主義は、「自律」と「強さ」を求めるものである。

　そしてこの「強さ」は、それぞれの時代のなかでその社会の支配的な考えや思考に従うのである。このことの一端を朝日新聞の 2023 年 8 月 15 日付「残響— 78 年後の戦争—」記事にある「復員後、暴力振るった父—私も同じことをしている」にもみることができる。そこでは PTSD（心的外傷後ストレス障害）の存在が国内で知られるようになったのは、戦後 50 年たった 1995 年の阪神・淡路大震災がきっかけであること、旧日本軍も心に傷を負った兵士の存在に着目し、専門の国府台の陸軍病院（千葉県市川市）を設立した。元院長によれば約 1 万人が入院していたが、軍は患者の存在を公にせず、「皇軍に軟弱な兵士はいない」と強調。終戦時にこれらの資料を焼却したという。労働の世界では、電通における 2 つの過労自死事件、1991（平 3）年の大嶋一郎さん、2015（平 27）年の高橋まつりさんで明らかにされた雇用社会は、戦前の国民に求められた戦時における勤労観と共通もしくは延長線上のものであった[5]。

　企業間の競争と効率主義は、否応なしに企業にとって役立つ精神と思考方法を育成し強化する、ここでは特定の「能力」のみが評価され順位化、差別化されていく。現在（今）の企業にとって「役立つ人」「役立たない人」の差別化である。このことを相対的な人事考課制度がシステム化する。

　ここでの評価は、客観的、公正なものでなく上司との関係性による主観的なものである。労働者は昇進や、賃金上の処遇をめぐり管理され競争させられ分断され孤立化するのである。

(2)「人間の尊厳」と人間存在の「位置付け」の克服

　吉崎祥司（哲学）は、「人間存在の位置付け」を拒絶するとともに、人間存在の無条件の肯定とともに「尊厳」と「人権」の関係について尊厳は、包括的、開放的であることと 2 つの相互関係を指摘する[6]。

　日本社会は、労働の領域において、男女格差、成績主義による正職員間での格差、派遣、パート、委託による社会的身分を利用した差別と格差を温存し、これを極端に拡大し、労働者層の分断とともに労働の場における使用者の支配を確立させてきた。このことが創造性と協働性による豊かな社会の展

望をなくし、閉鎖的であり、活力をなくした日本社会と企業の現在につながった。現在日本の資本主義生産システムによる過剰な競争と一元的な価値の強調は、企業人、企業戦士、過労死、ハラスメントの基盤となっており、このことの克服は人間の尊厳と平等の実現にむけた着実な一歩、前進しかないと私には思われる。

4　民主主義と人間の尊厳および人権について

(1) 民主主義については、これまで多数決原理と少数者意見の尊重がいわれ、国家制度、民主的制度としての三権分立が語られる。また立法 (国会) 機関の代議制、住民自治や住民訴訟が指摘される。宇野は、民主主義は「参加と責任のシステム」であり、公共的な議論による意思決定としての「政治」とともに本格的に作動する必要がある、とする[7]。人間の尊厳を理念なり実現への目標、それへの過程とするならば、民主主義の制度とは人権実現のためにある国家や地方における諸々の制度であり、民主主義には最小限プロセスの透明化、諸機構の説明責任を伴いながらの市民の国家、地方の諸制度 (機構) への参加 (形態) が課題となる。

(2) 中村は、これらの「国家形態としての民主主義」に対して「生活形態としての民主主義」を強調し、「社会に先行するアトム的個人」を前提するのではなく、共同体的 (社会的) 存在としての人間の前提として民主主義を再構築すべき、という。

そしてマルクスの再解釈か、新しい市民社会概念の採用という第三の道なのか、と問いかけて、中間集団 (市民社会、その基本としての家族) への考察をすすめるなかで吉田克己、渡辺雅男、三成美保らの論稿に注目しながら、ヘーゲルそして中西洋の「多様な人と多層的な社会」を評価する[8]。私は、これまで労働社会における人権侵害事案に法曹として取り組むなかで、労働法においても人間の尊厳と人権、人間の相互依存関係、平等、連帯を対国家との関係だけでなく労働者自らが帰属する市民社会との関係においても検討してきた。法における人間の尊厳や基本権 (人権) の擁護は、その侵害に対

して「人間として許せない」という感情のなかで基本権の実現をめざす運動であると理解してきた。労働法における、また法における諸制度（労働委員会、労基署）も運動のなかでのみ制度として存在を示すと考えてきた[9]。そして労働者が人権と人間の尊厳を擁護する運動が民主主義を実現することであると理解するようになった。すなわち民主主義の目的は、人間の尊厳と人権を実現することであり、現在の憲法下の民主的な諸制度は、立法、行政、司法という国の組織や憲法と法律上の地方自治の諸組織も含め人間の尊厳と人権を擁護するための国民が合意し、憲法上の制度としたものである。これらを国民への統治機構と整理するのは誤りである。それ故にこれらの制度がその手続において民主主義に適う（適応する）内容（適正手続や説明責任など）をもつことは当然のこと（要請）である。

　これを国からではなく、市民、社会の側からみれば、国や地方公共団体における立法、行政、司法（人権の救済諸制度も含めて）といった民主的な諸制度は、市民社会に帰属し、市民社会の統制の下にあるものであって市民による被統治組織である。市民のこれらの制度への参画、参加（政党もその一つである）は、当然、自然なことであり予定のものである。現実の制度が市民の参加において不充分なものであるならば改革の対象にならざるを得ないのである。立法における代議制の機能不全（例えば小選挙区別によって選出された議員による国会の形がい化）や行政や司法における官僚機構は、市民の運動による市民の参加により、遅かれ早かれ改革の対象となることは言うまでもない。そして焦点は、参加形態の政策化とこれを進める社会の運動である。

　なお補足したいのは、私は判例を法の創造、具体化であると理解してきたのであるが、この判例形成過程への労働者や市民の原告としての「訴え」自体が司法領域における市民の民主主義としての参加である。

5　法（規範）と事実について—補論—

　私は本稿において、法と事実の二元論をどのように考えるか、を私のいう「事実のなかに法が宿る」という命題との関係で考察しようとしていたので、この点を小林直樹の整理をも紹介しながら補論として指摘しておきたい。

　小林は、人間を媒介とする、裸の（無意味な）事実ではなく、人間が事象に対し関心を抱き、意味を見出し、その意味を言葉で考え、捉えようとした途端に、それは一種の価値関係的な事実に転化する。それ故に当為が引き出されるのは人間の実践的思考や感覚で捉えられた（何らかの意味のある）社会的事実であるとした上で、事実から規範が導かれることは法の存在様式を特色づける、1つの基本的事象といってよい、と整理する。

　また小林は、二元論をとる新カント派の基本テーゼとして「事実から当為、規範は引き出せない」「逆に当為から存在は引き出せない」があるが、対象界のなかで人間を抜きに「事実」と規範を分離し、対立的に捉えることは、抽象的思考の結果であり、人間を媒介することによって両者は交流の場に移され「事実から当為が導かれると見ることができる」、とする[10]。

　確かに規範（法規範も含めて）が人間の社会、経済、政治、文化関係から生じ、生ずるものであることは共通の理解として、この箇所で引用された言語行為論者（坂本百大）と法哲学者（佐藤節子）の論稿にいう「言語化」されたものは、実は社会関係における生の事実からの人間の主体的な行為による選択であるが、この選択の対象は、また選択した結果は規範的評価によって裏打ちされた、対象化された「言語でない」事実であり、言語はこの対象と行為の人間における表象（現）である。

　私は「法と事実」の関係について、「事実のなかに法が宿る」という一つの定立を主張してきたが、人間の社会関係における法と事実を二元的にかんがえるものではない。

　社会の事実のなかにおける人間の行為（積極的行為にせよ、不作為という消極にせよ）を客観的に事実として対象化してみているのである。

　このことは自然界に存在する類的存在としての人間が自然界を事実として表象し認識するということとは区別されて（した上で）、社会的存在としての人間が、その存在を維持し継続するために社会、経済、政治そして文化関係のなかで禁止の行為やお互いの関係を規律する交換を中心とする様々な約束、ルールを共通化し、一般化したものが法という規範として生まれるのである。

　私が規範と事実というテーマについて検討する与件（所与）は以上のもの

である。ここでは規範（法も含めて）は、人間の社会関係から、社会の事実から生まれてくるのであり、また法律が新たな社会関係を形成促進する場合においても、法が先（験）的に存在することはないのであって、社会的事実関係から法が求められるというのが私の認識である。そして人権闘争（権利運動）も含めて、権利義務を確認する私人の行為は（対国、対社会、対個人も含めて）、個人の置かれた社会的事実（行為）からその違法を非難し、また約束としてのあるべき法的関係の存在を求めることになるのである。いずれにせよ「法と事実」の関係は、自然界固有の因果関係や真理のものではなく、社会における事実関係のものである。

注

1）チョムスキーは、ヒト言語は大体 6 万年前より遡ることはないこと。小さな（繁殖）集団のなかの突然変異として既存の心的対象（またはある種の概念）をとり、より大きな心的対象を形成することを可能にする演算を獲得した（併合）と主張する。同『言語の科学』岩波書店、2016 年、33-35 頁。

2）ボード・ピエロート、ベルンハルト・シュリンクら『現代ドイツ基本権 第 2 版』永田秀樹・倉田原志・丸山敦裕訳、法律文化社、2019 年、116-118 頁。

3）ホセ・ヨンパルト『人間の尊厳と国家の権力』成文堂、1990 年、65-68 頁。

4）中村『前掲書』225-226 頁。なお笹倉秀夫『法哲学講義』（東京大学出版会、2002 年）の「人権論」（132-184 頁）は、私としても概ね賛同するとともに、私としては、社会権と自由権そしてその関係についてさらに深めたい。

5）拙著『労働における事実と法』日本評論社、2019 年、290-291 頁参照。

6）吉崎祥司『唯物論研究ジャーナル 2020』52 頁。

7）宇野重規『民主主義とは何か』（講談社現代新書、2020 年）は、民主主義理解への好著である。

8）中村『前掲書』294-295 頁。

9）拙著『現代労働法論―開かれた法との対話―』日本評論社、2023 年。

10）小林直樹『法の人間学的考察』岩波書店、2003 年、101-103 頁。しかし結論までの導出が不充分である。「二元論」もまた人間の介在を前提にするからである。

第5章
「友愛」思想と新たな社会
―人が尊重され、つながりが実現される社会に―

櫻井善行

はじめに

　本稿は法学者中村浩爾氏への追悼寄稿文である。筆者は研究職を「生業」とはしない一人の社会人研究者にすぎないが、ある機会で中村氏と同じ共同研究の場が設けられ、つきあうようになった。その縁で筆者にも追悼寄稿文の依頼があったのではと思う。筆者の専門領域は、労使関係論・企業社会論が中心で、門外漢の筆者が中村氏追悼文を書くことへの逡巡もあったが、書くことで氏への追悼の意思を示せると思い、拙文を書く次第である。

　研究領域が異なる筆者と中村氏に共通するキーワードに、「友愛」fraternity がある。筆者は若い頃にはこの用語には関心がほとんどなかった。せいぜい自由・平等の後付けだと解釈していた。だが年齢を重ね、還暦を過ぎた頃から、この「友愛」に関心を抱きこだわるようになった。今では筆者が理想とする社会は、「友愛」が基本条件だと考えるようになった。

　筆者は若かりし頃、他の著者と同じく、人々が人間らしくまっとうに生きていくことが可能な社会への変革に期待を抱き、その作業の一端を担おうとした。今もこの気持ちに変わりはない。ただ自分のめざした社会と当時モデルとされた社会の間のギャップに気がつき、失望したのも事実である。

　本稿では、「友愛」fraternity を通した人間社会のあり方を、新自由主義との関係で検証してみたい。筆者が本稿で人間社会のあり方と将来像を検証することが中村浩爾の主張とどの程度かみ合うのか自信がない。だが筆者が拙

文を書くことで、今はなき中村氏との対話を前に進めることができるのでは
と考えている。その機会を与えてくれた人々に感謝したい。

　本稿では　はじめに　1日本社会の現状　2　新自由主義の役割　3自由・
平等・友愛　4　21世紀のめざすべき社会　おわりに　の順で述べていく。

1　日本社会の現状

　2023年、すでに21世紀になって20年以上の歳月が経過し、世界も日本
も大きく変容しようとしている。少子高齢化と人口減少に加えて、労働力不
足、「失われた30年」による経済の停滞、教育の劣化、格差拡大、社会の分
断、などの諸問題に加えて、地球環境問題など深刻かつ重大な問題に直面し
ている。人間の発達と社会の存続・発展に関わる諸問題が立ちはだかる。

　1990年代以降顕著になったグローバル化した世界は、国家間でも国内で
も貧困と格差の拡大をもたらしている。また一部多国籍企業の活動や投資・
事業で成り上がった富裕層による富の独占は、深刻な社会の分断をもたらし
ている。新自由主義による無秩序な開発と経済成長の追求は、地球と人類の
未来を危うくさせ、深刻かつ危険な環境問題を起こすことになった。現代資
本主義が抱えている諸問題は、この先社会の存続・発展と人類が生存するこ
とすら厳しくなっていることを意味する。

　現代社会は、このように様々な点でネガティブな現象が露呈されている。
たとえば学校教育に目を向けると、大衆化と多様化の進行の結果として、す
さまじい教育格差をもたらし、現在も進行中である。学校における諸問題は
現代社会の反映で、かつてほど騒がれなくなったが、学級崩壊や教育困難校
問題は現在もある。不登校やいじめに加えて、ハラスメントは大人社会をス
トレートに反映しており、現在も教育問題は広く社会問題であり、より深刻
である。現在進行形の学校のDX構想も学校間格差をさらに拡大して行くで
あろう。かつてはネット社会に限定されたヘイトクライムは一般社会にも広
がり、日本でもアメリカ並みに「分断社会」が形成されつつある。

　可視化された日本社会をさらに凝視すると、人々は生まれたときからふる
いにかけられ選別される。競争原理と市場原理で揺さぶられ、格差が拡大し

て、人間はいびつな発達をしていく。そこでは形式的な自由と機会の平等はあるものの、結果として「勝ち組」と「負け組」とに選別されていく。

　実際にグローバル化した世界では、貧困と格差の拡大と一部の企業と富裕層による富の独占により、社会の分断をもたらした。また市場原理と無規制・無秩序な経済成長を求める活動が、生態系と人類の生存を脅かすような、深刻な環境問題を引き起こした。まさに現在の世界のおかれている状況は、人類の生存と社会の存立基盤が脅かされている。

　日本国内に目を向けると1960年代後半以降の高度経済成長後期から始まったモータリゼーションとその後の持ち家施策の導入で、マイカーとマイホームの夢の実現をはじめ、人々の小市民意識をかき立て、あらゆる生活場面で思考様式、行動様式、生活様式を根底から変容させていった。

　1990年代以降のインターネットの普及・拡大は、人々の生活を一新し、最近話題になる「生成AI」の登場は、労働現場とともに社会と人間のあり方が問われてくる。それはアナログからデジタルへの転換にとどまらない。第5期科学技術基本計画（2016年）では、Society5.0という、サイバー空間とフィジカル空間を高度に融合させたシステムにより、経済発展と社会的課題の解決を両立する社会を提唱している。この下では、生成AIやロボットなどの技術を活用して、自動化や効率化、ビッグデータの解析により、社会課題に限らず人間の相談活動を解決することまで視野においている。主客転倒であるが、あらゆる生活部面で人間の存在が見えにくくなってきた。

　現代日本では1990年代以降、少子高齢化の進行で、労働力不足が深刻化し、経済成長が鈍化し、格差が拡大している。政治が不安定になり多くの国民の不信が高まり、社会の閉鎖性が高まり、ヘイトクライムなど外国人排斥も広まっている。近年大きな問題になっている自然災害の頻発も、行政による施策の劣化での人災と深い関わりがあることが明らかになりつつある。

　世界を見渡せば、大国が力で小国をねじ伏せ、一国の大統領にもなった人物が差別を煽り分断社会の先頭に立つ。近年目につく凶悪犯罪は、現代社会が人との繋がり・絆を欠如し、人間としての感性と知性を喪失した結果であると筆者は考える。古くは古典的貧困が要因とされた高度経済成長期の連続射殺魔永山則夫の事件から始まり、リーマンショックの時期に起きた派遣労

働者による秋葉原無差別殺害事件などはその代表的な事例である。

　何がこのような社会の劣化をもたらしたかは、真摯に追求しなければならない。システムの問題とともに人間の心の問題を避けて通ることはできない。劣化を防ぐための解決は「新しい資本主義」ではありえないし、新自由主義による弱肉強食の社会ではより解決を困難にして行くであろう。やはり憂うべきは現代社会の劣化した姿であり、その認識の上での社会変革こそ最重要の課題である。中村浩爾氏はこの社会の劣化をどう思っていたのだろうか。そうした現代日本社会への問題意識の上で、その課題を追求していく。

2　諸悪の根源としての新自由主義

(1) 新自由主義登場の背景

　その劣化した社会の根源には、過酷な競争原理をあおり立てる新自由主義の存在があると私は考える。社会の劣化が人間の心にも影響を与えているなら、その問題も凝視しなければならない。その劣化した現代社会の対抗軸として何が必要とされるか、その検証をしていく。

　1930年代に登場したケインズの福祉国家は、あからさまな自由放任主義への批判と有効需要の創出のために、経済政策への国家の介入を必要とした大きな政府の「福祉国家」を提起した。第二次世界大戦後、二度の石油危機を経て登場した新自由主義はそのアンチテーゼであった。1980年代、スタグフレーションの下で、巻き返しを図ったのが「市場原理」と「規制緩和」を主軸とした新自由主義であり、労働運動にも真っ向から対決したことは記憶から消えない。サッチャーやレーガンによるあからさまな労働運動への敵意は今なお語られるエピソードである。

　1980年代は、まだ米ソ二大国を中心とした「東西冷戦体制」が存続し、世界経済は分断されていた。だが1989年の「東欧革命」のドラスティックな展開と、その後ソビエト連邦が崩壊し、冷戦体制は終結した。その結果分断されていた「世界市場」は統合され、国家間の人・モノ・金の移動を容易にし、グローバリゼーションは急速に進展していくことになる。

　1990年代以降のインターネットの普及拡大は、情報技術の発展と交通網・

通信網の発達をもたらした。貿易の自由化、外国直接投資の増加に加えて、日本国内でも限定的とはいえ、外国人労働力の活用により、様々な場面でグローバリゼーションの光景を見ることになる。

　近年「グローバルサウス」が世界の表舞台に登場するようになった　直接的には BRICs の国々の驚異的な発展と拡大である。21 世紀はこれら途上国の存在抜きに、地球の未来は語れない。今もごく一部の国で見られるが、20世紀まで正当化された植民地としての支配で、途上国を操ろうとするのは過去の不始末の再現でしかない。当面は人口・食糧・貧困などの途上国が抱えた課題への支援・対応の中で、国際社会は移行して行かざるをえない。

(2) 新自由主義の法哲学

　新自由主義の法哲学を考察する際、新自由主義の平等観は参考になる。新自由主義では、政府による経済への介入を最小限に抑え、自由な市場競争を促進し、その結果として平等が達成されると考える。富裕層が潤い社会全体の富が増大すれば、富は貧困層にもこぼれ落ち、経済全体が良い方向に進むとする「おこぼれ」の分配理論であるトリクルダウン理論の延長でしかない。新自由主義の経済政策が、富の分配格差を拡大させている。

　また新自由主義者の法哲学は、まずは個人の自由と財産権を最大限保障するもので、自由な市場経済の拡大こそが個人の自由と社会の繁栄をもたらされると信じ、政府の市場介入を極力抑えようとする。アダム・スミスの「見えざる手」と「夜警国家」は、資本主義初期の段階では歴史的には進歩的な意義があったが、新自由主義の場合、明らかに後ろ向きである。

　新自由主義者の法哲学は、1970 年代以降にアメリカで注目を集め、フリードマンは『資本主義と自由』の中で、新自由主義の法哲学を体系的に論じている。だが、この施策が市場原理と規制緩和を基軸としているが故に、格差の拡大や環境問題の悪化、市場の暴走による金融危機の発生などをもたらし、それへの対策もけっして十分ではなく、全く無力であった。

　最近日本で「成長と分配の好循環」と「コロナ後の新しい社会の開拓」をキーワードに「新しい資本主義」が登場した。だがこれはよく観察すると行き詰まった新自由主義への小手先による手直しでしかない。

　「新しい資本主義」という思考様式は、これまでの資本主義の矛盾を止揚するものではない。提起するさまざまな施策は、噴出する諸問題に対症療法的に対応するものでしかない。「新しい資本主義」は、新自由主義ほど傲慢で開き直りはない程度の水準である。

3　自由・平等・友愛

(1) 近代社会の理念としての自由・平等

　フランス革命の理念には、「自由」と「平等」に加えて「友愛」fraternityがあった。「友愛」は日本語訳としては「博愛」という言葉で代用されたこともあった。自由・平等は、近代社会で共有されたカテゴリーであるが、友愛はこれら二者と比較して、あまり重視されてこなかった。

　ところで「新自由主義」が扱う「自由」とは、国家権力からの解放を意味する自由ではなく、「規制」を取り除いた自由である。そこには野蛮で弱肉強食で無規制の競争原理と市場原理が根底にあり、人間の理性を期待する姿勢はことさらない。強者に迎合し、弱者には様々な困難を求めていく。

　また新自由主義が扱う「平等」は、機会の平等であって、結果の平等を追い求める従来の平等観とは異なる。筆者は政府の施策による経済への介入で格差を是正し、人々の生活は平等に近づくと考える。だが新自由主義は、政府による経済への介入を最小限に抑え、自由な市場競争を促進して経済発展の結果として平等が達成されると考える。

　その意味で新自由主義の自由は、市民革命時に国家権力からの解放を意味した自由ではなく、経済利益を無制限に求めていくことの自由である。19世紀後半以降顕著になった、失業や貧困などの社会問題への対応に迫られてきたが、新自由主義は国家・政府による介入はことさら拒否する。

　本来平等とは、すべての人が同じ権利や機会を持つことで、人種、性別、宗教、出身地などの差別なく、すべての人がお互いの尊厳を確認して、生きていくことができる。だが新自由主義者が描く平等は、機会の平等でしかなく、結果としての平等は求めはしない。自己努力によって実現することこそが最善であり、結果としての不平等や格差を容認することになる。

⑵ 友愛思想への接近

　新自由主義の人間観を示したものとして、しばしば1973年のチリ軍事クー
デターへのあからさまに賛意を表明したフリードマンらシカゴ学派の態度が
話題となる。彼らの哲学からは人間の尊厳や連帯・協働という理念は軽視さ
れ、あまつさえ友愛というカテゴリーは存在しない。

　その友愛とはいかがなものか？「友愛」fraternity とは、広辞苑に寄れば、
「兄弟の間の情愛。②友人に対する親愛の情。友情。友誼。」をいうが、大辞
林でも、「⑴兄弟または友人間の情愛。「——の精神」⑵友情を抱いている・こ
と（さま）」をいう。本稿では、これらの定義は狭義の「友愛」として、家族
愛を越えた普遍的なものとして扱うこととする。

　自由や平等はシステムのあり方とみなされ、友愛は人間同士の関係と内面
の問題と捉えることが出来る。考えて見れば、過去の時代から三大宗教はい
ずれも、他者への愛を人間の生き様の基本としてきた。仏教の慈悲、キリス
ト教のアガペー、イスラム教によるアッラーの慈悲、これらは他者への心の
導きを示している。私たちはこれまでの歴史を振り返ると、制度の変革（政
治革命）がされれば、うまくいくことはあり得ないことは、すでに見てきて
いる。政治革命だけでなく、社会経済や人々の意識と関わる文化などの変革
も必要とされる。実際に過去の歴史で、革命中から革命後に流されたおびた
だしい流血は、政治権力奪取でしかない政治革命の限界と弱点を示してい
る。

　自然法の概念からすれば、自然法思想は、古代ギリシア哲学にまで遡る。
プラトンは、自然法は、人間が共有する普遍的な善の原理に基づいていると
考え、アリストテレスは、人間の理性によって認識できる普遍的な正義の原
理に基づいていると考えた。こうした考えは、単純に支配者の道具としての
道徳観だと切り捨てるべきではない。人間を大事にするという観点は普遍的
であり、人への思いやりや理解は、どんな社会でも必要である。

⑶ 左翼思想に欠落してきたもの

　左翼とりわけ日本の左翼はしばしば「幼児性」が指摘され、他者への尊重、
寛容、許容、受容、共感の欠落や軽視がされてきた。他者への尊重がなく、

他者を寛容な扱いなしに受容を拒否し、他者から受容されず共感も受け入れられないであろう。普段は自分には見えなくても、人がつながりをもち、他者へのいたわりと思いやりがあるからこそ、人は社会での生活をしていくことができる。こうした他者を正視していく視点は「友愛」につながる。「社会的連帯」とはそうした人間観の上で成り立つと筆者は考える。

　過去によく見られた社会変革を志した当時の若者が、挫折を体験し、その先に「真逆」の人生を歩むようになるのは、その指針たる思想や行動体系が未熟だからである。それは反体制側にある権威主義とも無縁ではない。一部では「バラモン左翼」と揶揄されるが、正論を振りまくだけの人は筆者の回りにも数多くいる。彼らの言動を観察すると、これまでの自らの行為への洞察・反省は全くなく、他人の意見を聞けない人も少なくない。何よりも謙虚さや寛容が欠落している。そのくせ些細な違いから自らの正当性を主張し、他者を排撃する。これで多くの人からの信頼や支持が得られると思っているのなら、あまりにも貧相で軽薄であり、知性の欠如は深刻である。

　また「科学的社会主義」というドグマにどっぷりと浸り、周囲が見えなくなる事例もしばしば目にする。金科玉条のごとく「マルクスはこう言っていた」と、古典的文書の文言の一字一句を追いかけていく手法も、「学問」としてはあり得るかもしれない。しかし現実の社会問題を解明し、解決のための手法を学ぶ側からすれば、説得力はない。現実の社会がどうなのかという問題意識と分析力がなければ、社会問題への解決の導きにはなり得ない。

　私たちがこの先、実現をめざし求める社会が、「社会主義」かどうかは別として、とりあえず、人々が自由と平等で安心と安全が確保され、人々の「共生」という理念が必要とされる。人々の希望と幸福の実現は、そうした社会が成立した上でのことである。こうした社会を求めて行くことになれば、自ずと私たちがこれまで描いてきた未来社会の「青写真」は、修正を余儀なくされなければならない。「未来志向」というのは、過去を振り返り未来に生かすことだが、過去を無視することではない。特にどうして過ちに陥ったかの考察は重要である。その意味では、私たちの思考様式は人々を惑わす権威主義や事大主義とも区別されなければならない。

4　21世紀のめざすべき社会

(1) 紛争の解決のために

　世界が現在でもまだ領土や宗教や民族問題などで抗争・紛争を続けている限り、人々の安心と安全は保障はされない。まずは人々の理性を取り戻させるためのテーブルを用意することが必要である。そのためには「ためにする批判」や「悪意ある攻撃」は、厳として慎まなければならない。批判は道理ある異論であり、攻撃は道理ない非難であるという。だがその規準は誰がどのように決めるのだろうか。自らが他人のことばに耳も貸さずに、非難という名の一方的な攻撃をするならそれはブーメランの如く自らに返ってくることになる。そして少しずつ積み重ねてきた信頼が一気に崩れることもあり得るだろう。「裸の王様」の寓話は、自らが気づいた時には、時既に遅しということを示している。物事への評価・対応は、独りよがりの世界観ではなく、客観的な物差しの存在が必要とされる。

(2) 法哲学と21世紀の社会

　ところで「無謬性」という言葉がある。間違い、誤りのない状態や性質のことをいう。無謬とは、過ちが絶対にないということで、完璧な知識と判断力が必要とされる。無謬性は、これまで神学特にカルトの世界でよく議論されてきた概念である。無謬性は、人間にとっては理想的だが、人間が行う限り完全無欠はあり得ず、間違いから学び、成長することに意義がある。

　新しい発見や発明は、時代と社会の変化の中で、それまでの定説が間違いであることが判明することもあり、そのことで新たな知見を求めることにもつながる。逆説的だが「無謬性」は、異なった視点からすれば、人間の謙虚さや学び続ける姿勢を促すもので、ある意味「反面教師」であるとも言える。もちろんこれからの時代では、克服すべき課題である。

　本来理想とすべき社会は、法哲学の立場に限らず、すべての人が、①平等に権利を享受、②自由に生きる、③平和に暮らす、④豊かに暮らす、ことが必要条件となる。それらは私たちからしても当たり前のことであるが、今な

お現代社会がまだその水準にまで至っていないことに気づかされる。過去の古い因習は、新たな進歩的なものに変えていかなければならないが、それは一朝一夕にしてなし得ることではない。他人任せの「おまかせ」ではなく、社会の構成員ひとり一人が、積極的かつ主体的に関わって行くことが必要とされる。安易な期待や幻想を振りまくべきではないと思う。だが21世紀の社会は、適切な分配が完成して少なくとも生活すべき糧の確保は解決していなければならない。その上での人間が人生を全うできる社会である。

おわりに

筆者は友愛に満ちた21世紀の未来社会を描くとしたら、北欧型の福祉国家と南欧型の協同組合をベースに、気候変動への対応でのグリーンな施策がオルタナティブであると考える。SDGsは「アヘン」という主張も聞くが、確かにその自己目的化は企業や国家の施策の広告塔になるが、手段という活用の仕方次第で、平和で豊かな社会へのステップになることも考えられる。

もちろん難点もある。相対的に国民の幸福度が高い北欧型福祉国家で、原発推進施策が進み、ウクライナ危機を理由とした集団安全保障機構＝NATOへの迎合などがみられる。協同組合をベースにした南欧諸国の国民の生活水準は、先進諸国の中でも相対的に高くない現実もある。

スカンジナビア三国やデンマークなどの北欧型福祉国家は、一般的には①国民の生活水準を高めるために、教育、医療、雇用、社会保障など、高福祉サービスを提供しており、②その施策を支えるのは、高い労働組合の組織力・交渉力による社会民主主義政党の政権が実施する社会的平等と公正を重視した施策があげられ、③税や社会保険などの個人や企業への高負担は、福祉国家政策維持のための財源施策である。

一方南欧型協同組合は、南欧諸国の経済発展に大きく貢献してきた。第一次産業分野では小規模な生産者を組織し、労働者協同組合では南欧諸国の失業問題の解決に貢献してきた。協同組合は現在も地域のネットワークと相互扶助を生かし積極的な役割を果たしている。

筆者はこの2つのモデルに加えて、近年大きな課題である気候変動と環境

問題への対応のためにスパイスの役割を果たすべき、「グリーン」な施策が必要であると考える。それは「新しい資本主義」の延長上のグリーンニューディールやグリーン資本主義やSDGsを超克するものだと考えている。

　こうした未来社会の構想が自由・平等・友愛に基づく社会に近づくと筆者は考えている。現在の筆者の問題意識と中村浩爾氏が描いた「友愛社会」にどこまで接近できたか甚だ心許ないが、今一度その「青写真」を彼から聞き、語り合いたかった。それが直接できないのがとても残念である。

文献

宮本太郎 (2017)『共生保障　〈支え合い〉の戦略』岩波新書
中村浩爾 (2005)『民主主義の深化と市民社会―現代日本社会の民主主義的考察』文理閣
中村浩爾・寺間誠治編 (2015)『労働運動の新たな地平―労働者・労働組合の組織化』かもがわ出版
内橋克人ら (2009)『始まっている未来 新しい経済学は可能か』岩波書店
碓井敏正・西川伸一編 (2022)『自己責任資本主義から友愛社会主義へ』ロゴス
斉藤幸平 (2020)『人新生の資本論』講談社

第6章
政治的自由の概念と
その複数の捉え方
―コンスタン、バーリン、ロールズ―

濱 真一郎

はじめに

スイス出身のフランスの作家・思想家であるバンジャマン・コンスタンは、「近代人の自由と古代人の自由」という講演（1819年）において、政治的自由について以下のように述べている。

　　私が求めるのは政治的自由の放棄ではなく、別の形式の政治的自由をともなった市民的自由なのです。（コンスタン 2020：44；強調は引用者）

この引用箇所から理解されるように、コンスタンの自由論においては、政治的自由の概念についての2つの捉え方が提示されている。言い換えれば、彼の自由論においては、政治的自由の概念についての捉え方は1つではなく、それは複数ある[1]、ということになるだろう。

本稿は以上を踏まえて、コンスタンと、ラトヴィア出身で英国にて活躍した思想史家アイザィア・バーリンと、アメリカの政治哲学者であるジョン・ロールズが、政治的自由の概念をどのように捉えているかについて確認した上で、ロールズの正義論はコンスタンおよびバーリンのリベラルな伝統から逸脱しているのではないか、という問題について検討することにしたい。

1　コンスタンの自由論における2つの政治的自由

(1)「古代人の自由」と「近代人の自由」

　本節では、コンスタンの自由論における、政治的自由の概念についての2つの捉え方について検討する。彼は、政治的自由（＝古代人の自由）を近代に持ち込むことはできないという理解を示した上で、それとは別の形式の（近代社会に適合的な）政治的自由の捉え方を提示している。

　コンスタンの自由論における政治的自由の2つの捉え方について検討する前に、彼が先述の講演「近代人の自由と古代人の自由」において、「古代人の自由」と「近代人の自由」についてどのように論じているかをみておこう。まずは、彼の言う「古代人の自由」について。

　コンスタンは、古代のギリシア人を念頭に置いて、古代人の自由とは「集団的権力に能動的に継続して参加する自由」のことであるとする（コンスタン 2020：29）。彼によると、古代人の目的は、祖国を同じくするすべての市民の間で社会的権力を分有することにあった。古代人たちは、それを自由と呼んだのである（コンスタン 2020：30）。

　次に、「近代人の自由」について。コンスタンは近代人の自由（彼の時代の英国人、フランス人、およびアメリカ合衆国の住民が理解している自由）について、以下のように説明している。

　　　それは各人にとり、法律以外の何物にも服さない権利、単独にしろ複数にしろ誰かの恣意的な欲求にしたがって逮捕されたり監禁されたり、命を奪われたり、断じて不当に扱われたりしない権利を意味します。それはまた自らの意見を表明する権利、職業を選択し実践する権利、財産を自由に処理するだけでなく浪費さえする権利であり、許可を得たり理由や経路を申告したりすることなく往来する権利でもあります。他の人びととともに集まる権利もまた、誰もが持っています。それは自分たちの利益について話し合うためでもよいし、本人および彼の仲間が好む信仰を表明するためでもよい、あるいは単に自分の好みや気紛れにしたがっ

て暇つぶしをするためでも構わないのです。そして最後に、官吏の一部
や全員を指名したり、支配する側が多少なりとも考慮せざるをえないよ
うな抗議、請願、要求を行ったりすることで政府の統治に影響を与える
権利も万人に認められています。（コンスタン 2020：18-19；強調は引用者）

　以上を筆者なりに要約するならば、コンスタンの言う近代人の自由は、法
の支配、人身の自由、表現の自由、職業選択の自由、所有権、移動の自由、
集会の自由、そして最後に、政治的自由（政府の統治に影響を与える権利）を
含意する。すなわち、筆者の理解では、コンスタンは近代人の自由のリスト
に、政治的自由を加えているのである。

(2) コンスタンの自由論における第一の政治的自由

　以下では、コンスタンが講演「近代人の自由と古代人の自由」において提
示した、政治的自由の 2 つの捉え方について検討する。本稿の冒頭で引用し
たように、コンスタンは以下のように述べている。

　　私が求めるのは政治的自由の放棄ではなく、別の形式の政治的自由をと
　　もなった市民的自由なのです。（コンスタン 2020：44；強調は引用者）

　以上で傍点を付した二箇所の、まずは前者について検討しよう。コンスタ
ンが（前者の意味で）「政治的自由」と言う場合、それは基本的には〈政治的
自由としての古代人の自由〉のことを意味する（大石 1999：163；大石明夫は
「古代人の自由が政治的自由を意味していたことは、いうまでもあるまい」と指摘
している）。コンスタンは、〈政治的自由としての古代人の自由〉を、「集団
的権力に能動的に継続して参加する自由」として説明している（コンスタン
2020：29）。

(3) コンスタンの自由論における第二の政治的自由

　次に、コンスタンの自由論における第二の政治的自由について、すなわち、
「別の形式の政治的自由」について検討しよう。

　コンスタンは、この「別の形式の政治的自由」を、「市民的自由」および「個
人的自由」との関連で説明している。すなわち彼は、「私が求めるのは……
別の形式の政治的自由をともなった市民的自由なのです」（コンスタン 2020：
44）と述べている。あるいは彼は、「個人的自由こそ真の近代的自由であり
ます。政治的自由はその保証であり、政治的自由が不可欠となるのはそれゆ
えなのです」（コンスタン 2020：43）と述べている。——文脈上、この引用箇
所の「政治的自由」とは、彼の言う「別の形式の政治的自由」のことである
と思われる[2]。

　以上の2つの引用箇所から理解されるように、コンスタンは、「市民的自
由」と「個人的自由」とを同義で用いている。彼はそれらの自由（市民的・個
人的自由）を保証するものこそが、「別の形式の政治的自由」であると考えて
いるのである。

　さて、先述のように、コンスタンは「近代人の自由」をリスト化している。
すなわち、法の支配、人身の自由、表現の自由、職業選択の自由、所有権、
移動の自由、集会の自由、そして最後に、政治的自由である。

　ここで興味深いのは、コンスタンが「近代人の自由」のリストの最後に、
政治的自由を加えていることである。——ここで言う政治的自由とは「政府
の統治に影響を与える権利」（コンスタン 2020：18-19）のことである。

　本稿の以上での検討を踏まえるならば、近代人が享受することのできる
「別の形式の政治的自由」とは、〈政治的自由としての古代人の自由〉のこと
ではなく、「近代人の自由」のリストの末尾にあげられている「政治的自由」
＝〈市民的・個人的自由を保証する近代人の自由〉のことであると、コンス
タンは考えているように思われる。

　さて、コンスタンによると、〈政治的自由としての古代人の自由〉を、わ
れわれ（近代人）が享受するのは不可能である。それはなぜか。古代人は、
自らの政治的権利と国家行政における役割を保持するために、多くの犠牲を
捧げる覚悟を持っていた。それに対して、近代人にとっての自由は、私的な
自立を平穏無事に享受することを意味する。ゆえに、自由をこのように捉え
る近代人が、古代人の自由を享受することは不可能なのである（コンスタン
2020：29）。ところが、思想家であるジャン＝ジャック・ルソーや思想家・

歴史家であるアベ・ド・マブリは、二千年という時間がもたらした変化を考慮せず、古代人の自由を近代に持ち込もうとしたのであった。なお、実を言えばコンスタンが批判しようとしているのは、ルソーではなく、ルソーよりもはるかに極端なマブリである（コンスタン2020：32-33）。

　コンスタンによれば、近代人にとって必要な自由（筆者の理解では「市民的・個人的自由」のこと）は、古代人の自由とは異なっている。そのため、近代人には、古代人の自由に適したものとは別の組織や制度が求められることになる。別の組織や制度とは何か。それは代表制である。代表制は、自らの利益は守られてほしいが自ら常時そうするだけの暇は持たない人民の集団が、一定数の人々に与える委任であるとされる（コンスタン2020：44-48）。コンスタンによると、自分たち（近代人）に見合った自由を享受するために代表制に頼る人民は、「代議士たちにしっかりと絶え間なく監視の目を向けねばなりません。そしてあまり長すぎない間隔をおいて訪れる時期〔選挙〕のために、彼らが期待を裏切った場合は除名し、彼らの濫用した権力を取り上げる権利を持ち続けていなくてはならないのです。」（コンスタン2020：48.〔　〕内は訳者）

　以上で確認したように、コンスタンによれば、代表制に頼る人民は、代議士たちが「期待を裏切った場合には除名し、彼らの濫用した権力を取り上げたりする権利」を、持ち続けていなくてはならない。この権利は、「近代人の自由」のリストの末尾にあげられている「政治的自由」＝〈市民的・個人的自由を保証する近代人の自由〉のことである。そして、この意味での「政治的自由」こそが、コンスタンの自由論における第二の政治的自由、すなわち、彼の言うところの「別の形式の政治的自由」であると思われる[3]。

2　バーリンの自由論における3つの政治的自由

(1) バーリンの自由論における「政治的な自由」──積極的自由と消極的自由

　以上で、コンスタンの自由論における政治的自由の2つの捉え方について検討した。以下では、バーリンの自由論における政治的自由の3つの捉え方について検討する。

　バーリンの自由論における政治的自由について検討するためには、まずは
彼の用語法を確認する必要がある。筆者の理解では、バーリンは 'political
liberty' という用語について、一般的な表現としての「政治的な自由」と、
彼が用いる専門用語としての「政治的自由」とを区別している。まずは「政
治的な自由」の概念について確認しておこう。バーリンは、彼の言う積極的
自由と消極的自由を「政治的な自由」として説明している。積極的自由とは、
特定の目的を設定した上で、その目的に従って自己支配ないし自己実現を行
う自由のことである。消極的自由とは、自分のなす選択について他人から干
渉されない自由のことである（Berlin 2002）。積極的自由と消極的自由は、政
治状況によって否定されることがあるという意味で、「政治的な自由」であ
る（Berlin and Polanowska-Sygulska 2006：87, 218）[4]。

(2) バーリンの自由論における第一の政治的自由

　さて、筆者の理解では、バーリンの自由論には、専門用語としての「政治
的自由」も存在する。以下では、バーリンの自由論には「政治的自由」の３
つの捉え方が存在している、ということを示していく。まずは、第一の捉え
方について。

　バーリンは、テレビ番組と哲学事典のために執筆（Hardy 2013：xxx）した
「自由」と題する短いエッセーにおいて、政治的自由とは何かについて論じ
ている。彼はまず、古代における政治的自由に注目する。すなわち、古代の
世界、とくに古代ギリシアにおいては、自由であることは、自分の都市の統
治に参加できることであった。法が妥当するのは、人々が法を創造したり廃
止したりすることに参加する権利を有している場合に限られる。自由である
ことは、他者が作ってくれた法に従うよう強制されることではなく、自分で
作った法に従うよう強制されることである。以上のような意味での民主主義
は、人々の生の全領域に、法と統治が侵入することを含意している（Berlin
2013：134）。

　さて、既に確認したように、コンスタンは「古代人の自由」と「近代人の
自由」とを区別したが、バーリンの自由論における第一の「政治的自由」は、
コンスタンの言う「古代人の自由」と対応している。

(3) バーリンの自由論における第二の政治的自由

　次に、バーリンの自由論における第二の「政治的自由」について検討する。引き続いて、彼の「自由」というエッセーに依拠する。

　バーリンによると、近代（現代）の世界には、政治的自由に関する新しい捉え方（a new idea）が存在しており、それはコンスタンによって最も明確に定式化された。すなわち、公的権威が介入するのが（例外的な状況を除けば）望ましくないような、生（プライベートな生）の領域が存在するという、政治的自由に関する捉え方である（Berlin 2013：134）。

　さて、既に確認したように、コンスタンは「近代人の自由」の具体的な内容として、法の支配、人身の自由、表現の自由、職業選択の自由、所有権、移動の自由、集会の自由、そして最後に、政治的自由（政府の統治に影響を与える権利）をあげている（コンスタン 2020：18-19）。バーリンは、それらの一連の「近代人の自由」に政治的自由を含めるというコンスタンの発想を、政治的自由に関する「新しい捉え方」として解しているように思われる。

(4) バーリンの自由論における第三の政治的自由

　続いて、バーリンの自由論における第三の「政治的自由」について検討する。彼は「政治的自由」を個人的自由と捉えた上で、それを消極的自由（「からの自由（liberty *from*）」）として説明することがある[5]（Berlin 2002：173-174. 邦訳、310-311）。さらに、政治哲学者のアラン・ライアンによると、バーリンが念頭に置いている「政治的自由」とは「政治からの自由（freedom *from* politics）」のことである（Ryan 2018：226）。以上からすると、バーリンの自由論における第三の「政治的自由」とは、「政治からの自由」を含意する消極的自由のことである。——筆者の理解では、バーリンが念頭に置く「政治」とは、たとえば、生のすべての領域に介入することのできる法の制定に参加すること（Berlin 2013：134）であり、あるいは、国民投票を通じて独裁を承認する責任（トラスト）[6]のことである。

　以上は、バーリン独自の政治的自由の捉え方であり、彼の自由論を特徴づけている。

3　ロールズの正義論における政治的諸自由
──コンスタンおよびバーリンのリベラルな伝統からの逸脱？

　本稿の第 1 節および第 2 節では、コンスタンおよびバーリンの自由論における、政治的自由の複数の捉え方について検討した。本節では、ロールズの正義論における政治的諸自由[7]について検討する。

　ロールズは、自身が提示する正義の第一原理（平等な自由原理）について説明する際に、基本的諸自由の中から特に重要なものをリスト化している。すなわち、言論および集会の自由、良心の自由と思想の自由、人身の自由、個人的財産〔＝動産〕(personal property) を保有する権利、法の支配の概念が規定している恣意的な逮捕・押収からの自由、そして、政治的諸自由（投票権や公職就任権）である (Rawls 1999：53. 邦訳、84-85；Rawls 2001：44. 邦訳、86)。

　本稿にとって興味深いのは、ロールズがリスト化している基本的諸自由における、政治的諸自由の位置づけである。言い換えれば、政治的諸自由とその他の非政治的な諸自由との関係である。ロールズによると、彼が参照するコンスタンおよびバーリンのリベラルな伝統[8]によると、政治的諸自由（古代人の自由）は、思想の自由や良心の自由（近代人の自由）よりも内在的価値が低い (Rawls 1996：299. 邦訳、356)。

　以上から理解されるように、ロールズは、コンスタンおよびバーリンのリベラルな伝統における政治的自由を、古代人の自由と考えているようにみえる。しかしながら、本稿で確認したように、コンスタンが擁護しようとしているのは〈政治的自由としての古代人の自由〉ではなく、彼が「近代人の自由」の 1 つとしてあげている「別の形式の政治的自由」＝〈市民的・個人的自由を保証する近代人の自由〉である。バーリンに関しては、彼は、コンスタンの自由論における〈政治的自由としての古代人の自由〉の一例として、「生のすべての領域に介入することのできる法の制定に参加すること」をあげた上で、近代（現代）の世界には、政治的自由に関する「新しい捉え方」が存在しており、それはコンスタンによって最も明確に定式化された、と述べている (Berlin 2013：134)。ここにおいて明らかなように、コンスタンおよ

びバーリンのリベラルな伝統における政治的自由は、〈政治的自由としての古代人の自由〉ではないのである。

　結局のところ、コンスタンおよびバーリンのリベラルな伝統は、〈政治的自由としての古代人の自由〉を近代に持ち込もうとするルソーの試みを退ける。——ルソーの試みとは、〈政治的自由としての古代人の自由〉を近代人に強制する試みのことである。ルソーの自由論においては、近代のわれわれは、〈政治的自由としての古代人の自由〉の強制を拒むことはできないが、だからといって不自由なわけではない。なぜなら、その強制を意志したのは他ならぬわれわれ（一般意志）だからである。

　コンスタンおよびバーリンに対して、ロールズは、〈政治的自由としての古代人の自由〉を念頭に置いて、それが思想の自由や良心の自由（＝近代人の自由）よりも内在的価値が低いと述べつつも（Rawls 1996：299. 邦訳、356）、近代（現代）において〈政治的自由としての古代人の自由〉の公正な価値を保証（保障）しようとしている（Rawls 1996：327. 邦訳、387；Rawls 2001：149. 邦訳、296-297）。とすると、ロールズの正義論は、コンスタンとバーリンのリベラルな伝統の含意——近代（現代）に適している政治的自由は〈政治的自由としての古代人の自由〉ではないという含意——を誤解しているし、その伝統から逸脱しているということになる。

おわりに

　では、ロールズの正義論を、コンスタンとバーリンのリベラルな伝統の逸脱から、救い出すにはどうすればよいのか。筆者の理解ではその方法は２つあると思われる。第一の方法は、ロールズに対して、〈政治的自由としての古代人の自由〉を近代（現代）に移し替えるというルソー的な試みを断念[9]させた上で、彼の正義論における政治的諸自由を、コンスタンの言う「別の形式の政治的自由」として理解するよう、求めることである。

　第二の方法は、ロールズの正義論を、〈政治的自由としての古代人の自由〉を近代（現代）に移し替えようとするルソーの試みとして捉えた上で、その試みから、ルソーの全体主義的な傾向を排除して、ルソーの民主主義的な側

面のみを活かすことである[10]。

　結局のところ、本稿は、哲学者エルンスト・カッシーラーの言う「ジャン＝ジャック・ルソー問題[11]」（カッシーラー 2015）の射程から一歩も出ていない、ということになるだろう。

注

1）なお、政治的自由という概念（the concept of political liberty）についての複数の捉え方（conceptions）が存在するという理解ではなく、政治的自由についての複数の概念（concepts of political liberty）が存在するという理解もありうる。というのも、政治的自由は、たとえば民主主義（デモクラシー）や社会正義などと同じく、Gallie（1956）の言う「本質的に競合的な概念」であると解することもできるからである。以上を念頭に置きつつも、本稿ではひとまず、前者の理解を取っておく。

2）堤林剣によると、「コンスタンは、個人の自由を平等に保障するためには（そしてもちろん平和と秩序を維持するためには）政治権力と同時に近代的自由の一要素としての政治的自由が不可欠であると説く。政治的自由が蔑ろにされると、政治権力に対するチェック機能が働かなくなり、結果的に市民的自由まで失われるからである」（堤林 2009：77；強調は引用者）。ここでの「近代的自由の一要素としての政治的自由」は、コンスタンの言う「別の形式の政治的自由」に相当するであろう。なお、堤林によると、コンスタンにおいては、政治的自由は政治権力へのチェック機能を果たすだけでなく、自己完成（perfectionnement）のためにも必要である（堤林 2009：77, 100）。コンスタンの自由論における完成〔卓越〕主義的な要素については、慎重な検討が求められるであろう。

3）なお、晩年のコンスタンは、市民の徳を実現した1つのモデルとして古代アテネの民主政をあげ、古代アテネではすべての公職が分権化され選挙されることによって自由が実現されたと主張した上で、統治権を必要最小限に縮小して統治者に委任するという自由主義ではなく、統治権を分権化し被治者がそれに参加することによって権力を抑制するという政治モデルを支持したものとされる（古城 2021：57）。これは、コンスタンの自由論の共和主義的な捉え方と言えるかもしれず、この捉え方における古代アテネの自由をどのように理解すればよいかについては、さらなる検討が必要であると思われる。

4）なお、バーリンの自由論においては、「政治的な自由」と対比される、「基本的な選択の自由」という非政治的な自由も存在する。これは、どのような政治状況であっても否定されてはならない自由のことである。たとえば、木に縛りつけられているときに縄をほどいてもらうことを選択する自由や、爪を剥がされそうな時に剥がないでもらうのを選択する自由である（Berlin and Polanowska-Sygulska 2006：87, 193-194, 217-218）。

5）先述のように、バーリンは「政治的自由」と「政治的な自由」とを区別しているけれども、彼はここでは、「政治的自由」と「政治的な自由」（としての消極的自由）とを結びつけているように思われる。

6）アメリカの歴史学者・政治学者であるヘレナ・ローゼンブラットによると、「普通選

挙制は、1792年に国民公会の選挙のためにフランスに導入されたが、この国民公会こ
そが、恐怖政治の体制へと乗り出したのであった。ナポレオンの独裁は、国民投票によっ
て承認された。……コンスタンにとって――当時のほとんどのリベラルにとってと同じ
く――投票権とは責任（トラスト）であって、権利ではなかった」（ローゼンブラット 2020：97）。

7）ロールズは『正義論〔改訂版〕』（1999年：同書の初校は1971年）では「政治的自由
　（political liberty）」という表現を用いていたが、『政治的リベラリズム』（1993年、ペーパー
　バック版1996年、増補版2005年）および『公正としての正義 再説』（2001年）では複数
　形の「政治的諸自由（political liberties）」という表現を用いている。本稿では（ロールズ
　の議論に関連する場面において）後者の表現を用いる。

8）政治哲学者のスティーヴン・ウォールは「コンスタンからバーリンへと続く古典的リ
　ベラルの伝統」という表現を用いている（Wall 2006：264）。

9）ロールズによると、彼が提唱する「政治的リベラリズム」と、彼が理解する限りでの「公
　民的人文主義（civic humanism）」（彼が依拠するチャールズ・テイラーに従えば、この
　見解はルソーによるものである）との間には、根源的な対立がある。すなわち後者（公
　民的人文主義）にとって、民主的な政治（democratic politics）への参加は、コンスタン
　が「古代人の自由」と呼んだものを中心に据えることへの回帰であり、その欠陥をすべ
　て有することになる（Rawls 1996：206. 邦訳、248-249）。ロールズの以上の指摘を踏ま
　えるならば、彼は自身の「政治的リベラリズム」において、コンスタンが「古代人の自由」
　と呼んだものを中心に据えることを回避するように思われる。

10）政治思想史家の吉岡知哉は、思想史家であるヤコブ・L. タルモンおよび哲学者であ
　るバートランド・ラッセルが立てた民主主義−全体主義という軸でなされるルソー研究
　に対比させる形で、Cobban（1964）のルソー研究に言及している（吉岡 1988：3、8の
　注5）。同じく政治思想史家である富沢克によると、「A. コバンが指摘するように、国家
　のより大きな善のためという名目のもとに個人の幸福を犠牲にしようとする見解に出
　会ったとき、ルソーの〔その見解への〕反対はつねにはっきりしているのである」（富沢
　1977：186：〔　〕内は引用者）。あるいは憲法学者の樋口陽一は、「ルソー＝民主と権力集中」
　vs「ロック＝自由と権力分立」という図式（「全体主義の元凶」としてのルソー）を念頭
　に置き、以下の2つの論点について検討している。第一は、「ルソー＝民主」という図式
　をひとまず前提とした上で、立憲主義は「民主」を含めた権力を制限することではなかっ
　たか、という問いに答えることである。第二は、「ルソー＝民主的権力集中」という前提
　自体は自明なのか、と問うことである（樋口 2017：58-59）。なお、樋口は、「全体主義
　デモクラシー」の元祖としてのルソー像を提示した論者として、タルモンの名をあげて
　いる（樋口 2017：215の注116）。

　　Brooke（2016：95-96）では、バーリンはタルモンとの交流を通じて「全体主義者」ルソー
　という像を提示した、という指摘がなされている。タルモンの最も有名な著書である『全
　体主義デモクラシーの起源』（邦訳のタイトルは『フランス革命と左翼全体主義の源流』）
　が出版され、バーリンがルソーについて論じた2つの講演（『ロマン主義時代の政治思想』
　および『自由とその裏切り』）が行われたのは、いずれも1952年であった。それは、ナ
　チスが崩壊し、スターリンによる統治が進行していた時期（スターリンが没するのは

1953 年）である。以上からすると、バーリンの議論は時代状況によって彩られていると言えるかもしれない。なお、バーリンはルソーの再読解に意欲を持っていたが、それは果たされなかった（Brooke 2016：98）。

　政治思想史家の小田川大典によると、最近の共和主義研究においては、〈「共通善」や「有徳な市民の自治」と結びついた「古代人の自由」を支持するアーレント＝サンデル的な「ネオ・アテネ派」共和主義〉と、〈共同体構成員の公共精神や政治参加そのものに内在的な価値を認めるのではなく、むしろそれらを個人的自由の保護というリベラルな目的のための単なる手段と見なすスキナー＝ペティット的な「ネオ・ローマ派」共和主義〉とがある。ロールズの正義論を、〈政治的自由としての古代人の自由〉を近代（現代）に移し替えようとするルソー的な試みとして捉えた上で、その試みから、ルソーの全体主義的な傾向を排除して、ルソーの民主主義的な側面のみを活かすとすれば、以上の 2 つの共和主義（理論）の対比を踏まえる必要もあると思われる（小田川 2005：60、62-63）。

11）吉岡は、「ルソーの思想の本質が〔確固たる完成した教説などではなく〕その運動にあるというカッシーラーの……指摘にもかかわらず、以後半世紀にわたるルソー研究は、この「運動」を的確に把みえたとはいえない」と指摘している（吉岡 1988：3.〔　〕内は引用者）。カッシーラーによると、ルソーは、絶えず自己を更新してゆく思想の運動を始めるために、世界を「自然」の状態に沈め、そのことによって世界をある意味で混沌にゆだねるという危険を冒した（カッシーラー 2015：2-3）。われわれがこの運動を的確に把もうと試みる際には、ルソーが冒したこの「危険」にも十分に留意する必要があるだろう。

文献

Berlin, Isaiah (2002) "Two Concepts of Liberty" Isaiah Berlin, *Liberty*, edited by Henry Hardy. Oxford: Oxford University Press. 生松敬三訳「二つの自由概念」アイザィア・バーリン『自由論』（小川晃一・小池銈・福田歓一・池松敬三共訳）みすず書房、新装版、1979 年。

―― (2013) "Liberty" I saiah Berlin, *The Power of Ideas*, second edition, edited by Henry Hardy. Princeton and Oxford: Princeton University Press.

Berlin, Isaiah and Polanowska-Sygulska, Beata (2006) *Unfinished Dialogue*. Amherst, New York: Prometheus Books.

Brooke, Christopher (2016) "Isaiah Berlin and the Origins of the 'Totalitarian' Rousseau" Laurence Brockliss and Ritchie Robertson (eds.), *Isaiah Berlin and the Enlightenment*. Oxford: Oxford University Press.

カッシーラー、エルンスト（2015）『ジャン＝ジャック・ルソー問題』（生松敬三訳）みすず書房、新装版〔カッシーラー＝ Cassirer であるためここにあげている。〕

Cobban, Alfred (1964) *Rousseau and the Modern State*, second edition. London: Greorge Allen & Unwin.

コンスタン、バンジャマン（2020）『近代人の自由と古代人の自由・征服の精神と簒奪　他一篇』（堤林剣・堤林恵訳）岩波文庫〔コンスタン＝ Constant であるためここにあげている。〕

Gallie, W. B. (1956) "Essentially Contested Concepts" *Proceedings of the Aristotelian Society*. 56.

濱真一郎（2020）「ロールズ正義論における政治的自由の位置づけ―コンスタン＝バーリンのリベラルな伝統との関連で―」社会科学研究 71（1）：21-42

―― (2022)「バーリンのリベラリズムと政治的自由の観念―アラン・ライアンの議論を手がかりとして―」同志社法学 74（2）：59-83

Hardy, Henry (2013) "Editor's Preface" Isaiah Berlin, *The Power of Ideas*, second edition, edited by Henry Hardy. Princeton and Oxford: Princeton University Press.

樋口陽一（2017）『抑止力としての憲法―再び立憲主義について―』岩波書店

古城毅（2021）「コンスタン」野口雅弘・山本圭・髙山裕二編著『よくわかる政治思想』ミネルヴァ書房

小田川大典（2005）「共和主義と自由―スキナー、ペティット、あるいはマジノ線メンタリティ―」岡山大学法学会雑誌 54（4）：39-81。

大石明夫（1999）「訳者はしがき」バンジャマン・コンスタン著、大石明夫訳「バンジャマン・コンスタン「近代人の自由と比較された古代人の自由について」― 1819 年、パリ王立アテネ学院における講演」中京法学 33（3・4）：161-164

Rawls, John (1996) *Political Liberalism*, paperback edition. New York: Columbia University Press. 神島裕子・福間聡訳、川本隆史解説『政治的リベラリズム〔増補版〕』筑摩書房、2022 年

―― (1999) *A Theory of Justice*, revised edition. Oxford: Oxford University Press; Cambridge, Mass.: Harvard University Press. 川本隆史・福間聡・神島裕子訳『正義論〔改訂版〕』紀伊國屋書店、2010 年

―― (2001) *Justice as Fairness: A Restatement*. Cambridge, Mass. and London: Harvard University Press. 田中成明・亀本洋・平井亮輔訳『公正としての正義 再説』岩波現代文庫、2020 年

ローゼンブラット、ヘレナ（2020）『リベラリズム 失われた歴史と現在』（三牧聖子・川上洋平・古田拓也・長野晃訳）青土社

Ryan, Alan (2018) "Isaiah Berlin: Contested Conceptions of Liberty and Liberalism" Joshua L. Cherniss and Steven B. Smith (eds.), *The Cambridge Companion to Isaiah Berlin*. Cambridge: Cambridge University Press.

タルモン、ヤコブ・L.（1964）『フランス革命と左翼全体主義の源流』（市川泰治郎訳）拓殖大学海外事情研究所

富沢克（1977）「ルソーと自然法思想」『同志社法学』28（5）：164-189

堤林剣（2009）『コンスタンの思想世界―アンビヴァレンスのなかの自由・政治・完成可能性―』創文社

Wall, Steven (2006) "Rawls and the Status of Political Liberty" *Pacific Philosophical Quarterly*. 87 (2): 245-270.

吉岡知哉（1988）『ジャン＝ジャック・ルソー論』東京大学出版会

第7章
「イングランドには奴隷は存在しない」
2 Salk. 666 をめぐって
―ホウルト―ジェイコブ―ブラックストン―シャープ―

深尾裕造

はじめに

　共和制期議会は「1650年1月1日以降は、裁判官の決定を報告する全ての書籍や他のイングランド法についての書籍は英語のみで印刷されるべし」と制定した (Firth 1911：II 455-6)。空位期の全法令は王政復古で無効となり、1660年に軍事的土地保有廃止が確認されたのみであったが、共和制期法改革を推進したシェパードが多数の法文献を英語で発表しており、彼の著作は王政復古後も出版され続け、法文献の英語化の流れは止まることはなかった (Worrall 1788：'Sheppard')。1650年迄法律フランス語で出版されていた判例集も、1700年迄にはほぼ英語化されていた (Baker 2019：194 n.41, Holdsworth 1922-66：V 358-363 & 552-4)。従って、法文献の英語化は、軍事的土地保有の廃止と並ぶ共和制期法改革の大きな成果であり、前回紹介したジェイコブの法著作群も法文献英語化の波にのって法知識の識字層への拡大を図るものであった (深尾 2017：166-182)。しかし、英語化されたとはいえ、ラテン語やフランス語を通し専門用語化した法律用語それ自体の難解さは残っていた。ラストゥルの『法律用語辞典』のような仏英対訳の法律用語辞典に代わり、専門法書を目指さない人にも法律書を近付きやすくするための新たな法律用語辞典が求められていたのである。

1　ジェイコブ『新法律辞典』とサルケルド判例集

　ジェイコブは「法廷弁護士、法学生、法実務家、議会議員や他の紳士方、治安判事、聖職者等のため」に「現代までに出版された全ての辞書、法要録、法学提要、判例集、法廷年報、特権証書、登記簿、年代記、歴史書から抜粋された」(1729 年初版表題) 一種の法律百科事典のような、法要録と辞書とを併せた辞典を編纂した (Cowley 1979：lvii-lviii)。このジェイコブ『新法律辞典』は大成功を収め、1732 年には早くも第 2 版が出版され、付録として「首席裁判官ホウルト卿の全ての意見及び決定の参照一覧表」が付け加えられた[1]。1689 年から 1709 年迄王座裁判所裁判長を務め、商事法の発展に大きな役割を果したホウルト裁判長の見解への注目が集まっており、彼の裁判長時代の判例を集めたサルケルド判例集が法要録風に表題順に並べられ 1717 年に匿名出版されていたからである。ジェイコブは「隷農 Villain」項目のホウルト裁判長の黒人奴隷についての見解を見逃さず、新たな辞典に以下の様に「奴隷 Slaves」の項目を加えていた (Jacob 1729：'slaves')。

　　Slaves　イングランドには奴隷 Slaves は存在しない。人はこの国において隷農であることはあっても、奴隷ではありえない。2 Salk. 666

　この『新法律辞典』は、ジェイコブの没する 1744 年迄に 5 版を重ね、その後も優秀な編集者に引継がれ、1772 年には第 9 版に達し (Cowley 1979：xci, 128, 139, 141, 144)、識字階層の中にイングランドには奴隷は存在しないとする見解を広めていたのである。

2　ブラックストンとサルケルド判例集

　ジェイコブの死の 2 年前の 1742 年、チャールズ・ヴァイナが本格的なロール『法要録』の英訳事業を第 13 巻から自費出版で開始し、1756 年頃に『総要録』として完成されることとなった (Cowley 1979：lvi-lvii, lix)。その成功が英国の大学で最初のイギリス法講座創設となったのは著名な話であるが、この英法講座教授就任を目指し 1753 年からオックスフォードで講義を開始し

ていたブラックストン（以下、BS）は、大学図書館からマグナ・カルタ研究の依頼を受け（Prest 2008：165ff）、1759年にはジョンのマグナ・カルタの最初の本格的研究を完成させていた（深尾 2016：8-9、小室 2019：98-104）。1765年に彼が出版した英法教科書『英法釈義〔以下、釈義〕』第1巻第1章「個人の絶対的自由」で、「剣を手に獲得され」、「議会で確認された自由の大憲章」としてマグナ・カルタの意義を強調したのも不思議ではなかった。

　彼は、個人の絶対的自由を、「神の人間への贈物の一つ」と論じたのだが、奴隷制との関係では、自然法論のみでは無力であることを良く知っていた。彼は『釈義』第1巻第14章で、ユスティニアヌス『法学提要』の奴隷制起源論＝万民法上の奴隷制論を徹底的に批判するのだが、ローマ社会でも、自然法上は奴隷も自由とされていたからである。人種差別論者のジェファーソンが「天は人の上に人を造らず」と独立宣言を起草することができるようになったのも、不思議ではない（ジェファーソン 1972：248-9、260）。大事なのは、万民法乃至国法上、奴隷制が認められるかどうかということにあった。BSは、「イングランドの諸法は、……臣民の行動を統制する恣意的で専制的な権力を君主や少数の有力者に授けるように説明されている他のヨーロッパ大陸側の諸国の近代憲制からも、ローマ帝国法の精神からも大きく異なっている」と論じ、サルケルド判例集のホウルト判事の言葉を引用して、以下の如く主張する。「この自由の精神は我が憲制に深く植え込まれ、我々の国土そのものにさえ根ざすようになったので、奴隷や黒人も、イングランドに上陸した瞬間に、諸法の保護を受けることとなり、あらゆる自然権に関し、即座に eo instanti、自由人となる」。なぜなら、「すべてのイングランド人の絶対的権利は、我々の統治形態の歴史と共にあった」からとして、「自由の大憲章」の歴史的意義を強調したのである（Blackstone 1765：I 123）。

　人の相対的権利を論じた第14章でも、「純粋且つ本来の意味での奴隷制」を徹底的に批判し、英国では、エドワード4世治世に怠惰な浮浪者を奴隷とする法律が制定されたが、2年内に撤廃されたとし、再び、サルケルド判例集を引用、「今や、奴隷や黒人は、イングランドに上陸するや否や自由となる。即ち、法は彼の身体、彼の自由、そして彼の財産の享受を保護すると定めている」と論じていたのである（Ibid.：I 411-413）。

　しかし、この自由となった黒人と主人との関係はどの様になるのか。彼が、第 14 章「主人と従者について」で、この問題を論じたのは、奴隷ではなくなっても、「ジョンやトマスの永続的労務に対して、主人が、契約等によって獲得したであろう主人の権利に関しては、厳密に以前と同じ状態にとどまるであろう」と考えたからである。そして、この「生涯間の従属状態」を、「全ての徒弟が、7 年間、時には、それ以上の期間服従するのと同じ服従状態と変わらない」ものと理解したのである。

　実は、1729 年ジェイコブ『新法律辞典』初版出版の同年に、リンカンズ・イン法曹院の正餐後に法務長官ヨークと法務次官タルボットによって与えられた意見 (以下、Y = T 意見) が、その後、影響を及ぼし始めていた。何故に、法曹院で法務長官達の意見が求められたのかは、サルケルド判例集のスミス対ブラウン＝クーパー事件を詳細に見れば理解できよう[2]。

　ホウルト裁判長は、「黒人はイングランドに来るや否や自由となるのである。人はイングランドでは隷農であることはあっても、奴隷ではありえない」としつつも、「売却はヴァージニアで行なわれ、その国の法では黒人は売却可能であると、冒頭陳述で確言すべきであったのだ」と述べた。なぜなら、「ヴァージニアは征服された国であって、その法は国王が欲するところであって、イングランドの法はヴァージニアには及ばない」からであった。「その時、法務長官がやってきて、彼等は相続不動産であり、捺印証書によってのみ移転可能で、それ無しには移転不可能である」と明らかにしたのである。

　即ち、イングラドには奴隷は存在しないが、植民地ヴァージニアは、国王特権地域に属し、イングランド法が及ぶところではなく、ヴァージニア在住の奴隷の売買はロンドンでも行なわれうるというのである。実際、スペイン継承戦争でブラジルへの奴隷輸出独占権を獲得したイギリスは最大の奴隷貿易国となっていた。そこで、当地の法について、国王の代理人たる法務長官の意見が求められ、ヴァージニアでは奴隷は相続不動産であるから捺印証書無しに売買不可能だと説明され、売買不成立で原告敗訴となったのである。

　法曹院で法務長官達の意見が求められたのは、植民地が国王特権地域であったからであった。ヨークは、その最大の理由が「キリスト教徒になれば、その行為によって、彼等〔奴隷〕は自由にならないのか否かという疑念があっ

た」からだと後に述べている[3]。最近の研究では、植民地での布教問題が背景にあって、法務次官タルボットと親しかったジョージ・バークレイのバーミュダ計画が関係していたことが明らかにされている (Glasson 2010：294-5)。洗礼による自由という議論は、奴隷制プランテーションを遺贈された国教会が植民地に布教に乗り出す上でも妨げとなると理解されていたのである[4]。

　同時に、植民地の奴隷をイングランドに連れ帰った場合にはどうなるのかという問題も議論された。Y＝T意見書は「奴隷は、彼の主人と共にであれ、そうでない場合でも、西インド諸島から大英国及びアイルランドに来ることによって自由となるものではない。そして、彼の内にある彼の主人の財産乃至権利は、それによって決定されるものでも、変化するものでもない」と断じていた (Sharp 1769：2)。

　ヨークは、後に大法官ハードウィック卿として法曹界の第一人者に登り詰めた法曹であり、裁判長ホウルトの見解と真っ向から対立する意見を述べるはずもなかった。彼は、慎重且つ曖昧に、イングランドに来ても「奴隷である」とは言わず、「自由とはならない」と述べ、主従関係が存続すると論じ、「彼の内にある彼の主人の財産乃至権利 property or right」は変化しないと述べた。ホウルトも、従者を連れ去ることに対し、労務侵害訴訟という特殊主張訴訟を認めていたからである。来英黒人奴隷が奪われれば、同様に、失われた労務に対し請求する権利は認められていたのである[5]。

　BSもこれについては認めざるをえなかった。しかし、黒人奴隷が来英によって自由人となるという主張を捨てたわけではない。自由人となるのだが、主従関係については変わらない。そうすると、「自由」といっても主人からは自由ではないこととなり、第1章の「個人の絶対的権利」における留保無しの議論は誤解を生みかねなかった。実際、マンスフィールド裁判長やウィルモット判事から指摘を受けた多くの誤りの中の一つはそれであったのであろう (Prest 2005：112)[6]。幸い、初版は、直ぐ売り切れ、1766年に第2版が出版された。そこでは、「あらゆる自然権に関し、即座に eo instanti、自由人となる」とされていた部分が、「それで、自由人となるが、恐らく (probably)、彼の労務に対する主人の権利は、尚も残るであろう」と修正され、注のサルケルド判例集666頁に第14章主従関係論の参照を付け加えた (Blackstone [2016]：I 331 <3> & <4>)。第 14 章では、「イングランドに上陸すると即座に自由人 freeman となる」は残されたものの、その説明文において、法が保護するものから「彼の自由 his liberty」が外され、「彼の身体 his person」と「彼の財産 his property」の享受が保護されるのみとなった (Blackstone [2016]：I 375 <4>)。「自由人」となるとされながら「彼の自由」が削除されたのは、自由人となっても、徒弟が主人に従うように、主人の命令に従って行動せざるをえないからであった[7]。

　この BS 説の位置を、近代奴隷制への厳しい批判を展開したとされるアダム・スミスの同時代のグラスゴウ大学講義との比較によって測ってみよう。スミスは、1766 年の法学講義で、「黒人は、この国では人である。もし、貴方が黒人の召使を盗まれたなら、あなたはその価格を要求する訴訟を起こすことができず、貴方の召使がいなくなったために生じた損害についてだけそうすることができる」と論じていて、ホウルトの判決を正確に理解していたように思われる。「人」である以上、「彼を殺せば謀殺なのである」。しかし、講義録は「黒人の召使は、ここにいるあいだは自由人の特権を持つ資格があるのだが、あなたは彼をアメリカに帰らせ、以前の状態にすることができる」と結んでいた (Smith 1978 [1766]：456 [145]、水田 2005：180-1)[8]。

　来英して、自由人となっても召使のままで主従関係が残ることが当然のこととされており、最後の文章は、スミスが『道徳感情論』を寄贈したハードウィック卿の見解そのものであった (田中 1987：52)。実は、この最後の点が問題であった。来英して自由人となっても、召使のままで主人の命令権の下にあれば、再び奴隷状態になるアメリカに強制的に連れ戻されるのであろうか。来英黒人達が元の主人から逃亡したのも無理はない。フランクリンが来英時に連れてきた黒人召使も行方を眩ましたのである (Lyall：17)。

3　ストロング解放事件

　上記の問題は、来英黒人が増加し、逃亡問題が増加するにつれ注目されるようになった。1741 年になって『ジェントルマンズ・マガジン』に Y＝T 意見が掲載された理由もそこにあったのであろう。ジェイコブの辞書によっ

て読書人に広められた理解と植民地農園主の意見との間に深刻な相違が生まれており、来英黒人の法的地位が明確にされる必要が生じていたのである。

　BS は第 1 巻第 3 版 (1767 年) を出した直後に、この問題で法廷弁護の依頼を受けることとなった。9 月 18 日ロンドン市庁舎で、シャープ兄弟がロンドン・シェリフ監獄に捕えられていた黒人少年を植民地に移送しようとする船長の手から解放したことから事件が生じた (Horae 1820 : 34)[9]。兄弟は黒人少年ストロングを元の主人から購入したジャマイカ農園主ケアによって侵害訴訟で訴えられたのである。

　代訴士は Y = T 意見を見せて和解を勧めたが、弟グランヴィル (以下 GS) は納得せず、自ら法律蔵書目録を入手して英法の猛勉強を始め、BS に法廷弁護を依頼してきたのである。後の論文から推察するに、GS は『釈義』14 章の「純粋且つ本来の意味の奴隷制」批判においてローマ法を批判する BS の「文筆の力 literary force」に感銘を受けたものと考えられる[10]。BS は、彼らにどのような助言を与えたのか。GS の回顧録から理解できるのは、ストロングは黙示契約による徒弟と理解され、主人の命令下にあるとされるだろうと述べたようである。GS は奴隷の場合には契約に必要な自由な承諾は不可能で、強迫による契約は無効ではないかと主張したのだが、BS に「王座裁判所では苦戦するだろう」と諭されたようである。GS は法律顧問でもある法務次官にも確認したのだが、黙示契約が成立するという意見であった。かくして、戦術を練り直す必要が生じたに違いない。

　GS は、問題の背後にある Y = T 意見への反論を手稿で 20 部作成し友人や法学教授たちに配布することとした。その内容は、来英黒人が「物」ではなく「人」であり自由人であることを論じ、最後にサルケルド判例集のホウルト意見で締め括るとともに、事件の争点となるはずであった損失労務とその基礎にある黙示契約論については口を閉じたままに、人身保護法問題に議論を転じるものであった。成程、BS は、第 14 編で、自由人となった黒人従者について、「彼の自由」を法的保護から外してはいたが、「彼の身体 his person」と「彼の財産 his property」の享受は保護されるとしていた。財産権を享受しうるということは、財産権の客体たる「物」ではなく、主体たる「人」であるということであり、身体の安全については、その保護の手段と

して人身保護法の意義を「第二のマグナ・カルタ、われわれの自由の堅固な防塁」と『釈義』130 頁以下で強調し、「このような全ての収監は違法」であると論じていたではないか。しかも、「本法に反して敢えて他人を収監しようとする人は、如何なる官職の保有からも解任され、法律問題を国外に持ち出す罰を受けることとなり、国王の恩赦を受けることもできない」だけでなく、「被害を被った人は、私人として収監した人、さらには、彼を援助する全ての人、助言者、教唆者に対する訴権を有し、如何なる陪審も 500 ポンド以下には評価しないであろう損害賠償金に加えて、3 倍額の訴訟費用を回復するであろう」とまで論じていた。この人身保護法を引用した手稿の配布が功を奏し、ケア側の弁護を引受けるものはいなくなり、ケアは訴訟取下げ、訴訟費用を賠償したのである[11]。

　GS が 1767 年 10 月 9 付で作成した手稿論考は、彼自身が、BS の『釈義』から見つけ出し組み立てたのか、「苦戦する」と考えた BS が助言した結果なのかはともかく、ウッドやフィンニウス、モンテスキュー、グロティウス、プーフェンドルフの議論に頼りながらも、基本的には、このラインに沿って展開されている。特に、最後の人身保護法の部分は、彼が作成した手稿論考において最も強調した部分で、後に、相手側の法曹を「脅し intimidated」、訴訟から手を引かす効果を生み出したと評価することともなったのである。

　BS の名前が論考に直接出てこないのは、逆に奇妙なくらいであるが、GS は勝訴するまで論考は印刷しないと決めており、BS の黙示契約論への批判も封じていた。もし、黙示契約論批判を論ずれば、敗訴する危険もあったであろう。しかし、1 年後、勝訴を確信した GS は、待ちきれずに、黙示契約論批判を含めた章も加えた論稿の出版準備を始め、BS 宛に草稿への意見を求め、1768 年 10 月 4 日に、以下の書簡に添えて送付した。

　「Y＝T 意見に関する私の評言の出版準備は、私の訴訟が終結する前であるにもかかわらず完全に準備されるべきです。私は、最近、再校正し、それらに若干の修正を加えました」。「貴方に精読して戴き、この問題に関し、私が貴方自身に関して著述しておりますことに反対意見が御座いますれば、如何なるものでも私にお知らせいただけますように切に願っております。もし、貴方が更なる修正をするのが適切だと考えられるなら、貴方の御指示を

えられることを大変名誉なことと私は考えております。この問題に関する私の文書の欠陥が如何なるものであれ、リンカンズ・イン・フィールド〔BSの執務室〕で貴方に接する名誉に服しました折に、私の兄ジェームズと私が巡り会った丁寧で気さくな接遇によって、それらの意図については貴方が善き御意見をお持ちのことと確信しております」(Horae 1820：40)。

　これに対し、BS は、1769 年 2 月 20 日付の GS 宛書簡で以下の如く彼の最終的見解を詳らかにしている。

　「私の書物は、今や公にされたもの Public Iuris で、全ての紳士諸兄がそこから好むままに引用する権利を有しております。彼がそうしたからといって私が不快となる理由などありえません。私が唯一望みますのは、私の初版からの文章を、貴方の法理の側に立つ決定的なものとして引用して戴きたくはないということだけです。それについては、後続の第 14 章で十分に説明し、防禦したと考えております。しかし、貴方御自身や他の方々によって誤解されてきたことが分かり、今後の版でより十全たる説明を行なう必要性に気付きました。これらの修正の必要性について御判断の上ご使用戴ければ幸いです。そして、第 2 巻の 402 頁の別の箇所でも、偶々、同じ法理が暗示されております。貴方にも御理解戴けると思うのですが、私は主人が『ジョンやトマスの永続的労務に対する権利を獲得した』とも、『異教徒の黒人が彼のアメリカの主人にそのような義務を負っていた』とも決定的な形では peremptory 言ってはおりません。私は、『もし、彼がそうであったなら』と言っているに過ぎないのです」(Prest 2005：138-9)。

　GS は、1769 年出版の『イングランドで奴隷制を容認することの不正で危険な傾向についての意見表明』(以下、『意見表明』) の第 4 章 136 頁以下で、『釈義』第 1 巻第 14 章 412 頁の BS の議論に対して反論する。文書契約による場合以外に永続的労務を義務付けられえないと黙示契約論を批判するのだが、先程の書簡を受け、「公正に見るなら」、著者は「決定的な形で言っているわけではない」と修正し、「もし、黒人が本当に彼の主人に労務を負っていたのならば、確かに同じ労務を負うことになる」とまで認め、その後、GS は批判の方向を「永続的労務 perpetual service」へと切替え、「この学識豊かな紳士の如何なる主張にも矛盾する意見を述べるわけではない」とし

つつ、「真正な文書契約を提出することができないのに、人の永続的労務への権利を主人が主張する場合」について問題としているのだとし、「自発的契約無しに、如何なる権利も存在しようがないではないか」と主張したのである[12]。

　しかし、一時の逃亡はあるもののジョンソン博士に死亡時まで仕え遺産を相続した黒人少年バーバーの有名な例もあった (Lyall : 17-18)。英法の「註解者」たる BS は、誤解を避けるために、第 4 版で、「労務に対する主人の権利」は「恐らく probably 続く」から「続くこともありうる possibly」と修正はしたものの、このような例については、黙示引受による永続的労務契約もありうると説明する以外になかったであろう。ヴァイナ講座教授職をテニュア制で生涯権として保有することとなった BS には永続的労務契約が大きな問題とは感じられなかったのかもしれない。これにはヨーク大司教の孫であったとはいえ、9 番目の末息子で、ロンドンの呉服商に徒弟奉公に出された GS (Ditchfield : 'Sharp, Granville' in *ODNB*.) との経験の差が大きかったのかもしれない。

　GS も文書契約による永続的労務契約は認めており、サマセット事件で GS を助けた新進気鋭の法廷弁護士ハーグレーヴも奴隷契約を厳しく批判しつつ、生涯間を越えない雇用関係を渋々ながら認めている (Hargrave 1772 : 47)。その点では、BS の『釈義』を受容れていたのである。むしろ、重要なのは、労務契約の性格であった。BS は誤解を解くために、手紙で「第 2 巻〔1766 年 10 月〕の 402 頁の別の箇所でも、偶々、同じ法理が暗示されております」として以下のような示唆を与えていた。

　「この (戦争捕虜の身体にある種の制限付き財産権を獲得するという) 法理は、戦争状態にある国々から、捕虜となり、購入され、それ故、一定程度、彼らを購入する主人の財産であり続ける黒人の従者にまで拡大されてきたように思われる。正確に語るならば、財産権は、捕虜の身体乃至人身にではなく、彼の永続的労務に存在するのである」(傍点筆者)。BS は、人身への支配と労務への支配を分けることが要点だと論じており、この点は、1768 年の第 3 巻 142 頁で、より明確にされた。従者が暴行されたり収監されたりした場合には、主人も「契約によって主人が従者の労働の内に獲得した財産権 the property by his contract acquired in the labour of servant」を回復するために労務侵害訴訟で訴えうるという。ここには、ヨークの見解、property or right in him からの大きな前進があり、主従法下での労働観から、労働力商品の売買への転換の萌芽がみられる。黙示契約論批判に焦点を宛てた GS には、この BS の示唆の重要性は理解されなかったのかもしれない [13]。

　家族法的枠組みでの労働観の大きな問題点は、主人の懲戒権にあった。スミスと BS の相違＝強制的に連れ帰ることが出来るか否か＝従者への主人の命令権の範囲内か否かの問題は、拒否して離職する自由の問題ともなる。BS も、スミス同様、主人の穏やかな懲戒権を認めていたが、初版では、「主人の妻が、殴打した場合には、有効な離職理由となる」とし、1772 年のサマセット事件の翌年に出版された第 1 巻第 5 版では、「主人、もしくは主人の妻が、成人の従僕を殴打した場合には」とし（Blackstone [2016]：I 376 <26>）、主人の懲戒権そのものを制限して離職原因を拡大した。もはや、強制的に植民地へ連れ帰ることなど、ほぼ不可能となったともいえよう。BS の意見を発展させれば、黙示による永続的労務契約があったとしても、収監した時点で、黙示契約による主従関係も破綻したと理解されたであろう。現実も、そのように進んでいく、人身保護法で解放されたストロングも、サマセットも元の主人の支配下に戻ることはなかったのである。

まとめにかえて――サマセット事件とその後

　GS の Y＝T 意見批判『意見表明』が出版されたのは、著名なサマセット事件の 2 年前の 1769 年であった [14]。勿論、同書は同年 5 月 25 日 BS に贈呈された。BS は、献本礼状末尾に、社会問題として戦いの火蓋を切らんとする GS の熱意に対し、「貴兄の人道主義的取組の成功を祈ります」（Prest 2005：140）と記した。そして、同年に完成した『釈義』第 4 巻の結論部分たる最終章で、英法の歴史的発展の最後を飾る王政復古後の「第 5 期」について「軍事的土地保有の法理」＝「奴隷的土地保有」が取除かれ、「謄本保有を除いて、その隷属的性格が全て消滅され」、「人身の投獄からの安全も、我が憲制の偉大なる防塁たる人身保護法によって追加的に獲得された。我々の財産と人身

に関するこれら二つの制定法は、ラニミードの憲章と同じように有益で効果的な第二のマグナ・カルタを成すもの」であるとしつつ、さらに「マグナ・カルタは、如何なる人も法に反して投獄されないと一般的文言で宣言したに過ぎなかったのだが、人身保護法は、彼自身を解放するためにのみならず」、「このように憲制に反して彼を虐待した全ての人を罰するための効果的手段をも彼に示した」と一層高く評価したのである。(Blackstone 1769：IV 431-2)

　BS は、イングランド法の「改革者」ではなく、「註解者」であった。しかし、彼は、現行の主従法の大きな枠組を前提としつつも、自由な憲制に合致するように、より理性的に解説するための努力を惜しまなかった。 実際、サマセット事件も、BS が敷いていた路線上で人身保護法の適用によって解決されたのである。同事件で GS を助け、奴隷労働と自由労働との峻別を論じたハーグレーヴによる法廷弁論の出版はトムリン編集のジェイコブ『法律辞典』(1797 年) の Slaves の項目に詳しく要録され (Jacob 1797：'Slaves and Slavery')、それ以降の議論の逆戻りを許さないこととなった。

　残る問題は、コモン・ロー裁判所の領域外の植民地奴隷制とそれを支える奴隷貿易問題であった。BS の議論に感銘を受けた GS が著述出版した『意見表明』は、アメリカの奴隷制廃止論者ベネゼの目に止まり、アフリカの奴隷貿易取引を批判した彼の『ギニア史論』(1772 年) に付録として大幅な抜粋が転載された [15]。この転載を契機にベネゼと GS の交流が始まり、GS はベネゼ本の出版・流布のために尽力することとなった。その努力は、ゾング号事件後、クラークソンが同書を入手し、彼のラテン語懸賞論文の英語版がイギリスにおける奴隷貿易反対運動の発火点となり、ウィルバーフォースを巻き込み、大衆運動と議会闘争とを結び付け、奴隷貿易廃止と植民地奴隷制度の全廃とを導くこととなったのである。本稿は、その最初の一歩を記したにすぎない。

注
1 ）彼は数年後に出版された『ホウルト判例集』(1738 年) の編者とも見做されている (Rudolph 2013：63 n.126)。
2 ）*Smith versus Brown and Cooper* [Villains and Villeinage] 2 Salkeld 666 (91 ER 566). 原告は債務負担支払引受訴訟冒頭陳述で原告が被告に売却した黒人の対価 20 ポンドを請求。

陪審評決は原告勝訴であったが、判決登録阻止申立によりホウルト王座裁判所判事により、この見解が示された。

3）*Pearne v. Lisle* (1749.10.19) Amb. 45 (27 ER 47). この判例報告 (Ambler's Reports) は、1790年迄印刷されなかったが、この事件で、ハードウィックは「奴隷はイングランドに足を踏み入れた瞬間に自由となるというのは、裁判長ホウルトによって下されたかのようにいわれているが、弁護席で述べられた理由だ」とも論じた。サルケルド判例集はサルケルド没後に彼の弟子であったヨークが匿名で編纂したもので、彼の出世の契機ともなっていた。

4）国教会福音普及協会は、コドリントンから遺贈されたバルバドスの奴隷制農園を経営しており、1833年の奴隷制廃止で665人の奴隷を解放したエクゼタ司教は13,000ポンドの補償を得た。英国国教会総会は2006年に上記の誤りを正式に謝罪した（ウィリアムズ 2020：75、Lyall 2017：27）。

5）*Chamberline v. Harvey* (1697) 5 Mod.182-191 (91 ER 596-601), 3 Ld.Raym 146 (91 ER 603-5).

6）BSはウィルモットやマンスフィールドが人身保護令状の適用拡大に熱心なことも知っていたに違いない (Halliday 2010：56-57)。

7）初版の「契約等によって」という言葉も同じように削除された。

8）邦訳者は、英語版編者に従って、人の前に〔自由〕という言葉を補っているが、価格を要求しうるような「物」であるのか、労務の損失に対して賠償を要求しうる「人」であるのかが議論の分かれ目であり、奴隷を「物」に準じて扱うローマ法を継受したスコットランドでは、この点が、極めて重要な論点であった（ケアンズ 2019：92-3）。

9）ストロングは以前、元の主人ライルから虐待で重傷を負ってGSの兄ウィリアムの診療所前にいるところを救われ、別の主人に雇われていたのだが、偶々、ライルに見付かって捕まり、売却されていたのである (Lyall：427)。

10）『意見表明』で、BS批判に先立って、「（限定的な隷属状態に関する著者の私的見解が如何なるものであれ）、その文筆の力で確信をえたのであって、さらなる考察によって無視されうるものではない」とし、『釈義』の『法学提要』批判を全文引用 (Sharp：141)。

11）川北稔「一八世紀の黒いイギリス人たち」川北稔・指昭博編『周縁からのまなざし』（山川出版社、2000年）所収は、この事件に言及している数少ない研究であるが、「裁判はシャープの完敗であった」と間違って伝えており、リルバーン裁判で引用されたエリザベス期判例を「法令」と論じ、Y＝T意見を「判決」とするなど正確性を欠いている。

12）或る意味では、後のペイリーの議論を彷彿とさせる（森 1988：335）。サマセット事件の際には、スコットランドの意思論的議論がベネゼを通して伝えられることとなる。後述、注15) 参照。

13）この相違は、マンスフィールドには伝わったかもしれない。恩義あるハードウィックの見解に逡巡していたマンスフィールドも最後に法曹院の正餐後の議論に過ぎないと切って捨てることとなる。ハーグレーヴが見つけ出したと思われるラッシュワース・コレクション中のリルバーン裁判で引用されたエリザベス期のカートライト事件でのロシア人奴隷に関する議論「奴隷が呼吸するにはイングランドの空気は清らかすぎる」(2

Rushw. 468）も最後の一押しをしたのかも知れない（Lyall：170, 198）。

14）サマセット事件に関しては、前述の森建資氏の優れた研究がある。しかし、同書 323 頁以下の『釈義』の読みは正確さを欠く。主従関係を「四種類に分け、その第一に奴隷をあげた」とされているが、BS が挙げた主従関係は、召使、徒弟、日雇、代理（執事・請負を含む）の四種であり、「純粋且つ本来的な奴隷制」は、自由な憲制を誇るイングランドの主従関係からは國法外のものとして除外されていた。

15）同書には、ジョージ・ウォーレス『スコットランド法原理』、フランシス・ハチソン『道徳哲学原理』、ジェームズ・フォスタ『自然宗教及び社会的徳に関する考察』等のスコットランド学派からの奴隷制批判判の短い抜粋も加えられていた。他方、ジョン・ウェズリは 1744 年にベネゼの『ギニア史論』を要約した『奴隷制に関する考察 Thoughts Upon Slavery』を発表した。社会的影響力から言えばウェズリの影響の方が大きかったかも知れない。

文献

Baker, Sir John (2019), *An Introduction to English Legal History*, 5th ed. (OUP)

Blackstone, William (1765), *Commentaries on the Laws of England*, I (Oxford)

Blackstone, William (2016), *Commentaries on the Laws of England*, 4 vols [Oxford edition by W. Prest]

ケアンズ、ジョン・W（2019）「一八世紀スコットランドの慣習と奴隷制」『法制史研究』69 号

Cowley, John D. (1979), *A Bibliography of Abridgements, Digests, Dictionaries and Index of English Law to the Year 1800* (Selden Society)

Ditchfield, G.M. 'Sharp, Granville (1735-1813)' in *ODNB*.

Firth, C.H. and R.S. Rait ed. *Acts and Ordinances of the Interregnum 1642-1660*, vol. II (HMSO, 1911)

深尾裕造（2016）「自由の憲章　マグナ・カルタの 800 年」関西学院大学図書館報『時計台』No.86

深尾裕造（2017）「G・ジェイコブとイギリス法学史の二つの流れ」中村・桐山・山本編『社会変革と社会科学』（昭和堂）所収。

Glasson, Travis (2010), '"Baptism doth not bestow Freedom": Missionary Anglicanism, Slavery, and the York-Talbot Opinion, 1701-30" *William and Mary Quarterly*, 3d ser. vol.57

Halliday, Paul D. (2010), *Habeas Corpus from England to Empire* (Belknap, Harvard U.P.)

Hargrave, Francis (1772), *An Argument in the case of James Somerset* (London)

Holdsworth, W.S. (1922-66), *History of English Law*, 16 vols. (London)

Horae, Prince (1820), *Memomoirs of Granville Sharp* (London)

Jacob, Giles (1729), *A New Law-Dictionary* (Savoy)

Jacob, Giles (1797), *The Law Dictionary, enlarged and improved by T.E. Tomlins*, 2vols (London)

ジェファーソン（1972）『ヴァージニア覚え書』中尾健一訳（岩波文庫）

小室輝久（2019）「マグナ・カルタとブラックストン」深尾裕造編『マグナ・カルタの 800 年』

（関西学院大学出版会）所収

Lyall, Andrew (2017), *Granville Sharp's Cases on Slavery* (Hart)

森健資（1988）『雇用関係の生成』（木鐸社）

Prest, Wilfrid (2008), *William Blackstone* (Oxford)

Prest, W.R. ed. (2005), *The Letters of Sir William Blackstone* (Selden Society, Supplementary Series vol.14)

Sharp, Granville (1769), *A Representation of the Injustice and Dangerous Tendency of Tolerating Slavery in England* (London)

Rudolph, Julia (2013), *Common Law and Enlightenment in England, 1689-1750* (Boydell)

Smith, Adam (1978), *Lectures on Jurisprudence* (Oxford)〔水田洋訳 (2005)『法学講義』（岩波文庫）〕

田中秀夫（1987）「18世紀スコットランドの限嗣封土権とケイムズ卿（上）・（下）」甲南大学総合研究所叢書7『18世紀ヨーロッパの社会と思想』所収

ウィリアムズ、エリック（2020）『資本主義と奴隷制』（ちくま学芸文庫）

Worrall, John (1788), *Bibliotheca Legum Angliae* (London)

追記

本稿は、2020-23年度科学研究費助成事業基礎研究（C）課題番号：20K01048「19世紀アメリカとキリスト教社会改革運動国際ネットワーク―奴隷制廃止運動を中心に」（研究代表者：田中きく代）の研究成果の一部でもある。

第8章

民主的なコモン・ローの探求
—歴史法学からルウェリンまで—

戒能通弘

はじめに

　本稿が対象とするのは 19 世紀後半から 20 世紀前半にかけてのアメリカの法思想である。具体的には、19 世紀の後半に影響力を持った「歴史法学 (Historical Jurisprudence)」、その歴史法学に影響を受けつつも、革新的な法思想を提示したとされているオリバー・ウェンデル・ホームズ (1841-1935)、さらには、歴史法学に対する苛烈な批判者であったロスコー・パウンド (1870-1964)、それから、カール・ルウェリン (1893-1962) の法思想を検討してみたい。近年のアメリカの法思想史研究においては、この時代の法思想、特に歴史法学に対する再評価の傾向が顕著である。従来は、歴史法学は、法的決定は法的規範からの演繹であり、明確に境界づけられた法概念の直接的な適用であるという「法形式主義 (Legal Formalism)」の典型と見なされ、パウンドの社会学的法学、ルウェリンなどのリーガル・リアリストたちの批判の対象としてのみ、理解され、取り上げられることが専らであった。しかしながら、近年のブライアン・タマナハ、デイヴィッド・ラバンらの研究によって、アメリカの歴史法学の再評価が進められており、たとえば、タマナハは、裁判とは法的ルールや原理の論理的な適用に過ぎないとする立場を歴史法学に帰すことも、裁判官の判決においてルールや原理が重要な役割を果たさないという立場をリアリズム法学に帰すこともできないとして、歴史法学とその批判者の間の差異とされてきたものを相対化している (Tamanaha 2010：95-8)。

その上でタマナハは、歴史法学派と社会学的法学、リアリズム法学は、法と社会の関係に焦点を当てているという点で、著しくオーバーラップしているとも指摘している (Tamanaha 2010：86-7)。

　本稿では、このような近年のアメリカ法思想史研究の成果に基づきつつ、歴史法学、ホームズ、パウンド、ルウェリンの各々の法思想について、法・コモン・ローと社会の関係に焦点を合わせる「『民主的な』コモン・ローの探求」の理論として捉えることを試みたい。パウンドの社会学的法学も、ルウェリンのリアリズム法学も、本人たちの批判的な評価にもかかわらず、歴史法学の延長線上にあるものとして捉えられる。以上のような視角に基づいて、本稿では、19世紀後半から20世紀前半にかけてのアメリカの法思想を「『民主的な』コモン・ローの探求」をめぐる思想史として整理することを試みたい。

1　アメリカの歴史法学

(1) 歴史法学とその再評価

　サヴィニーが主導したドイツの歴史法学やメインやメイトランドに代表されるイギリスの歴史法学についてはよく知られていると思われるが、一九世紀後半のアメリカにおいても、歴史法学派は大きな影響力を有していた (Reimann 2018：403)。しかしながら歴史法学派は、「既存の法がもつ完全性と万能性が強調され、新たな法創造の余地は極小である」(椎名 2018：240) 法形式主義と同一視され、リアリズム法学者によって、彼ら以前のアメリカの法学的伝統の負の遺産と位置づけられたことで、長年、アメリカ法思想史研究においても、ほとんど省みられることがない思想であった。ただ、すでに触れた Tamanaha (2010)、Rabban (2013) などによる再評価によって、近年、アメリカの歴史法学にも光が当てられるようになっている[1]。

　そのアメリカの歴史法学に属しているとされる法学者や裁判官には、法典化に対する苛烈な批判者であったジェイムズ・カーター (1827-1905) や、クリストファー・ラングデル (1826-1906) とその苛烈な批判者であったホームズなどを含めることが可能であるが、フランシス・ウォートン (1820-89)、ト

マス・クーリ (1824-98)、ジョン・ポマロイ (1828-85)、ウィリアム・ハモンド (1829-94)、ジェイムズ・セイヤー (1831-1902)、ジョン・ディロン (1831-1914)、クリストファー・ティードマン (1857-1903) といった、わが国ではあまり触れられることのない者も含まれている (清水 2023：第 2 章)。

　Reimann (2018：403) は、以上のようなアメリカの歴史法学派の特徴として、①サヴィニーと同様に、抽象的・論理的なアプローチに対抗して提示され、特に自然法思想に対して批判的であったこと、②アメリカの法学界における歴史への関心はメインの『古代法 (*Ancient Law*)』(1861 年) によって引き起こされたが、後にはドイツの歴史法学に関心を移していったこと、③その理論的基礎を、法の科学の基礎は事実に基づいているという前提に求めたことで、ドイツの歴史法学の影響を受けているといった諸点を挙げている。その Reimann (2018：403) によると、アメリカの歴史法学は、ドイツの歴史法学ほどの勢力を持つことはなかったが、イギリスの歴史法学よりも規模は大きく、南北戦争 (1861-65 年) 後に、アメリカにおいて極めて大きな影響力を持った法思想であった。

　一方、Rabban (2013：Ch. 11) は、アメリカの歴史法学派の多くに共通する一般的な理論的背景として、次のような諸点を挙げている。①「発展する法」という法観念を有していたこと、②法の源泉として発展する慣習を据えていたこと、③憲法も他の法と同様に人々の慣習に基づかせたこと、④成文憲法を人々の一時的な世論や感情に対する抑制として捉えていたこと、⑤立法よりも司法による法形成を好んでいたこと、⑥法の原理 (legal doctrine) の発展に法外的な要素が影響を与えているという認識、⑦帰納的な思考方法を有しており、コモン・ローの先例をその思考の出発点とすることが多かったことを挙げている。この内、アメリカの歴史法学の特徴を理解するために特に重要と思われる①、②、⑤について検討したい。なお、一般的には歴史法学者として捉えられることが多くはないラングデルとホームズについては、項を改めて検討したい。

　周知の通り、19 世紀の西洋思想において進化論は大きな影響力を有していたが、アメリカの歴史法学も「発展する法」という法観念を有していた。たとえば、ポマロイは、サヴィニーと同様に法を言語になぞらえ、過去の法

と現今の法を結びつける「途切れのない鎖 (unbroken chain)」のように発展すると論じていた (Rabban 2013：329)。種子が果実になるといったメタファーを共有していたのであるが、たとえばセイヤーは、過去から継承されてきた法的ルール、法原則の中には時代にそぐわないものもあると指摘しており、また、ポマロイは、もはや効果的に機能していない先例を無視して、新しい先例を作ることを提唱していて、彼らには、「静態的な法」という観念はなかったと言える (Rabban 2013：338-39)。その際、カーターは、そのように発展する法の「根本的な諸法則 (fundamental Laws)」に取って代わるような判断をすることではなく、それを助けることが重要であると論じていたが (Carter 1907：252-53)、発展の偶発性を論じる者がほとんどであった (Rabban 2013：339-40)。

　上記の「発展する法」という法観念と関連しているが、日々発展する慣習に法を基礎づけるという点も、アメリカの歴史法学の大きな特徴であった。たとえば、再びカーターに依拠すると、歴史法学派にとって、「法とは社会によって強制される慣習と等しいものであって、すでに存在する事実、ないしは事実の集合であって、裁判所が作ったり、作るよう装ったりするものではなく、見つけ、確認するものである」(Carter 1907：85)。この点に関してもサヴィニーは言及されており、たとえばウォートンは、法の源泉を慣習まで辿ることは歴史法学派の特徴であり、その代表がサヴィニーであると論じていた (Rabban 2013：342)。また、アメリカの歴史法学派は、再びカーターに依拠すると、「十分と言えるほど文明化された諸国家における社会は絶え間ない変化の状態にあるが、そのことは、慣習が常に変化を受けており、その慣習に依拠する法もそれにしたがって、常に変化しなければならない」(Carter 1907：257-58) という法観念を有していた。この点に関連して、ティードマンが自然権の概念も慣習、人々の倫理観によって変化するもので、固定されたものでも、恒久的なものでもないと論じていたことが注目される (Rabban 2013：343)。さらに、歴史法学派の何人かは、裁判所の判決や立法でも、発展している慣習に合致していないならば、それらは実効性を持たないと断じており、カーターも、「権威ある慣習 (authenticated custom)」である正しい先例と、人々の慣習に基づいておらず、人々によって従われていな

い正しくない先例を区別しつつ、「先例は法それ自体ではない」というブラックストンの法理解を敷衍している（Rabban 2013：344）。

　アメリカの歴史法学派のもう1つの大きな特徴として、立法よりも司法による法形成を好んでいたことがあるが、その根拠として、立法者よりも裁判官の方が、日々発展する慣習を探知し、それを法へと変換することに長けているという点が主張・強調されていた（Rabban 2013：356）。より一般的な司法による法形成の優位の理論、反法典化論とも考えられるものであるが、たとえば、カーターは、法典、立法ではこれまで生じたことのないような問題に対処できず、予期できないような不公正な結果を伴うことがあるが、司法による法形成の場合は、慣習が発展して生じる新しい事実類型についても、正義の「社会的基準（social standard of justice）」に基づいて、その新たな事実類型に基づくルールを形成することが可能であると論じていた（Carter 1889：26）。法典化、立法は、カーターや歴史法学派にとっては、法の源泉を発展する慣習に求めるという彼らの法観念とは根本的に矛盾するものであった（Rabban 2013：357）。

　カーターはパウンドによって法形式主義の権化のように扱われていたが、そのカーターも、新たな事実類型が継続的に生じ、社会もつねに変化するため、法における不確実性はつねに存在すると論じていた（Tamanaha 2010：84）。「発展する法」という法観念を共有し、法の源泉を発展する慣習に求めていたアメリカの歴史法学を、既存の法の操作、そこからの演繹によってあらゆる法的問題を解決できるという法形式主義に基づく法思想として理解することは難しいのではないだろうか。次にラングデルとホームズの法思想も、歴史法学に基づいていたことを示すことを試みるが、それによって、南北戦争後のアメリカの法思想の連続性を示すことも可能になると思われる。

(2) ラングデル、ホームズと歴史法学

　ケース・メゾッドに基づいてアメリカのロー・スクールの教育に大きな影響を与えたラングデルの法思想も、後代の法学者によって典型的な法形式主義に基づくものと捉えられてきたが、ホームズの批判が大きな影響力を有していた。有名な『コモン・ロー（*Common Law*）』（1881 年）の一節と同様に、

ラングデルのケース・ブックに対する書評でもホームズは「法の生命は論理
ではなく、経験であった。……重要な現象は……以前に持たれていた見解と
の一貫性ではなく、判決の正義と合理性である」(Holmes 1995：103) と、そ
の試みを批判的に評していた。確かにラングデルは、判例法についての歴史
的な研究に基づいて、極めて少数の「根本的な法的原理 (fundamental legal
doctrines)」を抽出することを試みていた。ただ、ラングデルも歴史法学派
と同様に、過去の先例という歴史的な素材を考察の出発点としており、「発
展する慣習に基づく法」という歴史法学の前提を共有しつつ、自らが抽出し
た「根本的な法的原理」が、数学の公理のような確実性を持たないことを強
調していた (Rabban 2013：375-76)。次節で検討するルウェリンも、「法にお
ける善、真実、美 (On the Good, The True, The Beautiful in Law)」(1942 年) に
おいて、ラングデルの体系を、事前に決定されたプランによってすべての場
面で実行されるものとして、「論理よりも経験を重視する」ホームズと対照
的に捉えていたが (Llewellyn 2008：172)、それはホームズ、ないしはルウェ
リンによって曲解されたものと言えるだろう (Lobban 2018：422)。

　一方、ホームズは、より明白に歴史法学派の影響下でその思想を形成して
いた。ホームズ自身はその影響を認めていないが、その主著の『コモン・
ロー』は、歴史の発展に基づいて法を捉えるサヴィニーやメインの影響を受
けていた (Rabban 2013：238)。また、すでに見たように、歴史法学派は「発
展する法」という法観念を共有していたが、ホームズも、法の歴史を探求す
る際、その発展理論に基づいて考察している (Rabban 2013：218)。たとえば、
『コモン・ロー』の第 1 章の「責任の初期の形態 (Early Forms of Liability)」で
も、原始における責任の基礎が復讐にあったところ、文明が進化するにつれ
て、不法行為を犯した者の身体を差し出す代わりに、損害賠償を支払うよう
になったと分析されている (Rabban 2013：242)。また、アメリカの歴史法学
派が、法の源泉を発展する社会の慣習に見出していたのと同様に、ホームズ
も『コモン・ロー』では、発展する社会の慣習の反映として法を捉えていた
(Rabban 2013：263)。周知の通り、ホームズは「法の小路 (The Path of the
Law)」(1897 年) で、法の合理的な研究にとっての「将来の人は、統計の人で
あり、経済学の達人である」(Holmes 2009：17) と述べていたように、人々の

慣習を反映する法という法観念は放棄されたと指摘されることもある。た
だ、たとえば、パウンドによって描かれたカーター、さらに、ルウェリンに
よってホームズと対照的に描かれたラングデルとホームズの法思想の連続性
は明白ではないだろうか。法の歴史的研究、「発展する法」という観念は、
パウンド以降は希薄になるが、次節で見るように、「発展する慣習に基づく
法」という歴史法学の前提は、パウンドやルウェリンによっても受け継がれ
ていた。

2　パウンド・ルウェリンと「慣習に基づく法」

(1) パウンドの「社会学的法学」

　前節で検討した歴史法学が法形式主義として等閑視されるようになったこ
とには、パウンドの批判も大きな影響を与えていた。パウンドはカーターを
念頭に置いて、歴史法学は自然法思想と同様に「既決の諸概念 (predetermined
conceptions) からの演繹という方法」(Pound 1908：610) を取っていて、財産
権の安全の保障という「アプリオリな諸概念からの厳密な演繹の体系」
(Pound 1908：610) であると批判していた。実際はカーターを始めとするア
メリカの歴史法学派は、前節で強調したように、「発展する慣習に基づく法」
という法観念を有していた。ただ、同じく前節で検討した法の発展法則につ
いて、カーターなどの歴史法学派の多くは、アダム・スミスが論じたところ
の「見えざる手」に委ねるところがあり、社会的立法への要請が強まった
20世紀前半にはそぐわない面もあった。パウンドはそのようなアメリカ社
会の個人主義は機能不全を起こしているという認識の下、「社会的利益 (so-
cial interest)」に基づいた裁判や立法を求めている。パウンドは、「社会的利
益についてのサーヴェイ (A Survey of Social Interests)」という論文において、
個人主義に基づいている「一般的安全における社会的利益 (social interest in
general security)」を特権化することなく、「個々人が社会の基準にしたがっ
て人間の生活を生きることができるという文明社会における社会生活が関係
する請求、欲求あるいは要求」(Pound 1943：33) である「個人の生活におけ
る社会的利益 (social interest in the individual rights)」にもウェイトを置くこと

を主張していたのである。ただ、その「社会的利益についてのサーヴェイ」の最後で社会的利益について、「最大の利益の総計、あるいは私たちの文明において最も重みを持つ利益に、全体の利益の概要においては最小の犠牲になるように、効果を与えること」(Pound 1943：39) の重要性を説いている。歴史法学と同様にパウンドも、法は発展する慣習、社会において優勢な慣習を反映すべきであるという前提を有していたと言えるだろう (Rabban 2013：431)。

(2) ルウェリンの「自然法」

　ルウェリンは彼の時代の法学方法論を「フォーマル・スタイル」と「グランド・スタイル」に区分していた。すでに見たように、ルウェリンはラングデルを批判していたが、フォーマル・スタイルとは、既存の法体系からの演繹を基本とする、ルウェリンがラングデルに帰したような法形式主義に基づくものであった。一方、グランド・スタイルは、『コモン・ローの伝統——上訴の決定 (*The Common Law Tradition：Deciding Appeals*)』(1960 年) で論じられているように、原理や政策にも大きな役割を与えるものであった (Llewellyn 1960：36)。

　比較的最近の研究であるが、Priel and Barzun (2016) は、上記のグランド・スタイルによって、ルウェリンが「自然法 (natural law)」を裁判に反映させることができるようになると考えていたと指摘している。19 世紀後半のドイツの商法学者のゴルトシュミットを引用する形ではあったが、ルウェリンは、グランド・スタイルによって裁判にもたらされるべき自然法とは「想像上のものではなく、現実のもので、単なる理性の創造物ではなく、人間の性質や、時代・場所の生活条件の性質について、理性が認識できる堅固な基礎に基づくものである。それはしたがって、恒久的でも不変のものでもなく、どこでも同じといったものでもない。それは生活の状況そのものに内在するものである」(Llewellyn 1960：122) と論じていた。このようにルウェリンの自然法は哲学者の自然法ではなく、法学者の自然法であって、人々の上にあって彼らを統制するものではなく、人々の中にある法として考えられていた (Priel and Barzun 2016：173-74)。

　このようなルウェリンの自然法の理解には、ドイツの歴史法学、とりわけゲルマニステンの影響と、社会の利益が代表されるというルウェリンが考えたところのアメリカの伝統的な「民主主義 (democracy)」という二つの源泉があると指摘されている (Priel and Barzun 2016：175)。前節で見たように、サヴィニーの、特にその歴史的方法の影響を受け、また、「発展する慣習に基づく法」という法観念を有していたアメリカ歴史法学との連続性は明白であると思われる。

おわりに

　Priel and Barzun (2016) は、ルウェリンは歴史法学、コモン・ロー、民主主義という三つの観念を結び付けたが、ルウェリンほど、コモン・ローと民主主義を結び付けて「民主的な」コモン・ローを探求しようとした論者はいなかったとも論じている。ルウェリン自身も、アメリカのコモン・ローは、非専門家の「社会の常識 (horse-sense of community)」を反映するものであり、フォーマル・スタイル、法形式主義はそれを阻害すると論じていた (Priel and Barzun 2016：175-76)。ただ、本稿で検討してきたように、法形式主義の典型として等閑視されてきたアメリカの歴史法学も、「民主的なコモン・ローの探求」を試みた思想であり、パウンドも含めて、19 世紀後半から 20 世紀前半にかけてのアメリカの法思想を、（社会の利益、常識を反映するという意味での）「民主的な」コモン・ローを実現する方法の精緻化の過程として捉えることも可能と思われる。

注

1）日本における代表的な研究として清水 (2023) を挙げることができる。

文献

Carter, James (1889) *The Provinces of the Written and the Unwritten Law*. New York and Albany: Banks & Brothers, Law Publishers.

Carter, James (1907) *Law: Its Origin, Growth and Function*. New York and London: G. P. Putnam's Sons.

Holmes, Oliver Wendel (1995) S.Novick (ed.), *The Collected Works of Justice Holmes: Com-

plete Public Writings and Selected Judicial Opinions of Oliver Wendell Holmes, vol.3. Chicago: The University of Chicago Press.

Holmes, Oliver Wendel（2009）*The Path of the Law and the Common Law*. New York: Kaplan Publishing.

Llewellyn, Karl（1960）*The Common Law Tradition: Deciding Appeals*. Boston: Little, Brown and Company.

Llewellyn, Karl（2008）*Jurisprudence: Realism in Theory and Practice*. New Brunswick and London: Transaction Publishers.

Lobban, Michael（2018）"Legal Formalism" M. Dubber and C. Tomlins（eds.）*The Oxford Handbook of Legal History*. Oxford: Oxford University Press.

Pound, Roscoe（1908）"Mechanical Jurisprudence" *Columbia Law Review* 8.

Pound, Roscoe（1943）"A Survey of Social Interests" *Harvard Law Review* 57.

Priel, Dan, and Barzun, Charles（2016）"Legal Realism and Natural Law" M. Del Mar and M. Lobban（eds.）*Law in Theory and History: New Essays on a Neglected Dialogue*. Oxford: Hart Publishing.

Rabban, David（2013）*Law's History: American Legal Thought and the Transatlantic Turn to History*. Cambridge: Cambridge University Press.

Reimann, Mathias（2018）"Historical Jurisprudence", M. Dubber and C. Tomlins（eds.）*The Oxford Handbook of Legal History*. Oxford: Oxford University Press.

椎名智彦（2018）「岐路に立つ法の支配」戒能通弘編『法の支配のヒストリー』ナカニシヤ出版

清水潤（2023）『アメリカ憲法のコモン・ロー的基層』日本評論社

Tamanaha, Brian（2010）*Beyond the Formalist-Realist Divide: The Role of Politics in Judging*. Princeton: Princeton University Press.

第9章

19世紀初頭ドイツ・フランスにおける陪審制とプレス犯罪
―プレスの自由の観点から見た議論と立法―

的場かおり

はじめに

　2023年5月、ChatGPTが刑事事件を裁くという企画が東京大学で実施された。同企画は、「誰（あるいは何）が裁けば人々は納得するのか」という問題を考えるにあたり、示唆に富んでいた。このようにAI（人工知能）が裁く未来も見えてきた一方で、「司法は誰によって担われるべきか」というテーマは人類が長年向き合ってきたものであり、今なお模索が続けられている。

　その模索の中で、国民の司法参加を保障する制度として、陪審制と参審制という2つの類型が発達してきた。いずれの類型を選択するのか、両方を採用するのか、管轄事件は何かといった制度の基本部分でさえ、国によって多様である。日本では、戦前の一時期（1928～43年）に陪審制が導入されていたが、実質的な国民の司法参加は2009年の裁判員制度の導入により始まったといえよう。他方、欧米の司法参加制度ははるかに長い歴史をもつ。特に大陸諸国では市民革命を機に、イギリスをモデルにして陪審制が導入された。そこには、刑事司法における糾問手続の闇を一掃してくれる救世主として陪審制が希求されたという背景があった（Schwinge1970：1-5）。その後、陪審制の諸問題に対応すべく法律の素人と専門家との協働が重視され始め、陪審制と参審制の併用や参審制への移行が見られるようになった。ただし北欧はこの限りではなく、別様の歴史を有する（大河原2015：10-12）。このように、国民の司法参加制度は各国において常にそのあり方が模索され、時代や政

治、社会情勢などの影響を受けながら形成されてきた、歴史的な制度である。

　本稿では、筆者の研究テーマ「プレス（出版）の自由」の見地から国民の司法参加のあり方を考察し、特に、プレスの自由の濫用により引き起こされるプレス犯罪 Preßvergehen[1] と司法の関係に焦点を当てたい。プレス犯罪は政治犯罪とともに、権力側の意向に左右されるリスクが高いことから、とりわけ公明正大な裁きの場が求められ、日本国憲法もこれらの犯罪が例外なく公開の法廷で審理されねばならないと定めている（82条2項）[2]。そこで本稿は、このような特質をもつプレス犯罪をめぐる議論と立法を、大陸諸国での陪審制の黎明期にあたる19世紀初頭に遡って解明することを目的とする。というのも、フランスとその支配を受けた一部のドイツで陪審制の導入が始まった18世紀末から19世紀初頭は、プレスの自由に関する法整備が始まる時期でもあり（的場2021a：1-60）、各国の憲法や憲章、規約に明記されるようになった「プレスの自由」を君主やその裁判官の専断から守る制度として、陪審制が注目を集めたからである。具体的には、ウィーン体制の下で「ドイツ同盟」という新体制を成立させたドイツにおける陪審制とプレス法制をめぐる議論の実相を明らかにするとともに、ドイツと同様に新しい政治体制「王政復古」をスタートさせた隣国フランスの動きも視野に入れ検討する。

　先行研究では、刑事司法の近代化、自由主義者による要求という観点から陪審制が取り扱われ、とりわけ自由主義の弾圧を主眼とするカールスバート諸法の制定（1819年）以降の陪審制論に関心が寄せられてきた。すなわち、ヘーゲル一派（ガンス E. Gans、ケストリン C. R. Köstlin）、ミッターマイヤー、グナイストといった法学者、ロテック、ヴェルカーらバーデン自由主義者などの陪審制論である（Schwinge1970：66-74）。そこで本稿では、カールスバート諸法の制定「前夜」に注目し、プレスの自由の保障という観点から陪審制がどのように位置づけられ、陪審制に何が期待されたのかを検討する。

1　ドイツにおける陪審制の導入──フランス法制との関係

(1) 陪審制の導入とその後の展開

　まず、Schwinge（1970）と三成（1996・1997）の研究に拠りながら、19世

半ばまでのドイツにおける陪審制の歴史を概観する。1798 年、フランスが併合したライン左岸に、重罪事件を対象とする陪審制が持ち込まれた。19世紀に入ると、ライン地域や新たにフランスに併合された地域に、治罪法典（1808 年）に基づく陪審制が導入された[3]。ライン左岸の陪審制は解放戦争後も維持された。プロイセンに編入されたライン地域もその一つであり、当初のフランス型陪審制に若干の修正を加えた、いわゆるライン型陪審制が形成され、ドイツ帝国による裁判所構成法の施行（1879 年）まで存続した。

　陪審制がドイツ諸国に広まるきっかけは、1848 年の三月革命である。フランクフルト憲法は重大な刑事事件、政治犯罪、プレス犯罪を陪審制で裁くと定め[4]、プロイセンやザクセン、バイエルンなどでも政治犯罪とプレス犯罪が陪審制の管轄となった。しかし反動期になると、重大な政治犯罪やプレス犯罪は陪審制の対象から除外され、ついに 1854 年、ドイツ同盟は、プレス犯罪を陪審裁判や公開審理の対象にはしないというルールを整備した[5]。

(2) ウィーン体制成立前後の陪審制論──フランス法制との関係から

　1815 年以前の陪審制論といえば、フォイエルバッハの『陪審裁判所に関する諸考察』（1812 年）が著名である。彼は政治的な観点と純粋に刑事法的な観点から陪審制を検討した[6]。まず、政治的観点から見た陪審制とは「少数者の専断に対して国民の自由を守る手段」であり、そのエネルギーの源は公共心 public spitit である。したがって民主制や権力分立がなされた立憲制は陪審制を必要とするが、権力が分立されていない政体下では、私事にしか関心をもたない人々は陪審制を自らに負担を強いるものとしか認識しない。それゆえ立憲君主制に適合するのは、正義の守護者として人々の信頼を得ている、裁判官の合議体による裁判である、と（Feuerbach1813：47-80）。

　次に刑事法的観点からフォイエルバッハは、陪審員には事実認定および法令適用の能力が備わっていない、陪審員は財産と教養のある者に限定され、しかも選任には政府の意向が及びうる、特別裁判所が容認されることで陪審制の意義が失われるといった欠点を指摘し、陪審制支持者が唱える自由心証主義に対しては消極的法定証拠理論でもって反論した。そして目下のドイツに陪審制は不要との結論に至ったのである（Feuerbach1813：112-242）。

　フォイエルバッハの考察に対しては、職業裁判官に対する評価が楽観的である、消極的法定証拠理論は中途半端で内部矛盾を抱えている、彼が挙げる欠点は専ら帝政期フランスの陪審制を念頭に置いている、といった批判もある（Schwinge1970：10、78、福井 2019：72-73、146-147、222-223）。

　ではウィーン体制の成立後、陪審制はいかなる評価を受けることになったのだろうか。前述のように、プロイセン領となったライン地域では陪審制が維持されたが、背景には、地域の司法官や住民らが、刑事司法に口頭制と公開制をもたらす陪審制を強く支持したことがあった。これは、直属司法委員会が政府に提出した陪審制に関する 2 つの意見書（1818 年 5 月 19 日と 7 月 3 日）から確認できる（Landsberg1914：119-201、202-204）。同委員会は 1816 年、プロイセンに復帰した地域でのフランス法制の取り扱いを検討するために設置された。意見書は、陪審制が刑事司法の公開制・口頭制と結びついており、それゆえ糾問手続に苦しんできた人々から高い信頼を得ていることを強調した。続いて、陪審員という重要な義務を履行することで、人々は公民としての自尊心や尊厳を強く抱くようになり、国事や共同体、祖国に関心をもつようになる、そして仲間が陪審員として協働する裁判は裁判官のみによる裁判よりも人々の関心を喚起すると指摘した。また、陪審制を望むのは統治者に敵対するためではないとして、イギリスや王政復古後のフランスを例に挙げ、君主制国家で陪審制が十分に機能すると論じ、フォイエルバッハの見方を否定した。

　以上のように意見書は、糾問手続を駆逐するという刑事法・司法制度的メリットだけではなく、司法参加を通して市民・公民の育成が促進されることは国益に敵うという政治的メリットにも言及し、陪審制の有用性を説いた。

2　プレスの自由と陪審制——ドイツでの議論

(1)「陪審裁判なければプレスの自由なし」

　フォイエルバッハや直属司法委員会の議論では、陪審制とプレスの自由との関係はフォーカスされていない。この点についてシュヴィンゲは、「陪審裁判なければプレスの自由なし」という教義がドイツに初めて登場するのは

1818 年 2 月 15 日のイエナ大学の報告書であり、翌年バーデンの議員リーベンシュタイン L. v. Liebenstein（1781〜1824 年）[7] が同様の主張を行ったと概説する（Schwinge1970：55-56）。後者は、ほどなく陪審制とプレスの自由をめぐる議論でドイツをリードすることになるバーデンにおいて、先陣を切ってなされたという点でも重要であるため、詳細な検討が必要である。

　リーベンシュタインの演説は 1819 年 7 月 20 日、バーデンの第二院にて、同国のプレス法案への提言として行われた[8]。彼によれば、国家は、事前審査＝検閲によって自然権たるプレスの自由を破壊するのではなく、その権利の行使を支援し、もし権利が濫用された場合には当事者間にバランスを取り戻させる存在である。つまり、プレスの自由の濫用によって公的秩序や私人の権利が侵害されたという結果が生じて初めて、すなわち、プレス犯罪が発生して初めて、国家は裁判によって正義を実現すべきである、と。

　彼は、政治的性格の強いプレス犯罪に対する刑罰権を、「国家に雇われ従属する裁判官」に委ねる危険性を指摘し、同犯罪を裁くに相応しいのは人々自身から生み出された裁判所、つまり、何にも依存しない男性たちからなる陪審裁判しかないと主張した。隣国の例を引き陪審員の中立性を疑う声に対しては、悪いのは陪審制それ自体ではなく、酷い制度設計であると反論した。

　以上を踏まえ、リーベンシュタインは次のような陪審制の導入を提案した。12 名の陪審員は、被告人の属す選挙区の選挙人から籤で選出され、有罪か無罪かを決定する。陪審員が有罪と判断した場合、3 名の裁判官（被告人の居住する地区の司法官で審理を指揮する裁判官 1 名と近隣の管区長 2 名）が量刑の判断を行う。原則として一審制であるが、裁判官の下した量刑に不服がある場合に限り、上訴が認められる。また彼が、プレス等に対する警察による仮の差止（処分）についても厳格な司法手続を要求した点も興味深い。

（2）カントとクルーク

　1818 年 2 月にイエナ大学がヴァイマル政府に提出した報告書は非公表に終わった。しかしこの報告書と少なくとも同時期、あるいはそれに先行して、二人の哲学者が陪審制とプレスの自由について論じている。

　まずヘーゲルは、ハイデルベルク大学での 1817／18 年冬学期の講義で陪

審制を詳述した（Hegel〈1983〉）。法律が複雑化する中で人々が自分に権利が与えられていると主観的に確信するためには、公正な司法を保証する陪審制と裁判の公開制が不可欠であり、陪審員の資格要件として、裁かれる者と同輩 ebenbürtige Männer であること、国民によって選ばれること、そして自立していることを挙げた（§116）。また、陪審裁判という形で裁判が公開されれば、市民は自身の権利を自覚し国家に関心をもちうると説いた（§153）。

　またヘーゲルは公開・公論の重要性という観点から、ラント議会（＝国会）とプレスの自由、陪審制の関係を次のように論じた（§155）。国事犯に対する秩序ある司法および国事に関する知識が実存し、公論が正しい方向性と堅固な根拠をもちうるには、国事に関するプレスの自由の行使、公共の場での個人の自由な討論、そして国事への直接の参加が保障されていなければならない、しかし代議制を採る国ではみなが議会に参加できるわけではないため、議会はプレスの自由によって補完されなければならないが、このようなプレスの自由は、審議が公開でなされる善き議会が存在し、かつ、誰によってどのように裁かれるのかをみなが知っている陪審裁判が行われうるところでしか、機能しない、と。彼はプレスが関わりうる犯罪「侮辱 Injurie」を例に挙げ、侮辱の境界を画する立法は難しいが、いつ侮辱がなされたと認められるのかに関する立法は可能であるとした上で、侮辱がなされたと認めるのは、著作者、すべての私人、政府・官僚に彼らの権利を保障し、自らと同等かつ自らで選んだ裁判官から構成される陪審裁判所でなければならない、と説いた[9]。

　もう一人の哲学者、ライプツィヒ大学教授クルーク W. T. Krug（1770〜1842 年）は、『プレスの自由に関するドイツの立法草案ならびにイギリス立法についての叙述』（「はしがき」には「1818 年 1 月」とある）を執筆し、プレス法制定議論を始めたドイツ同盟議会に献呈した（的場〈2021b〉、的場 2023：32-36）。第Ⅰ部は自身が起草した同盟プレス法案、第Ⅱ部はフランス人モンヴェラン J. E. T. d. Montvéran（1764 年〜没年不詳）の『文書誹毀、プレス、ジャーナルに関するイギリス立法の叙述』のドイツ語訳からなる同書において、クルークは完全なるプレスの自由の保障とともに、プレスの自由の濫用については陪審裁判で裁くことを定める同盟プレス法の制定を求めた。

　クルークは第Ⅰ部で、印刷許可の認否を審査する検閲の基準を立法で明瞭にすることは困難であると明言した上で、検閲という事前抑制的な手段を牽制しつつ、プレスの自由が濫用され犯罪が発生すれば裁判を行い処罰するという司法システム型解決を推奨した。そして、プレスに対する権力の濫用を防ぎ、衡平と善に基づく判断をなすには、陪審制という裁判形態が最良であると結論づけた。このモデルをイギリスに求めるクルークは第Ⅱ部で、同国の立法史と現状を纏めたモンヴェランの著作をドイツに紹介したのである。

　クルークの叙述は短く粗削りなものであり、残念ながらプレス犯罪への陪審制の導入を正当化する理論の精緻な展開は見られない。だが彼の著作がプレス法議論を始めたドイツ同盟議会へ早速に献呈されたこと、そして、オルデンブルク大公国代表ベルク G. H. v. Berg（1765～1842 年）の議会報告（1818年 10 月 12 日）の中で引き合いに出されたことなどを鑑みれば、クルークの陪審制論は等閑に付されるべきではなかろう（的場 2021b：56、68-70）。

3　プレスの自由と陪審制──フランスでの立法

　最後に、ドイツ同盟と同様、新しい政治体制「王政復古」の下でプレス法の整備を進めるフランスの状況を考察する。

　フランスでプレス犯罪に陪審制が導入されたのは 1815 年 4 月 22 日の帝国諸憲法付加法 64 条「すべての市民は、いかなる事前の検閲も受けることなく、署名した思想を印刷し公表する権利を有する。ただし、公表後は、違警罪しか適用されない場合でも、陪審員による裁判に基づく法的責任を免れることはできない」によってである（的場 2023：46）。「百日天下」という短期かつ特殊な状況下での導入であり、ナポレオンの政治的パフォーマンスとの見方もあるが、フランスの司法制度にとって画期をなすものであった。

　その後、プレス犯罪への陪審制の導入を実現させたのは 1819 年 5 月 26 日の「プレスまたはその他の公表手段による重罪および軽罪の起訴ならびに裁判に関する法律」である。この法律は、同年 5 月 17 日の「プレスまたはその他の公表手段による重罪および軽罪の罰則に関する法律」、同年 6 月 9 日の「新聞または定期刊行物の発行に関する法律」とあわせて「セール諸法」

と呼ばれる（Bulletin1820：465-471、513-520、601-604）。セール P. F. H. d. Serre（1776〜1824 年）は 1818 年から 21 年まで司法大臣を務めた立憲王党派の一人で、純理派の手を借りながらこれら三法を整備した。彼は第一帝政期、フランスに併合されたハンブルクに設置された帝国裁判所 cour impériale、陪審制を採る重罪院 cour d'assises の長としてフランス併合地域の司法を主導した（Seere1876：X-XII、157-438、Luz2010：338-339）ことでも知られる。

　5 月 26 日法 13 条は、プレスやその他の公表手段を用いた重罪も軽罪も重罪院の管轄、すなわち陪審裁判によるとした（ただし 14 条は例外として、口頭による名誉毀損と侮辱、個人に対する名誉毀損と侮辱を軽罪裁判所の管轄とした）。しかし 1820 年のベリー公暗殺事件を契機に過激王党派が優位に立つと、ヴィレール J. d. Villèle（1773〜1854 年）内閣の下でプレス犯罪は陪審制の管轄外に置かれることとなった。王政復古後のフランスでは、政治情勢の目まぐるしい変化がプレス政策にも多大な影響を及ぼしていたのである。

　5 月 26 日法は司法手続におけるプレスの自由の保障に資するものであったと評価できるのに対して、6 月 9 日法は、政治を扱う新聞や定期刊行物を許可制から届出制の下に移行させる一方、他方で保証金制度を新設するというアンビバレントな法律であった。新聞や定期刊行物の出版社または所有者が支払う保証金の額は発行の頻度や当地の人口などに応じて設定され、保証金は損賠賠償や罰金、破産の際に充当すると定められた。この制度はその後、プレスの自由を経済的な側面から制限・統制するための有効な手段として定着した。二月革命で廃止が決定されるも実現せず、ようやく 1870 年に廃止されたが翌年には復活し、保証金制度の最終的な廃止は 1881 年の出版自由法を待たねばならなかった。フランスで 1819 年 6 月に導入された保証金制度は、その直後の 8 月に開かれたカールスバートの会議で早速取り上げられ、その後は各ラントの議会でも導入が検討されるなど、ドイツのプレス法議論にも大きなインパクトを与えた（的場 2021a：39、67、271-272）。

　以上から、一歩先を行くフランスのプレス政策はドイツ同盟や各ラントに影響を及ぼし、また、プレス犯罪への陪審制の導入の可否はフランスでもドイツでも、政治上の争点となっていたという事実が明らかになった。

おわりに

　国民の司法参加は現在、民主主義や国民主権という観点から、統治主体である国民が司法に参加することを保障し、また、司法に対する国民の理解と信頼を高めることで司法を支える国民的基盤の構築に資すると解されている。本稿が扱った陪審制論は、国民主権も民主制も実現していない 19 世紀初頭のものであり、特にドイツでは、フランスによる支配・占領経験がある地域を除き、陪審制は未知の制度であった。そのような中、陪審制支持者の目には、同制度は前近代的な糾問手続を退場させ、公開制・口頭制に基づく司法を実現する救世主と映った。同時に、陪審員を務めることは司法や国事に対する人々の理解と関心を増進させ、市民・公民の育成という観点からも陪審制は有意であると考えられていたことは、現在の理念にもつながっている。

　陪審制の議論が始まった時期は、公論の形成に寄与するツールとしてプレスの社会的プレゼンスが高まり、プレスの自由が憲法や規約に明記されるようになる時期と重なっている。当時は自由の濫用対策として、検閲を用いて事前抑制を図るポリツァイシステム型と濫用が引き起こした犯罪を裁判により事後的に処理する司法システム型が知られていたが、陪審制は後者の中でも、公開性と中立性を備えたベストな裁判形態として歓迎された。つまり、公論形成に不可欠なプレスが関わる犯罪を、権力側の恣意が及びうる裁判ではなく、被告人の同輩かつ中立的な陪審員による裁判に委ねようとする政治的な目的もあったのである。このように陪審制は、人々の自由を国家から守り司法の独立を実現する、いわば万能の救世主とみなされていた感も否めない。萌芽期の粗削りな国民の司法参加論がこの後いかなる理念や目的の下で展開し、精緻化されていくのかについては、さらなる検討が必要である。

　本稿では、筆者の能力と紙幅の都合から、限られた陪審制論を検証できたにすぎず、フランスに関しては立法の概況しか示せなかった。陪審裁判の実態やより丁寧な陪審制論の析出は今後の課題としたい。

注

1）1878 年の百科事典では、「プレス犯罪」とは「プレスを用いた違法行為」であり、瀆神、
　内乱罪への煽動、侮辱 Beleidigung などが該当するとされ、狭義では「プレス規則に反
　する違法行為」を指すとし、編集者による偽名の使用が例示されている（Meyers Kon-
　versations-Lexikon1878：201）。第 6 版（1908 年）は「頒布された印刷物においてなされ
　た違法な思想表現」と説明する（Meyers Großes Konversations-Lexikon1908：291）。なお、
　初版（1859 年）と第 2 版（1866 年）に「プレス犯罪」という見出し語はない。

2）スウェーデンはプレス犯罪を陪審制の管轄としている。同国の憲法 12 章「プレスの
　自由に関する訴訟における裁判手続」2 条によれば、刑事責任を問われるプレスの自由
　に関する訴訟では、犯罪の存在の有無は 9 名の陪審員が判断する。6 名以上の陪審員が
　犯罪の存在を認めると、裁判所も審理する。ただし裁判所が陪審と異なる見解を示した
　場合、裁判所は被告人を無罪とするか、陪審よりも軽い刑罰規定を適用する権限をもつ
　（山岡 2012：5-6、85-88）。スウェーデンにおけるプレス犯罪への陪審制の導入は 1815
　年に遡り、イギリスの制度がモデルとされた（Vidmar2000：431-432）。

3）1798 年に導入された陪審制は 1795 年の罪刑法典に拠るため、1808 年以降の制度とは、
　起訴陪審の有無、評決の決定方法、陪審員選任への権力者の関与の有無、陪審指導判事
　の役割などに違いがある（的場 2023：49-53）。

4）フランクフルト憲法 179 条 2 項「陪審裁判所は少なくとも、重大な刑事事件およびす
　べての政治犯罪について、判断するものとする」、同 143 条 3 項「職務上なされるプレ
　ス犯罪は、陪審裁判所によって判断される」。しかし帝国憲法闘争の結果、同憲法は未
　施行に終わった。

5）1854 年 7 月 6 日の「プレスの自由の濫用防止のための一般同盟諸規定」22 条はプレス
　犯罪への陪審制の管轄を否定した（Protokolle1854：616-624）が、バイエルン、ヴュル
　テンベルク、バーデンではその後も、政治犯罪とプレス犯罪に対する陪審制の管轄権が
　維持された（三成 1997：198-201）。

6）後にトクヴィルも陪審制を政治制度と司法制度という 2 つの観点から考察している
　（Tocqueville 1835. T. 2：182-193）が、このような区別に異論を唱えたのがガンスである。
　彼は、陪審制が法律学的、政治的いずれの重要性を有するのかと問う者は、法律学的な
　ものと政治的なものを、全く異なる 2 つの領域に属するかのように、法・権利が国家に
　含まれないかのように捉えていると批判した。陪審制の法律学的要素が生み出すものは
　より高次な国家の領域でも見出せるし、主観的な側面は国家においても満たされるもの
　であると述べ、上記の区別を馬鹿げているとみなした（Gans1830-32：77-78）。

7）リーベンシュタインは司法官・行政官としてキャリアを積み、1819 年にバーデン第
　二院議員となった。司法と行政の分離、公開制・口頭制に基づく司法の実現、プレス犯
　罪への陪審制の導入を訴えた自由主義者として知られる。Weech（1875）を参照。

8）バーデンは、憲法（1818 年 8 月）が「プレスの自由は今後同盟議会が定める諸規定に
　したがって取り扱う」と定めたため、同盟の議論を注視しつつ、自国のプレス法を議論
　している最中であった（的場 2021a：30）。演説は Verhandlungen1819：BeylageA 1-40
　を参照。シュヴィンゲは出典を 1819 年議事録第 7 冊としている（Schwinge1970：55）が、

第 8 冊の誤りである。

9）カールスバート諸法以降の陪審制論は小川（1994）に詳しい。『法哲学要綱』（1820 年）
§228 では、公開の司法と陪審裁判所が必要であるのは、人々が自身の権利に関して専
門家の被後見・奴隷状態に置かれないため、そして、自身の知の働きをもって法廷に出
席することが保証されていなければならないためとされる（Hegel1999：194-195）。弟子
のガンスは、陪審制とプレスの自由を結びつけて論じていない（Gans1981：88-91、104）。

文献

Brunner, Heinrich (1872) *Die Entstehung der Schwurgerichte*. Berlin: Weidmannsche Buch-
handlung

Bulletin des lois du royaume de France. 7e série. *T. 8* (1820) Paris: De L'imprimerie Royale

Feuerbach, Paul Johann Anselm (1813) *Betrachtungen über das Geschwornen-Gericht*. Lands-
hut: Philipp Krüll（福井厚訳〈2019〉『陪審制度論』日本評論社）

Gans, Eduard (1830-32) *Beiträge zur Revision der Preußischen Gesetzgebung*. Berlin: Verlag
von Duncker und Humblot

—— (1981) *Naturrecht und Universalrechts-Geschichte*(ed. Manfred Riedel). Stuttgart: Klett-
Cotta（中村浩爾・三成賢次・三成美保・田中幸世・的場かおり訳〈2009〉『ガンス　法
哲学講義 1832／33 ―自然法と普遍法史―』法律文化社）

Hegel, Georg Wilhelm Friedrich(1983) *Vorlesungen über Naturrecht und Staatswissenschaft.
Heidelberg 1817/18 mit Nachträgen aus der Vorlesung 1818/19*. Hamburg: Felix Meiner
Verlag

—— (1999) *Grundlinien des Philosophie des Rechts*. Hamburg: Felix Meiner Verlag

飯考行（2019）「フォイエルバッハ『陪審制度論』とその意義」『法の科学』50：132-149

稲本洋之助（1983）「一九世紀フランスにおける『出版の自由』（liberté de la presse）―とく
に定期刊行物をめぐる法的規制について―」東京大学社会科学研究所編『基本的人権 4
各論 I』東京大学出版会

今村健一郎（2018）「ヘーゲル刑罰論における〈犯罪者は犯行をつうじてひとつの法則を定
立している〉というテーゼをめぐって」『愛知教育大学研究報告　人文・社会科学編』67
（1）：75-86

Krug, Wilhelm Traugott (1818) *Entwurf zur deutschen, und Darstellung der englischen Gesetz-
gebung über die Preßfreiheit*. Leipzig: F. A. Brockhaus

Landsberg, Ernst (1914) *Die Gutachten der Rheinischen Immediat-Justiz-Kommission und der
Kampf um die rheinische Rechts -und Gerichtsverfassung 1814-1819*. Bonn: P. Hansteins
Verlag

Luz, Helmut Stubbe da (2010) "Serre, Pierre François Hercule Comte de" in Franklin Ko-
pitzsch, Dirk Brietzke(ed.) *Hamburgische Biografie. Bd. 5*. Göttingen: Wallstein Verlag,

的場かおり（2021a）『プレスの自由と検閲・政治・ジェンダー―近代ドイツ・ザクセンに
おける出版法制の展開―』大阪大学出版会

—— (2021b)「一九世紀初頭ドイツにおけるプレスの自由とプレスの濫用―クルーク W. T.

Krugのドイツ同盟プレス法草案を手掛かりに―」『阪大法学』71(3-4)：55-96

―――(2023)「19世紀初頭フランスにおけるプレスの自由と立法―ドイツ同盟のプレス法議論への示唆―」『阪大法学』73(4)：31-63

Meyers Konversations-Lexikon. 3. Auflage. Bd. 13 (1878) Leipzig: Bibliographisches Institut

Meyers Großes Konversations-Lexikon. 6. Auflage. Bd. 16 (1908) Leipzig: Bibliographisches Institut

三成賢次(1996)「陪審制と参審制―近代ドイツにおける司法への民衆参加―」佐藤篤士・林毅編著『司法への民衆参加―西洋における歴史的展開―』敬文堂

―――(1997)『法・地域・都市―近代ドイツ地方自治の歴史的展開―』成文堂

中村義孝(1993)「フランス革命初期の重罪陪審裁判」『立命館法学』225-226：1093-1129

―――(1994)「ナポレオン刑事訴訟法の重罪陪審裁判」『立命館法学』231-232：971-1024

小川清次(1994)「ヘーゲルの『陪審裁判制』論―三月前期陪審裁判制要求運動との連関において―」『哲学論叢』21：67-73

大河原眞美(2015)「ヨーロッパの参審制度、陪審制度についての一考察―裁判員制度を視座に―」『地域政策研究』17(4)：1-17

Protokolle der Deutschen Bundesversammlung vom Jahre 1854. Sitzung 1 bis 38 (1854) Frankfurt am Main: Bundes-Präsidial-Druckerei

Schwinge, Erich (1970) *Der Kampf um die Schwurgerichte bis zur Frankfurter Nationalversammlung.* Aalen: Scientia Verlag

Serre, Pierre François Hercule de (1876) *Correspondance du comte de Serre (1796-1824). T. 1.* Paris: Auguste Vaton, Libraire

Tocqueville, Alexis de (1835/1840) *De la démocratie en Amérique. T. 1-T.4.* Paris: Charles Gosselin

上田理恵子(2001)「ハンガリー1848年出版法における陪審制―1848年省令と1867年省令の比較検討を中心に―」『熊本大学教育学部紀要 人文科学』50：1-13

Verhandlungen der zweiten Kammer der Ständeversammlung des Großherzogthums Baden. 8. Heft (1819) Karlsruhe: Verlag von Gottlieb Braun

Vidmar, Neil (2000) "The Jury Elsewhere in the world" in Neil Vidmar(ed.) *World Jury Systems.* Oxford: Oxford University Press

Weech, Friedrich von (1875) "Ludwig August Friedrich Freiherr von Liebenstein" in Friedrich von Weech(ed.) *Badische Biographieen. T. 2.* Heidelberg: Verlagsbuchhandlung von Fr. Bassermann

山岡規雄(2012)『各国憲法集(1) スウェーデン憲法』国立国会図書館調査及び立法考査局

※本研究はJSPS科研費JP22K01122の助成を受けたものである。

第10章

明治前期民事判決原本・刑事裁判記録に現れた「代人」の活動
―司法アクセスの担い手の歴史的具体像―

三阪佳弘

はじめに

　筆者は、これまで国際日本文化研究センター・明治前期民事判決原本データベース（以下、民事判決原本DB）中の京都・滋賀・大阪地域の諸裁判所の判決と明治後半期の京都・滋賀の弁護士会所蔵文書群を用いて、さまざまなレベルでの連携関係を弁護士との間で維持しながら、「モグリ・三百」と称される「非弁護士」層が、当該地域における法的サービスの需要充足に一定の役割を果たしていたと考えられる状況を分析してきた。そこで分析の対象としたのは、弁護士会が把握する弁護士事務所員、「特定名簿」指定者層（三阪2011参照）などである。弁護士層が、明治末期に法的サービスの提供者としての十分な法学識と専門職としての団体性とによって、その地位を確立していく（林2009：641-647）のに伴って、これらの「非弁護士」層は、次第に弁護士会による排除・規制の対象とされるようになる（橋本2005：244-265、三阪2011）。しかしながら、上述した構造は根強く残り続けた。

　なぜそうした構造が残存し続けるのか、を考えるためには、法律事務所事務員や「特定名簿」指定者層（「不認可事務員」層・「地方ノ訴訟事務ニ関係スルモノ」層）（三阪2011：682-684）を利用する「一般訴訟人」の視点から、かれらが法的サービス需要充足の要求にどのように応えたのか（三阪2013-a：306）、その活動の質的な面での検討が不可欠であろう。そして、実際に、明治後半期においてなお法律事務を取り扱うにおいて依拠しえた技量・能力の源泉

を、かれらの「代人」(橋本2020)としての明治前期の経験に遡ることができ
ないだろうかと考え、京滋阪地域について民事判決原本DBを用いて量的な
分析を筆者は試みてきた。その結果、明治後半期にも活動しており、京滋の
弁護士会によっても把握されていた「特定名簿」指定者層のなかに、明治前
期に「代人」を業として活動していた世代が残存していることが明らかとな
り、かれらの関与する明治前期の民事判決原本DBが、その活動態様あるい
は技量・能力を検討する素材となりうるだろうと想定した(三阪2013-a：307-
310)。そこで、こうした層のなかで、関与判決数の多い明治前期の「代人」
業層の活動実態を、判決から明らかにする作業を進めたのが、三阪(2013-b)・
同(2022)である。

　三阪(2013-b)は、判決文の史料としての限界を自覚しつつ、ここに登場す
る明治前期の「代人」業層は、確かに「両替商」「質屋業」「雑業」などの肩
書をもって貸金返済にかかわる事件に多数関わりながら、当時の京滋の警
察・検事局が繰り返し人びとに利用を禁じた無資格者として、「三百代言的
な臭い」を漂わせて活動していたことを指摘した。と同時に、免許代言人と
対等に渡り合えるまでの技量・能力あるいは経験をかれらが備えていると感
じさせられることも事実であり[1]、また村落内あるいは村落間の人的関係の
なかでかれらが一定の信頼を得つつ、そこに根ざした活動を行っていたこと
も指摘したところである。

　この点に関連して、橋本(2020)は、この時期に活動していた「代人」業
者について詳細な分析を加え、旧来の「三百代言」イメージとは異なる歴史
像を描く可能性を示唆して、次のように述べている。橋本(2020)が分析する
代人は、「宮家や地方名望家など(principal)と継続的・人格的な社会関係を
築き、その社会的ネットワークの中で代人(agent)としての業務を請け負っ
ていた」とし、「この社会的ネットワークのなかで代人活動を継続するため
には本人(principal)の信頼を確保し続けることが必須であった。そうである
とすれば、代人が風儀体面も顧みず自己利益を追求することなど容易にでき
ることではなかった」(橋本2020：240)。この指摘は、三阪(2013-b)で得た「代
人」業層の一部とも附合するところであり、当該代人の社会的位置付けを考
えるための新しい視点として、「本人(principal)と代人(agent)との間」の「一

定の継続的・人格的な社会関係」の存否が鍵となること、そして、それが旧来の「三百代言」イメージとの違いとなることを指摘した（橋本 2020：241）。

　本稿では、こうした指摘の重要性に着目し、明治前期滋賀県彦根地域の民事判決と刑事裁判記録のなかに現れる、具体的な明治前期の「代人」業たちの活動の具体像を（非常に限られた事例でしかないが）、とりわけ従来の「三百代言」イメージを体現する事例と対比しつつ析出したい。

1　明治前期刑事裁判記録に見る 「代人」業による「三百代言」的活動

　三阪（2013-a）は、明治後半期京滋地域の弁護士との間に濃淡さまざまな連携・共生関係を持つことになる非弁護士層のなかに、明治前期から一貫して代言人資格を持たないで業として訴訟代理を行っていた「代人」業者層の存在が見出されることを指摘し、三阪（2013-b）は、民事判決原本 DB を用いて、かれらの具体的な活動の一端を明らかにした。「質商」という肩書を持ちながら、庶民間の貸金をめぐる紛争によってその大半が占められる 45 件の事件を受任する者（三阪同上：164-166 の F102）、1870 年代末頃から京都の代言人の事務員という肩書きで、代言人＝弁護士と安定的な連携・共生関係を維持しつつ、庶民間の貸金をめぐる紛争に代人として関わった者（同上：166-168 の A06）、こうした「代人」業者たちは、判決の中で「三百代言的な臭い」を漂わせながら、事件処理を行っていた。

　こうした「三百代言的な臭い」は、庶民間の貸金・物品抵当をめぐる金融関係の中で、往々にして、法を逸脱した行動となり、処罰の対象ともなりえた。明治前期の刑事裁判記録と民事判決原本 DB 上の裁判記録を対照させると、そのような「代人」業者たちの振る舞いが浮かび上がってくる。

　1881（明治 14）年 2 月 16 日京都裁判所彦根支庁申渡[2]事件（被告人 M 永 M 助・T 田 W 七）の事件をみてみよう[3]。この両名の「仮口供[4]」によれば、M 永は「自分儀ハ他人ノ依頼ニ応シ使ヒ歩キ等ニ相雇ハレ居」る者、T 田は「自分儀ハ平生人ノ依託ヲ受ケ訴訟事件ニ従事致シ居」る者と述べるように、後者は他人間の法律上の紛争にかかわる周旋や訴訟上の代理を業としているこ

とを自認している。この事件の発端は、1880年10月に債主Aが、M永に、B・Cに対する貸金3円50銭の回収を依頼したことに始まる。その際に、事情は不明だが、AはM永に対して、貸主無記名のB・Cに対する貸金証書を渡した。M永はB・Cからの取立が捗らず、そのまま放置していた。同年12月14日に、今度はM永自身がT田から8円の残債返還を求められた。M永は分割返済を願ったがT田はそれを認めず、苦し紛れに、M永はT田に対して、Aから預かったB・C宛の貸主無記名金銭貸借証書を差し入れるので「之レニテ残金八円ノ済方致シ貰ヒ度乍併此ノ証書ヲ以テ出訴ノ義ハ当十二月廿日迄相待チ呉レヘク、万一右期限違約ノ節ハ該奥白証書ヘ其許ノ姓名ヲ勝手ニ記入シ如何様共取立テ呉レヘク旨」を頼んだ。つまり、自己の負債返済の保証として、他人の貸金証書を差し入れたのである。結局M永は期限の12月20日になっても、T田に返済できず、これを受けて、T田は貸主無記名のB・C宛の金銭貸借証書に自己の名を記入し、貸金を15円と書き込んで、B・Cに対して彦根区裁判所に貸金返済の訴えを提起した。M永は、上記の行為を悔い、翌年1月12日に警察署に自首し、そのことによりT田も警察署に召喚されることとなった。

　彦根支庁は、M永を「自己ノ債主（T田に：三阪注）於テ其言ノ如ク自カラ名ヲ記シ該証書ニ記名アル負債者（B・C：三阪注）ヲ相手取リ貸金催促之勧解ヲ法廰ヘ出願スルニ至ラシムル者」として、「雑犯律不応為軽ニ問ヒ懲役三十日」に該当するとしたが、自首したので、改定律例犯罪自首条例「第五十九条人ノ官ニ陳告セント欲スルヲ知テ自首スル者」により「二等ヲ減シ同一十日聴贖ス」るものとした。T田に対しては、「曽テ返金ヲ受ケタルコト之レナキ旨ヲ以テ他人ノ負債者（B・C：三阪注）ヲ相手取リ該証書ノ全額即チ拾五円ノ返金ヲ得ント法廰ニ勧解ヲ出願スル者律例第六条（改定律例第6条凡所犯極テ軽ク、罪懲役十日ニ及バザル者ハ、止ダ呵責シテ放免ス：三阪注）ニ依リ呵責」とした。

　他人間の使い程度の活動しか行っていないとするM永に対して、他人間の訴訟の代理、「代人」を業として行っていると自認するT田は、民事判決原本DB上でもその活動は極めて旺盛である。1879〜88（明治12〜21）年の間に35件の事件に関わり（その大半は貸金返還請求事件）、内23件について

代人として関わっていた（M永は民事判決原本 DB 中 3 件で、代人は 1 件）。

　1881（明治 14）年 2 月 4 日京都裁判所彦根支庁申渡 5) 事件（被告人 K 谷 S 郎・S 村 T 郎）も見てみよう。この事件は、当時金策に行き詰まった債務者たちが常用したとされる動産の二重抵当に関する事件である 6)。

　事件の発端は、K 谷が自己所有の動産（仏壇、戸棚、畳、地搗器械、諸道具）を「書入」（抵当）として 4 人の者からそれぞれ金借したことである。また K 谷と S 村の両人は、別途 A が B に対して行った金借の保証人となっていたが、返済期限が来ても返済できなかった A のために、未済分について改めて K 谷・S 村・A の 3 人連署の借用へと契約更改を行い、K 谷がすでに書入していた上記動産の内仏壇と戸棚を二重に書入した。さらに別途金策に窮した K 谷は、S 村が反対するにもかかわらず、上記書入していた物品をすべて訴外の複数の人物に売却してしまった。ここに至って、K 谷は「二重抵当ニ差入レル而已ナラス剰へ売却セシ段不都合ト悔悟」し警察署に自首し、それにより S 村も召喚され、処断されることとなった。刑の申渡しにおいて、K 谷は、物品を重ねて書入し、さらにその物品を売却したことで、不応為重・懲役 70 日に該当するところ、自首したことで免罪、S 村も不応為重とされたが、その関与が従であったことで減刑され懲役 30 日となった。

　事件そのものは単純であるのに対して、事件の関係者は多数にのぼる。K 谷に対する貸金を行ったものは 5 名、その貸金を仲介した者（口入）が 2 名、それぞれの貸金の保証人となっている者（受人）が 4 名、書入品購入者が 3 名である。このうち貸金を行った者のうち O 橋 I 郎は、民事判決原本 DB によれば、19 件の事件に関わっていることがわかる。彼は、貸金業を営みつつ「代人」業を行い（19 件中 8 件）、1883（明治 16）年以降は「貸金協力社」という名称の貸金業として、さらに 15 件の貸金返還請求事件に関わっているのである。こうしてみると、K 谷・S 村の二重抵当事件は、地域を覆う庶民間の金銭の融通を行う人的ネットワークのなかで生じたものであった。同時期の刑事裁判記録と民事判決原本 DB を重ねることで、そうした地域の庶民間金融のなかでの「代人」業者たちの実像が浮かび上がってくるのである。

2　地域の人的ネットワークのなかで活動する「代人」業

　当時の「代人」業者がすべて上述したような「三百代言的な臭い」を纏っていたわけではない。すなわち、前述した「本人（principal）と代人（agent）との間」の「一定の継続的・人格的な社会関係」に依拠した者たちの存在（橋本2020）である。三阪（2013-b：168-170）でとりあげた、現大阪府高槻市域で活動した「代人」業者は（三阪2013-b中のF070）、貸金返還請求事件の受任は少なく、買戻し特約付田地売買にかかわる買戻し請求事件、村の共有山林売買にかかわる事件、頼母子講にかかわる事件など、村落内部あるいは村落間の人的関係を前提にした紛争処理に従事していた。彼は、そのなかで培った信頼関係を前提に事件処理を行っていたと考えられる。

　ここでは、こうした事例に加えて、明治期において京都市域で活動していたとみられる「松井直誠」という代人を紹介しておこう[7]。

　松井は、民事判決原本DBの中で、13件について「代人」として、2件について判事として名前が登場する（図参照）。松井の履歴について現段階で明

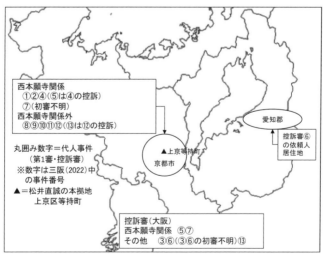

図　松井直誠（F115）が関与した明治前期民事判決

出典　民事判決原本DB所収松井直誠の関係した判決から筆者作成

らかになっている点は、以下の通りである。まず、明治前期の『官員録』を
参照すると、1876（明治 9）年には司法省「十五等出仕」、翌年には京都裁判
所の「十六等出仕」、77 年には京都裁判所判事補として、かつ京都出身とし
て登載されている（西村編 1876：103 丁、難波編 1877：137 丁、難波編 1878：
139 丁、大崎編 1878：140 丁）。こうした判事としての経歴と附合するように、
民事判決原本 DB 中では、1878・79 年に各 1 件の判決と命令を見出すこと
ができる[8]。その後松井は判事職を辞したようで、その後の民事判決原本 DB
では、「代人」業者として登場する。

　また、かれが一定の法的素養を有していたから判事職に就いたのか、それ
とも判事職の経験がかれに法的知識への関心を開いたのか、そのいずれかは
不明ではあるが、松井の法的著作物が、国会図書館デジタルコレクションに
残されている（末尾の文献参照）。法令の編纂物ではない、彼の著述といえる
ものは、『勧解論綱』（松井 1880）と『法律原理略』（同 1883）の 2 冊であり、い
ずれも啓蒙的な内容である。後者は自然法（性法）と実定法（人法）の違いか
ら説き起こして六法の概略を説く法律概論的なものである。前者は、日本に
おいて勧解制度の運用が一般的になったこと（この点については林 2020 参照）
を背景にして出版されたと思われる。同書では、フランスの勧解制度の由来
と現在の法制度が説明され、勧解について「国家ナル者ハ私人ノ際ニ生スル
争論ノ判定ヲ好テ為スヘキ理ハ古今未タ曽テアラサレハナリ。若双方ノ間ニ
生シタル争論国家ノ判定ヲ俟タスシテ私ニ止息スルコトアレハ却テ国家ノ為
メ大ヒニ利スル所アレハナリト。宜ナル哉而シテ此私判ノ法ト同シキモノハ
勧解法是ナリ」とする。そして、フランスの治安裁判所の設立とその手続が
説明され、日本の現行の勧解制度を解説するなかで、訴訟に比しての勧解の
効用を高く評価し、末尾には、日本の勧解制度の不十分さを補うためとして、
フランス民事訴訟法勧解部分の規定の翻訳が掲載されている。「代人」の活
動が、裁判所の手続に入る以前から、そして、地域や一定の人間関係に密着
して始まるのだとすれば、それを業とする松井が、勧解を高く評価している
ことも当然かもしれない。

　つぎに、松井が「代人」となる事件の特徴は、13 件の内 5 件が浄土真宗
本願寺派本山（以下、西本願寺）の「執行」役[9]を被告とする訴訟であり、「本

願寺雇人」として「代人」を務めている点である。判事になる前あるいは辞
した後、松井が本願寺とどのようにして関係を持つようになったのかは不明
ではあるが、判事職の経歴がその背景にあり、その法的素養が信頼されたと
も想像することができる。彼が関与した西本願寺関係の判決として確認でき
るのは、第1審裁判所での3件、控訴審での2件である。いずれも、明治維
新後の西本願寺が地方での布教活動の拠点を整備する施策の実施（本願寺史
料研究所 2019:319 以下）過程から生じたと思われる紛争である。一例を挙げ
れば、以下のような事件である[10]。すなわち、神戸の西本願寺出張説教所建
築に関連して、原告は、現地で工事を担当する西本願寺の会計事務方に対し
て貸金を行い、その際、返済に不都合が生じた場合は、最終的には西本願寺
の執行役が返済義務を負う旨の約定を交わした、と主張し、当時本願寺門主
執行役であった被告に対して貸金返還請求を行ったというものである。松井
は、こうした西本願寺の寺務にかかわる事件を執行役の代人として受任しな
がら、そこでの実績を信頼の糧にして、京都市内の西本願寺周辺地区におい
て顧客を獲得したようであり、控訴審1件を含む7件の事件を受任している。
　三阪（2013-a）でも指摘したように、松井は明治後半期においても「代人」
業の延長として、弁護士事務所の事務員として訴訟紹介などを常習していた
ことがうかがわれ、松井からは訴訟紹介を受けないように京都弁護士会から
指定されていた（「特定名簿」指定者、三阪 2013-a 参照）。このように裁判所・
訴訟手続の担い手の「周縁部」に執拗に留まりながらも、松井は上述したよ
うな西本願寺との密接な関係は維持し続けていたようである[11]。こうした明
治前期の「代人」業から明治後期の「モグリ・非弁」活動へと続く彼の行動
の背後には、橋本（2020）の指摘に従えば、「本人（principal）」たる西本願寺
やその周辺地域の人々と「代人（agent）」たる松井との間の「一定の継続的・
人格的な社会関係」を見て取ることができ、従来の「三百代言」イメージと
異なる像を見出すことができると見てよいのかもしれない。

おわりに

　本稿は、近年発表された橋本（2020・23）の労作で示された指摘にしたがっ

て、筆者がこれまで検討してきた京滋地域の「代人」業者たちの活動とその実像を復元しようとするものであるが、膨大な判決のなかの一部についての、極めて断片的で、かつ雑ぱくな分析に留まっていることを否めない。こうした民事刑事の判決段階の記録を読み解きながら、さらには、その外延に拡がる裁判過程に関する他の史料群を重ね合わせることで[12]、地域社会の人々がどのようにして、だれのサポートによって司法にアクセスしたのか、を明らかにしていくことが、筆者にとって課題であり続けている。

注

1）「代人」業者たちの力量については、橋本（2023）の指摘を参照しなければならない。すなわち、当時は法典が未整備であり、判決三段論法（法規命題→認定事実→結論たる判決）によることは困難であり、前提となる法規命題の解釈・適用という高度で抽象的な法的思考が必要とされなかった。その結果、当事者が主張する事実を列挙し、そこから結論を導出するというもの（橋本はこれを「二段論法」と呼ぶ）であった。代言人といえどもその点は共通であり、したがって、法的素養のない「代人」業者たちであっても、十分に活動しえたとされる。

2）京都裁判所彦根支庁刑事裁判記録（1571）『明治14年2月口書録断刑録』所収。当時の彦根支庁については、注3）参照。

3）現存する明治前期の刑事裁判記録は、所蔵元の検察庁から国立公文書館つくば分館に移管・所蔵されている。明治初期の大阪の刑事裁判記録について、牧・安竹（2017）が詳細に紹介しており、また橋本（2017）は、当時の下田区裁判所の刑事裁判記録を手がかりとして、区裁判所レベルでの刑事司法手続の復元を試みている。本稿がその刑事裁判記録をとりあげる京都裁判所彦根支庁は1879・明治12年7月10日開庁、彦根・長浜を含む神崎・愛知・犬上・坂田・東浅井・伊香・西浅井郡を管轄し、死罪と懲役終身を除く民刑事事件を管轄するものとされた（法規分類大全司法省2：274以下）（三阪2011：640-641）。彦根支庁の刑事裁判記録は、簿冊毎に「断刑録」、「口書録」、「断刑録口書録」などの表題がある。これらについては、まだ一部を検討した段階であるので、その全体像についての検討は他日を期したい。

4）橋本（2017：258-278）は、当時の下田区裁判所刑事裁判記録から、刑事手続の実際を以下のように復元している。まず警察署段階で被疑者が身柄拘束・訊問され物語（独白）形式で「仮口書」ないし「始末書」が作成される。その後、重罪事件や犯情が繁雑な場合糺問判事により起訴の可否判断が仰がれるが、多くの軽微な事件では、それは省略され、検事ないし警察署長により一件書類が裁判所に送致されることで起訴となった。公判手続では、掛の裁判官（彦根支庁では判事補1名と司法省17等出仕1名が担当）により「擬律」が行われ罪名と罰条、量刑が起案され、それに基づいて判決の申渡が行われた。
　　彦根支庁の刑事裁判記録中、「断刑録」という表題の簿冊には、刑の申渡のみが列挙さ

れているもの、あるいは、橋本 (2017：268-269) が紹介するような「罪案」のみが列挙されているものがある。また、「口書録・断刑録」という表題の簿冊では、各事件について、警察段階での「仮口書」「始末書」、それ続いて「公判済」という書き出しで担当裁判官名 (判事補と司法省17等出仕) による擬律案が続き (擬律案は全文朱書)、その後に擬律案に基づく「申渡」文が申渡月日順に綴じられている。橋本 (2017) が整理した手続と異なる点として、多くの事件では「仮口書」のあとに「副口書」ないし「添口書」と題する、警察での「仮口供」の内容を補足ないし追認しているものが付されている。橋本 (2017) が検討した下田区裁判所の刑事裁判記録との異同については今後の検討を期したい。

5）京都裁判所彦根支庁刑事裁判記録 (1571)『明治14年2月口書録断刑録』所収。

6）明治初年において、土地建物などの不動産について二重書入 (抵当) する行為は、新律綱領・重典売田宅条により窃盗に準じて処罰された。これに対して、動産については明文が無く各地方で盛行をみたとされる。とくに「甲動産ヲ抵当トシテ乙ヨリ金若干ヲ借受ケ、乙ニ告ケス擅ニ其物品ヲ抵当トシテ丙ヨリモ亦金若干ヲ借ル」ことは甲が貧困の時はしばしば起こるものとされ、これについては、新律綱領・改定律例の不応為軽もしくは重の罪に問い、債務者が自首すれば刑を免除し、債権は債務者に対する身代限処分によって弁済させるとした (1876・明治9年3月22日司法省指令)。以上は藤原 (2004：89-90) による。

　なお1880年刑法 (旧刑法) は、不動産の二重抵当を禁じたが (第393条第2項)、動産については不可罰とした (藤原2006参照)。岡田 (1895：1065) は旧刑法第393条第2項不動産の二重抵当処罰条項に関連して、動産の二重抵当慣行について「我国ニ於テハ従来動産ノ抵当 (家財道具一切ノ書入質ト称スル類) ヲ認ムル慣例アリ。之ヲ債権者ニ引渡サスシテ、物上担保ト為ス之状、純然タル動産抵当ナリ。従テ亦之ヲ二重ニ売与シ又ハ抵当典物ト為ス実例尠カラス。其害不動産ノ二重典売ニ譲ル処ナシ。但タ明文ニ漏ルルノ故ヲ以テ之ヲ罰スル克ハス」と述べており、庶民の間の動産の二重抵当の法慣行は、庶民が行う金銭貸借と不可分の関係で励行されたことを指摘する。

7）松尾については、(三阪2013-a) でF115として、(三阪2022：334-339) で「M井N誠 (F115)」とした「代人」業者である。明治後半期に京滋地方の弁護士会・検律局・警察から、事件の照会を受けないように指定された名簿に登載された非弁・モグリ層については、刑事処罰を受けた者を含むために、これまでの筆者の論考においては匿名にしてきた。今回の松井直誠については、本文に記載したように判事経験者で、かつ著述もあることから顕名とした。なお民事判決原本DBのなかで見出される松尾の関わったすべての事件の概要については (三阪2022) を参照。

8）民事判決原本DB中簿冊20210001中18番 (1878年6月13日京都裁判所園部区裁判所命令書)、同上20200301中8番 (1879年10月8日) 京都区裁判所申渡。

9）西本願寺の「執行」役は、旧幕時代の寺の家臣団解体を受けて1880年に寺務を統括するものとして置かれた (本願寺史料研究所編2019：145)。

10）民事判決原本DB中簿冊20200022中96番 (1882年12月5日京都始審裁判所判決)、これについては (三阪2022：332-333) 参照。

11）西本願寺の旧幕時代の家臣団は、相互親睦と本山有事の場合の手助けを行うことを目的として「信義会」という組織を結成したようであるが（上原編 1935：316 以下）、松井は 1909〜1915（明治 42〜大正 4）年の間同会の役員会の代議員＝議長に選出されている（上原編 1935 附録：3-4）。こうした点を考えると、松井の出自は西本願寺の旧幕時代の家臣団であったことも予想される。

12）判決記録の外延に拡がる裁判関係史料については、矢野（2020）参照。

史料

民事判決原本 DB　国際日本文化研究センター民事判決原本データベース。https://www.nichibun.ac.jp/ja/db/category/minji/

京都裁判所彦根支庁刑事裁判記録（1553）〜同（1578）　国立公文書館つくば分館所蔵明治 9〜14 年の京都裁判所彦根支庁管轄域刑事裁判記録（請求番号は 10-03600・平 16 法務 -01553〜01578 で簿冊総数は 26 冊）。

法規分類大全（司法省 2）内閣記録局編『法規分類大全　官職門 13 官制司法省 2』

文献（国立国会図書館デジタルコレクション、https://dl.ndl.go.jp/）

上原芳太郎編（1935）『本願寺秘史』信義会

大崎善四郎（1878）『明治官員録明治 11 年 12 月』

岡田朝太郎（1895）『日本刑法論各論之部』有斐閣

難波源蔵編（1877）『改正官員録明治 10 年 12 月』

難波源蔵編（1878）『改正官員録明治 11 年 3 月』

西村隼太郎編（1876）『官員録改正明治 9 年 11 月』

松井直誠編（1876）『公布早見出』博聞社

松井直誠編（1876）『律例参照録』耕読楼

松井直誠編（1877）『新律綱領改定律例　改正増補』

松井直誠（1880）『勧解論綱』

松井直誠（1883）『法律原理略』

文献

橋本誠一（2005）『在野「法曹」と地域社会』法律文化社

橋本誠一（2010）「大審院法廷における代言人・代人――一八七五年〜一八八〇年」法政研究 14-3 ＝ 4

橋本誠一（2017）「下田区裁判所の刑事司法手続―治罪法施行以前を中心に」同『明治初年の裁判―垂直的手続構造から水平的手続構造へ』晃洋書房

橋本誠一（2020）「代人松尾治太郎―ある無免許代言人の実像―」石川一三夫・矢野達雄編著『裁判と自治の法社会史』晃洋書房

橋本誠一（2023）「前近代型民事訴訟（裁判）イメージ析出の試み」『法史学研究会会報』26

林真貴子（2009）「日本における法専門職の形成―職域の形成とその独占」鈴木秀光・高谷知佳・林真貴子・屋敷二郎編『法の流通』慈学社

林真貴子 (2020)『近代日本における勧解・調停―紛争解決手段の歴史と機能』大阪大学出版会

藤原明久 (2004)「明治初年における二重書入 (抵当) の処罰―「新律綱領」の重典売田宅条の適用をめぐって」『神戸法学雑誌』54-3

藤原明久 (2006)「明治 13 年公布「刑法」(旧刑法) の二重抵当罪規定の成立と抵当権の公証」『修道法学』28-2

本願寺史料研究所編 (2019)『増補改訂本願寺史第 3 巻』本願寺出版社

牧英正・安竹貴彦 (2017)『大阪「断刑録」―明治初年の罪と罰』阿吽社

三阪佳弘 (2011)「近代日本の地域社会と弁護士― 1900 年代の滋賀県域を題材として」『法と政治』62-1 下

三阪佳弘 (2013-a)「明治末・大正期京滋地域における弁護士と非弁護士―続・近代日本の地域社会と弁護士」『阪大法学』63-2

三阪佳弘 (2013-b)「明治前期民事判決原本にあらわれた代人― 1877～90 年の京滋阪地域の代人の事例」『阪大法学』63-3

三阪佳弘 (2022)「〈資料〉明治前期民事判決原本における代人の活動事例―京滋阪地域の事例」『阪大法学』71-5

矢野達雄 (2020)「『民事記録』から見る民事裁判の世界―山口地方裁判所所蔵『済口訴訟書類』と『未確定記録』を中心に」石川・矢野前掲編著

本研究は、JSPS 科研費 JP23K01053 の成果の一部である。

第 2 部

民主主義と理論・実践

第 1 章
民主主義と労働

西谷　　敏

はじめに

　民主主義の理解は多様であるが、いずれの理解からしても現在多くの国で
民主主義が危機に瀕していることはまちがいない。民主主義の本質は、その
語源からして民衆 (demos) による統治 (kratos) であるが、民衆の圧倒的多数
はいつの時代にも自らの労働で生活を支える働く者であり、民主主義の促進
もその堕落も働く者のあり方に密接に関係している。今後の民主主義の発展
を考えるにあたっても、働く者の状況や関与の仕方は欠かすことのできない
考慮要素である。

1　民主主義の原型と労働

　民主主義の原型が古代ギリシャのポリス、とりわけアテナイにみられるこ
とにはほぼ共通の理解がある。その特徴は市民が民会に直接参集し、各部族
から抽選で選ばれた 500 人から成る評議会が提案した事項について 1 人 1 票
の投票によって決定するところにあった。この「市民」とは、たとえばアテ
ナイについていえば、アテナイ人の親から生まれたすべての成人男子であっ
た。女性、奴隷、外国人が除かれたとはいえ、成人男子の市民は平等の参加
権をもっていた。市民のなかには、自ら労働する必要のない貴族や富裕層も
いたが、市民の多くは、奴隷や家族とともに自らも農業労働に従事する中産

階級もしくは貧困層であった[1]。

　生産労働は奴隷にまかせて、市民はもっぱら民会等で政治について議論し、一旦事あれば戦闘に参加するものという流布されたポリスの見方は一面的であり、実際には市民の多くは、農業を中心とする労働に従事していた。彼らが年間40回くらい開かれる民会に出席し、そのうえ抽選で評議員に当たると年200回を超える会合に参加しなければならなかった。その負担は相当大きかったといえるが、民会に参加し、評議員を務めることは市民の義務であり名誉であった。こうした政治参加と本業との抵触を緩和するために、参加に対していくばくかの手当が支給されたが、ポリスの民主主義は農民を含む市民の高い自治意識を抜きには成り立ちえなかった（アテナイの民主主義については、橋場2022、宇野2020参照）。

　こうして、民主主義の原型においては、労働の担い手も市民として富裕層と平等の権利をもって積極的に政治に参加していたのである。宇野重規は、この古代ギリシャの経験をもとに、民主主義の本質を「参加と責任のシステム」に見出している（宇野2020）が、とりわけ参加の契機は重要である。

2　議会制民主主義の確立と労働運動

　その後、民主主義はむしろ悪政の代名詞となる。ソクラテスの刑死に典型的にみられる民主主義の弊害がクローズアップされた。プラトンやアリストテレスの民主主義批判は、彼らの労働に対する低い評価（スヴェンセン2016：33〜）とも関係があったと思われるが、いずれにせよこれらの哲学者の見解は近代にまで強い影響を及ぼした。生産労働に従事する農民や労働者は、貧困であり、したがって知識、知能も低いと信じられた。そうした階層に重要な決定権を与える制度は衆愚政治に堕する危険を内包していると考えられたのである。

　近代ヨーロッパにおける議会制は、身分制議会として出発する。身分とは、貴族や聖職者と「平民」から成るが、「平民」とは大商人や大ギルドの代表にすぎず、都市貧困層や農民は議会から排除されていた。議会制と民主主義とは理論的にも現実的にも分離されていたのである（宇野2020：84〜）。

　しかし、資本主義の確立・発展によって労働者階級の力が次第に強まるな
かで、国家権力もそれを無視することはできなくなっていった。労働者階級
の選挙権の獲得と拡大が進行するが、その過程は決して単線的ではなかった
（西谷 1977：182〜）。選挙権の獲得・拡大は、たとえばイギリスでは、労働
運動自体の闘争（チャーティスト運動など）の成果として実現するが、フラン
スやドイツでは、産業ブルジョアジーと地主階級の対抗関係のなかで、労働
者を政治的に利用するために上から与えられたという面が強かった。しか
も、選挙権の取得に所得要件がもうけられたり、有権者が納税額に応じて 3
等級に分けられる（プロイセンの 3 級選挙法制度）など、長い間諸々の制限が
つきまとっていた。労働者や農民は所得が低く、知識や知能のレベルも低い
との固定観念は容易に払拭されなかったのである。

　男性の普通選挙権が各国で実現するのがほぼ第一次大戦後、女性が選挙権
を獲得するのはほぼ第二次大戦後のことである。それは、両大戦における国、
資本家、労働組合の共同体制や女性の工場動員などが生み出したものであ
り、いわば「総力戦の民主的効果」（木村 2014：212）であった。ここに、本
来別物であった民主主義と議会制が結合して、議会制民主主義が成立する。

3　議会制民主主義の問題性

　第二次大戦後各国で普通選挙権が普及し、議会制民主主義が確立してきた
が、世界を見渡すと議会制民主主義がまがりなりにも制度化されている国は
半数以下であり、残りは権威主義国家である（オルブライト 2020：116）。の
みならず、議会制民主主義についてもその機能不全が叫ばれて久しい。多様
な問題が指摘されているが、民主主義の本質としての参加という視点からみ
ると、それは、参加の制度的および機能的な限界と、参加自体の問題とに分
けられる。

　参加の制度的な限界とは、有権者が投票日だけの有権者となり、有権者の
意向が政治に適切に反映されないという問題である。そこでそれを補う制度
として、国民投票などの直接民主主義のほか、諸団体の協議・決定を直接政
策に反映させるシステム（ネオ・コーポラティズムなど）、住民などが直接に

行政活動などに参加する参加型民主主義などが制度化されている。参加の機能的限界とは、低い投票率に典型的に表現される有権者の無関心である。

これに対して、参加自体の問題とは、有権者の投票行動が理性的な熟慮にもとづくのではなく、権力者やメディアに煽動された一時的な感情に動かされるという、古くから衆愚政治として問題視されてきたことであり、20世紀以降のいわゆる大衆社会のなかでそれが一層深刻化してきた。政治に無関心な有権者も、指導者に煽動されて熱狂的に行動する有権者もともに民主主義の敵なのである。現代社会では、有権者の大多数は労働者である。したがって、民主主義が正常に機能するためには、いかにして有権者たる労働者が熟慮にもとづいて自己決定をし、さらに政治への参加意識をもつかがきわめて重要な課題となる。

4　労働者の政治参加のルート

(1) 労働組合と労働者政党

有権者たる労働者が政治に参加する形態は、選挙における投票だけではない。労働組合と労働者政党も参加のための重要な形態である。労働組合は、その最も基本的な役割は労働者の経済的条件の維持・改善であるが、付随して選挙運動を含む諸々の政治活動を行う。また、労働組合と密接な関係をもつ政党が労働者の要求の実現をめざして活動することも、多くの先進国でみられる現象であり、議会制民主主義の構成要素となっている。

第二次大戦後占領軍が労働組合の育成政策をとったのは、労働組合の結成と強化によって日本の軍国主義勢力とその思想を一掃し、日本を民主化するためであった。労働組合は、こうした占領軍の援助と、すでに敗戦の年（1945年）に制定された労働組合法（旧労組法）に後押しされて急速に組織化され、1949年には組織率が55.8%に達するまでになった。しかし、産別会議を中心とする左翼的労働組合の伸張や国際関係の変化（冷戦）を背景として、占領軍は労働組合・左翼勢力への弾圧策に舵を切り、労働運動の中核を担っていた官公労働組合のスト権を全面禁止し、また1950年には公職、報道機関、重要産業から共産党員とその同調者を一斉に追放した（レッドパージ）。占領

政策は、労働組合を利用しての民主化政策から、労働組合の弾圧による民主主義の抑圧へと基本方針を 180 度転換したのである。その影響は今日まで及んでおり、労働運動停滞の重要な要因となっている。

(2) 労働組合の公的機関への参加

　議会制民主主義が民意を政治に反映させるには不十分であることが自覚されるに従って、それを補完する公的制度の構築が試みられてきた。

　代表的なのは、労働組合、使用者団体、各種業者団体などを直接国家組織のなかに組み込む統治構造であり、「ネオ・コーポラティズム」と呼ばれる。労働組合は、ここでは、その運動によって議会制民主主義を推進するのではなく、自ら民主的な統治機構に組み込まれ、その構成要素となる。しかし、日本では、「労働なきネオ・コーポラティズム」と揶揄されるように、労働組合は、ネオ・コーポラティズムに類似した機構から排除され、あるいは単なる飾り物扱いされている。もとより、企業別に分断された労働組合の弱さの反映である。

　労・使・公の三者で構成される労働政策審議会等の審議会においては、労働組合もその一翼を占めて労働立法の立案等に一定程度参画しているが、とりわけ 90 年代後半から始まる規制緩和の時期には、労働政策の骨格は内閣府と経済産業省が主導する規制改革会議やその他の諸会議で決定され、労働政策審議会はその基本方針を追認し多少具体化するだけの下請機関になり下がった。労働政策の策定に際して労働者の声を実質的に排除するこうしたあり方は、ILO が基本とする三者構成原則から逸脱するものである。その後事態は多少改善されたが、別の問題もある。それは、三者構成の審議会等で労働者側を代表する「連合」が真に労働者全体の利益を代表しているのかについて疑問が提起されている（西谷 2021：15〜）ことである。

5　社会の民主化と労働

(1) 政治的民主主義の基礎としての社会の民主化

　政治的民主主義の確立のためには社会の民主化が不可欠であるとはしばし

ば指摘される。社会に封建制や権威主義の心性がはびこっていると、形式的に議会制民主主義が実施されても、政治は決して民主主義的なものとはならない。政治が民主化されるためには、社会が民主化され、有権者が基本的人権と民主主義の価値観を身につけなければならない。カルロ・シュミートは、「権威主義的政府形態が民主的統合という社会的土台の上に長期間存立することは可能であるが、その逆、すなわち権威主義的に組織された土台──権威主義的特徴をもった社会秩序──の上に立つ民主的に統合された国家制度というものは、長期的には不可能である」という (Schmid 1951: 37)。

　社会に民主主義が定着するための有力な手がかりは、コミュニティ単位の自治によって人々が民主主義に習熟することである。古代アテナイの民主政がそうであったし、タウンシップにおける自治がカウンティにおける民主主義を支え、それが州の政治を支えるというのがトクヴィルのみたアメリカ民主主義の本質であった (宇野 2020：144～)。こうした公式の単位でなくても、任意のアソシエーションが活発に活動し、そこで運営が民主的に行われていれば、構成員が民主主義の訓練を受け、社会が民主化される可能性がある。こうした観点から、日本の企業と労働組合について考えてみよう。

(2) 企業社会・日本

　現代日本社会においては、「社会」のうち企業が果たす役割が決定的である。企業社会といわれる日本では、企業、とりわけ大企業が広く社会に大きな影響を及ぼし、さらに企業献金などを通して政治を支配している。のみならず、企業内部の支配構造はそこで長時間生活せざるをえない労働者の意識に多大の影響を及ぼす。企業内部の構造が民主的でなければ、労働者の民主主義的意識は定着しないのである。

　たとえば、ヨーロッパ諸国においては、労働条件の基本部分は労働者と使用者の合意によって決定される。産業段階では労働協約で、事業所段階では事業所協定で、そして個人段階では労働契約によって労働条件の基本部分が決定される。さらに、比較的規模の大きな企業では、監査役会への労働者参加が制度化されており（共同決定制度）、使用者が一方的に決定しうる範囲は相当限定されている。ヨーロッパ諸国の企業は、相当程度民主化されており、

それが社会の民主化に寄与しているのである。

　これに対して、日本では、企業別組合が存在する場合でもその力が弱いために、労働協約の機能には大きな限界がある。しばしば日本の企業内組合はヨーロッパの従業員代表制に近いと指摘されるが、ヨーロッパ諸国の事業所委員会のような参加権を与えられているわけではないし、強力な産業別労働組合にバックアップされてもいないために、それは企業主義的であり、自立した労働者代表として企業行動をチェックする役割を果たしていない。しかも、労働条件に決定的な影響を及ぼす就業規則については、使用者が一方的に決定・変更しうることが制度上保障されている（労働基準法90条、労働契約法7、10条）。本来労働契約で決定・変更されるべき職務内容や勤務場所も、実際上使用者の業務命令によって決定・変更される。

　かくして、企業は基本的には使用者の単独決定が支配し、労働者がそれに従属する社会である。使用者に刃向かう少数派労働者は、徹底的に抑圧される。彼らの思想の自由、表現の自由は企業内ではないに等しい（西谷1980）。加えて、労働者と家族の生活が企業内における安定した地位と諸種の企業内福利に依存するという日本的労使慣行は、近年相当変化したとはいえ、なお労働者の意識においては根強く残っている。そうした支配従属関係が支配する企業社会において長期間勤務する労働者が、自立した契約主体＝「市民」としての自覚をもつのはきわめて困難である。

(3) 組合民主主義

　それでは、労働組合は社会の民主化の単位としての役割を果たしうるであろうか。J.H. ラスキは、「労働組合の内部に民主主義が存在しなければ」、「民主的共同社会の全構造は危殆に瀕するであろう」（ラスキ1952：200）との言葉を残している。これは、労働組合が民主主義の精神を涵養する小集団となりうること、そして、現代社会における労働組合の重要な地位からして、労働組合内部に民主主義が確立していなければ全体社会の民主主義も危うくなることを説いたものである。

　組合民主主義が法的にみていかなる根拠をもつかはしばらく措く[2]として、現実問題として、労働組合にとって民主主義は不可欠の要請である。労

働者は民主的に運営される労働組合に参加するなかで民主主義の精神を学ぶ
し、また、労働組合が民主的でなければ労働者を惹きつける魅力を備えられ
ないであろう。それは、個人加盟の組織原理をとる労働組合にとっては必須
の要請である。

　しかしながら、日本の労働組合は必ずしも民主的に運営されてきたとはい
えない。それにはいくつかの理由がある。戦後の労働運動においては、労働
者を同質的な階級集団とみる発想が支配的であり、個々人の自由意思は重視
されず、団結の重要性が一面的に強調された。日々使用者による切り崩しに
直面する戦闘的な労働組合にとっては、鉄の規律が不可欠だという問題も
あった。さらに、ユニオン・ショップ制度に支えられた企業別労働組合は、
組合員を勧誘する必要も脱退をおそれる必要もないため、個々の組合員を尊
重してその総意にもとづいて組合を運営する民主主義は必要と感じられな
かった。組合員も積極的な参加意識をもたず、幹部一任の組合運営に甘んじ
るところがあった[3]。

(4) 労働者のアソシエーション

　日本の現状では、企業も企業別組合も、民主主義を涵養するコミュニティ
とはなりえない。民主主義の基盤としては自由な市民団体に期待するほかな
いであろう。労働組合では、個人加盟の各種ユニオンがある程度それに近い。
また、近年めだってきた労働問題を主要な課題とする NPO がある。これは
どこまで発展するか未知数であるが、民主主義の母体となる可能性を秘めて
いる。労働者協同組合も企業内組合とは違った民主的な組織となる可能性が
ある。いずれにしても、労働者のアソシエーションの意識的な組織化が日本
の民主主義にとって喫緊の課題となっているといえよう。

6　労働者参加の条件とディーセント・ワーク

　政治的民主主義にしても、その基礎をなすアソシエーションにしても、労
働者がそれに参加して活動するためには、一定の条件が必要である。また、
労働者は政治、社会の問題について熟慮にもとづいて理性的に判断できるの

でなければならない。古代ギリシャのポリスにおいては、前述のように、自ら農業労働に携わる者の多くが市民としての自覚をもって民会に出席し、抽選で選ばれた官職を務めていた[4]。その後、都市貧民、農民、さらには労働者は知性と教養がないので政治に参画させるべきではないとの偏見が長い間支配的であった。労働運動の発展にともなう選挙権拡大の過程は、そうした貧困層への偏見を払拭する過程でもあった。しかし、20世紀に入ってからの大衆社会論においては、別の意味での大衆不信が民主主義論に影を落としている。

　現代の日本社会では、労働者は全体として民主主義の担い手としての「市民」として確立しているとはいえない。それは、教育の問題や上述のアソシエーションにおける訓練などの問題もあるが、より根本的な問題は、労働者の働き方がこうした冷静な判断や参加を可能にする条件に欠けているという問題である。最大の問題は、長時間労働と不安定な生活にある。

　長時間労働が労働者から冷静な思考力を奪うことは以前から指摘されてきた。たとえば、リップマンは、工場の騒音のなかで思考力が麻痺すること、民主主義にとって労働時間の短縮や工場の環境整備が不可欠であることを指摘した（リップマン 1987：50、104）。労働者が長時間労働に疲れ果てている状態であれば、政治について理性的に判断することはおろか、身の回りのことを超えた問題に関心をもつことさえできない。

　しかし、これは長時間労働の正社員だけの問題ではない。パート労働者やアルバイトも、しばしばダブルワーク、トリプルワークによって正社員以上の長時間労働を余儀なくされるし、時間的な余裕があっても、明日の生活に不安があれば、社会や政治の問題に関心をもつ余裕をもてないであろう。

　その意味で、労働者が有権者として理性的に行動しうるためには、労働時間が適正な範囲のものであり、待遇が適切でなければならない。つまり、ディーセント・ワークは、労働者の人間らしい生活にとって必要であるだけでなく、有権者の理性的判断を前提とした健全な民主主義のためにも不可欠なのである（西谷 2012、西谷 2013）。

　ディーセント・ワークの実現のために、とりわけ労働組合の機能低下が著しい日本では、国家法の果たす役割はきわめて重要である。日本国憲法27

条2項は、まさに労働者の人たるに値する生活を保障するに足る勤務条件を法律で定めることを国に、すなわち議会に義務づけている。有権者の圧倒的多数が労働者によって占められている今日、議会制民主主義が正常に機能すれば、労働者の人間的生活を保障する労働条件基準の法定は容易なはずである。ところが、現実には、過労死さえもたらす長時間労働、無権利の非正規労働者の存在、職場におけるさまざまなハラスメントの横行など、ヨーロッパ諸国と比較しても日本の労働者状態はきわめて劣悪である。それは民主主義の機能不全の結果というほかない。

　結局、民主主義の機能不全がディーセント・ワークの実現を阻害し、ディーセント・ワークの欠如が有権者＝労働者の民主主義意識の涵養を妨げて民主主義の機能不全を引き起こしている。この悪循環をどこで断ち切るか。ここにすべての問題を解く鍵がある。

注

1）推計によると、アテナイ市民のうち、富裕市民は4％、中産市民は26.5％、中小市民は36.5％、無産市民は33％であったという（橋場 2022：61）。
2）組合民主主義の要請が法的にいかなる根拠をもつかは理論的な検討に値する問題である。結社の自由という基本権の観点からすれば、非民主主義的な組織を結成する自由もある。しかし、労働組合は、不当労働行為制度によって使用者の介入から保護される一方、組合員には組合費の支払い、一定の統制、協約の規範的効力による契約自由の制限などのさまざまな負担を及ぼす。こうした負担は、組合員が加入時にそれに同意したことと、組合の意思が民主的手続によって形成されたことを前提とするのであり、ここに組合民主主義の根拠が存在する。
3）日本の労働組合の集団主義的傾向については、西谷 2016：237〜参照。
4）たとえばアテナイはいくつかの区から成り、その区においても区民会や区役人があり、農民を含む市民はそこで民主主義の修練を積んでいたという（橋場 2022：152〜）。

文献

宇野重規（2020）『民主主義とは何か』講談社現代新書
オルブライト、マデレーン（2020）白川貴子・高取芳彦訳『ファシズム―警告の書―』みすず書房
木村靖二（2014）『第一次世界大戦』ちくま新書
西谷敏（1977）「労働組合運動と民主主義」天野和夫・片岡曻編『現代法学入門』法律文化社
西谷敏（1980）「企業内における人権抑圧の論理―その法理論的検討―」雑誌『科学と思想』37号

西谷敏（2013）「『市民』としての労働者と、「労働者」としての市民」広渡清吾・浅倉むつ子・
　　今村与一編『日本社会と市民法学—清水誠先生追悼論集—』日本評論社
西谷敏（2016）『労働法の基礎構造』法律文化社
西谷敏（2021）「労働者代表の将来」労働法律旬報 1981 号
橋場弦（2022）『古代ギリシアの民主政』岩波新書
ラスキ，H.J.（1952）・隅谷・藤田共訳『現代社会における労働運動』みすず書房
リップマン，W（1987）掛川トミ子訳『世論（上）』岩波文庫
Schmid, Carlo（1951）Autonomie und Staat, Berlin 1951
スヴェンセン、ラース（2016）小須田健訳『働くことの哲学』紀伊國屋書店

第2章

日本型雇用解体過程の雇用・失業
―「労働市場の三位一体改革」の意図するもの―

伍賀一道

はじめに

　2023年6月、岸田政権は「新しい資本主義のグランドデザイン及び実行計画（2023改訂版）」を公表、このなかで「労働市場の三位一体改革」を提起した。その3本柱は、①リスキリング（学び直し）による能力向上支援、②個々の企業の実態に応じた職務給の導入、③成長分野への労働移動の円滑化である。これは、従来の雇用のあり方、つまり同一企業における長期雇用と年功賃金を基本とする日本型雇用を転換し、リスキリングによって雇用流動化社会を実現、成長産業への移動の促進で経済成長を果たすことを意図したものである。

　1990年代より大企業は政府の政策的支援を受けながら雇用の弾力化と流動化を図り、とりわけ今世紀初頭より新自由主義による「労働市場の構造改革」を推進した。これ以降、日本型雇用の縮小・解体が徐々に進んでいるが、企業は競争力の源泉を「運命共同体的・協調的労使関係」においてきたこともあって、日本型雇用の抜本的打破には及び腰の面がある。一方、若者をはじめ労働者の多くも同一企業での長期雇用を望んでいる。やや古い資料であるが、労働政策研究・研修機構が全国20歳以上の男女4,000人を対象に実施した「第7回勤労生活に関する調査」（2015年）によれば、終身雇用を支持する割合は87.9％と過去最高を記録、前回調査（2011年）に比べ、特に20代・30代で急上昇した。若者の多くは雇用流動化よりも安定した雇用を求めて

いるようだ。

　今回の「労働市場の三位一体改革」はこうした労使の現状を打破し、ジリ貧状態にある日本の国際競争力を挽回するための突破口を日本型雇用の転換と成長分野への労働移動の実現に求めて、それを強力に推進する方針を示したものである。

　小論では、今世紀初頭より進行中の日本型雇用解体過程とその問題点について概観した後、コロナ禍以降の雇用・失業の特徴を明らかにし、さらに今世紀初頭の「労働市場の構造改革」と「労働市場の三位一体改革」の異同について考えてみたい。

1　1990年代以降の雇用の変容と問題点

(1) 雇用情勢の悪化、「労働市場ビッグバン」論

　90年代初頭にバブル経済が破綻し、日本経済は厳しい不況局面に入った。いわゆる「失われた30年」の始まりである。バブル期に地価高騰を見込んで土地を担保に企業や個人に多くの資金を貸し付けた金融機関は、バブル崩壊によって多額の不良債権を抱えることとなった。経営危機に陥った金融機関を救済するため巨額の公的資金がつぎ込まれたが、それでも危機を脱することができなかった三洋証券、山一証券、北海道拓殖銀行などは倒産に追い込まれた。金融機関は公的資金の注入とひきかえに人員削減を求められ、大規模なリストラを行った。当時の大手銀行10行は99年3月末から2000年3月までの1年間に従業員数の約4％にあたる5,848人を削減した（「朝日新聞」2000年6月13日付）。

　完全失業者、完全失業率は急激に悪化し、02年にはそれぞれ359万人、5.4％に達した。この時期に高校や大学を卒業した若者は厳しい就職難に見舞われ、若年者の完全失業率は急上昇[1]、やむなく非正規の職につく若者が続出した。「就職氷河期世代」の出現である。

　90年代後半、市場原理偏重の新自由主義的論調の高まりを背景に、顕在的失業者を非正規雇用に積極的に誘導することで、失業問題を緩和すべきという議論が声高に唱えられた。いわゆる「労働市場ビッグバン」あるいは「労

働市場の構造改革」の主張である。八代 (1998) はその先陣を切って、低成
長経済のもとでは正規社員の採用を極力抑制しようとする企業の方針を政策
的に覆すことは困難であるが、「雇用保障を要しない非正規雇用機会は、そ
れを妨げている規制等の制度的な要因の改革次第では増やすことができる」
(同：127 頁) として、深刻化している失業問題を打開するために規制緩和に
よる派遣労働者やパートタイマーの拡大を提案した。

(2) 規制緩和と失業時保障の引き下げによる非正規雇用への誘導

　新自由主義論者が唱える労働法制の規制緩和の象徴が製造現場への派遣労
働の解禁であった (2003 年派遣法改正、04 年施行)。これと並行して雇用保険
法をあいついで改正し (2000 年、03 年)、失業時の生活保障の水準を引き下
げる措置 (求職者給付額の引き下げ、離職理由による給付日数の差別化) が取ら
れた。失職した場合でも顕在的失業者にとどまる余地を狭め、早期に就業者
に復帰させる施策である。

　新自由主義者が提唱した労働市場の構造改革は、これら一連の規制緩和と
失業時生活保障の引き下げによる不安定就業の拡大として実現した。労働法
学者の一部と新古典派経済学者の連携チーム[2]は長期にわたって政府の審議
会などの要衝を占め規制緩和の推進役を担った。

(3) 雇用の変容、就職氷河期世代の困難

　労働市場の構造改革によって、1997 年から 2007 年までの 10 年間に日本
の雇用・就業構造は、特に男性において激変した (表1)。とりわけ 97 年か
ら 2002 年までのわずか 5 年間で、男性正規労働者は 238 万人減少、非正規
労働者は逆に 142 万人増加した。正規雇用から非正規雇用への置き換えが進
んだのである。労働市場ビッグバン論者が主張したようになったが、雇用に
生じたこの変容はその後の日本経済・社会に大きな困難をもたらしている。

　「就職氷河期世代」の出現、その就労の不安定と賃金の低下、貧困の世代
間連鎖はそれを象徴している。2002 年と 22 年を比較すると、高校、短大・
高専、大学・大学院の在学者数は合計 882 万人から 782 万人へ、100 万人減
少しているにもかかわらず、労働力人口にカウントされる生徒・学生は 67

表 1　正規雇用、非正規雇用、非正規比率の推移

（単位：千人、%）

		1992年	1997年	2002年	2007年	2012年	2017年	2022年
男女計	役員を除く雇用者	48,605	51,147	50,838	53,263	53,538	55,839	57,225
	正規雇用	38,062	38,542	34,557	34,324	33,110	34,514	36,115
	非正規雇用	10,532	12,590	16,206	18,899	20,427	21,326	21,110
	非正規率	21.7	24.6	31.9	35.5	38.2	38.2	36.9
男	役員を除く雇用者	28,971	30,157	29,245	29,735	29,292	29,980	30,040
	正規雇用	26,100	26,787	24,412	23,799	22,809	23,302	23,398
	非正規雇用	2,862	3,358	4,780	5,911	6,483	6,678	6,642
	非正規率	9.9	11.1	16.3	19.9	22.1	22.3	22.1
女	役員を除く雇用者	19,634	20,990	21,593	23,528	24,246	25,859	27,185
	正規雇用	11,962	11,755	10,145	10,526	10,301	11,211	12,717
	非正規雇用	7,670	9,231	11,426	12,988	13,945	14,648	14,468
	非正規率	39.1	44.0	52.9	55.2	57.5	56.6	53.2

注 1)「正規雇用」と「非正規雇用」を合計しても「役員を除く雇用者」に一致しない場合がある。雇用形態を回答していないケースが含まれているためと考えられる。「役員を除く雇用者」は雇用されている労働者を意味する政府統計の用語である。

注 2) 非正規率とは「役員を除く雇用者」に占める非正規雇用の比率である。

出所)「就業構造基本調査」(2022 年) 長期時系列統計表 (第 4 表) をもとに作成。

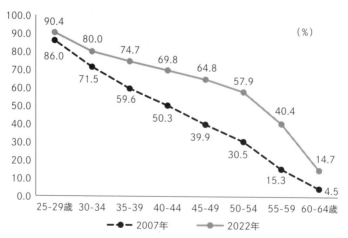

図 1　男性・非正規雇用の未婚率

出所)「就業構造基本調査」2007 年：9 表 / 17 年・22 年：11-1 表より作成。

万人増加した（131 万人 → 198 万人）。労働力率は 10.5 ポイント増え、25.3 ％
に上昇した。この 20 年間で高校在学生は 100 万人余減っているが、労働力
人口は 02 年時点と同じ 28 万人である（「労働力調査」）。彼らの親が氷河期世
代であることに着目したい。親の所得水準が子の就学状況にも連動し、生活
や学費のために働かざるをえない生徒や学生を増やしている（NHK スペシャ
ル取材班 2018）。

　就職氷河期世代は未婚化、単身化を加速する要因ともなっている。氷河期
世代が 40 代、50 代になった今日、男性非正規労働者の未婚率は上昇し（図 1）、
単身世帯が増えた。これは女性の未婚化・単身化と不可分の関係にある。男
性稼ぎ主モデルが機能していた時代には顕在化しなかったが、非正規雇用女
性の単身化とともに貧困が広がっている（NHK「女性の貧困」取材班 2014、飯
島裕子 2016）。

2　安倍政権下で雇用・就業は改善したか

(1) 正規雇用に生じた変化、非正規雇用の階層分化

　表 1 によれば、2012 年〜 17 年の 5 年間は、それまでの非正規雇用化に歯止
めがかかり、雇用状況は新たな局面を迎えたかのようである。ただし、男女
で差異が目立っている。このことを表 2 で詳しく見よう。この 5 年間に男性
は正規雇用が 49 万人増えたが、その大半（43 万人）は「名ばかり正規雇用」[3]
であった。これは職場で「正社員」と呼ばれていても[4]、日本型雇用下の「妻
子を扶養する稼ぎ主モデル」の正社員とは異なるタイプである。

　これに対し女性は男性とは異なる動きを見せている。実質的正規雇用の伸
び率は実質的非正規雇用の伸び率を若干上回り、女性の実質的非正規率は微
減となった。この 5 年間に、男性とは対照的に女性の正規化がすすんだよう
に見える。ただし正規雇用とはいえ、男女間の賃金格差は依然として大きい。
例えば、2017 年時点の 1000 人以上規模の正社員の所定内賃金のカーブ（産
業計、学歴計）を見ると、男性は 50 〜 54 歳層の 51 万 5500 円が、女性も同じ
年齢層の 36 万 5400 円がヤマであった。その差は 15 万円になる。勤続年数
はそれぞれ 26.0 年、20.5 年である。10 〜 99 人規模企業では男性 34 万 9300

表2　実質的正規雇用、実質的非正規雇用の推移

（単位：千人、％、ポイント）

		2012年	2017年	2022年	2012年→17年	2017年→22年
男性	役員を除く雇用者①	29,292	29,980	30,040	688	60
	正規雇用②	22,809	23,302	23,398	493	96
	うち名ばかり正規雇用③	1,707	2,137	2,164	430	27
	実質的正規雇用④	21,102	21,165	21,234	63	69
	非正規雇用⑤	6,483	6,678	6,642	195	-36
	実質的非正規雇用⑥	8,190	8,815	8,806	625	-9
	名ばかり正規率③/②	7.8	9.2	9.2	1.4	0.0
	実質的正規率　④/①	72.0	70.6	70.7	-1.4	0.1
	実質的非正規率⑥/①	28.0	29.4	29.3	1.4	-0.1
女性	役員を除く雇用者	24,246	25,859	27,185	1,614	1,325
	正規雇用	10,301	11,211	12,717	910	1,506
	うち名ばかり正規雇用	860	1,036	1,093	176	57
	実質的正規雇用	9,442	10,176	11,624	734	1,449
	非正規雇用	13,944	14,648	14,468	704	-180
	実質的非正規雇用	14,804	15,684	15,560	880	-123
	名ばかり正規率	8.3	9.2	8.6	0.9	-0.6
	実質的正規率	38.9	39.4	42.8	0.4	3.4
	実質的非正規率	61.1	60.6	57.2	-0.4	-3.4

注1) 名ばかり正規雇用＝正規雇用のうち、雇用契約期間に定めがある者＋定めの有無がわからない者
注2) 実質的正規雇用＝正規雇用－名ばかり正規雇用
注3) 実質的非正規雇用＝非正規雇用＋名ばかり正規雇用
出所)「就業構造基本調査」2012年および17年、第11表/2022年は主要統計表第3表をもとに作成。

円（55～59歳層、勤続17.8年）、女性25万8200円（同年齢層、勤続12.4年）がヤマである（「賃金構造基本統計調査」2017年）。男女間の賃金格差は年々縮小しつつあるとはいえ依然大きい。

　女性雇用における正規化が見られる一方で、非正規雇用に滞留する女性も多く、階層分化が進んでいる。紙数の都合上データの表示は控えるが、非正規から正規雇用に転換可能な層と、非正規雇用に滞留し、非正規職のなかで移動を繰り返す層への分化である。

(2) 「雇用によらない働き方」の推進

2012 年末に政権に復帰した安倍首相は労働者派遣法を改正して (2015 年)、派遣先企業が期間制限なしに派遣労働を利用できる仕組みを導入するとともに、「雇用によらない働き方」(個人事業主) を拡大する政策を進めた。

働き方改革関連法 (2018 年) は、国が講じなければならない施策として「多様な就業形態の普及」を挙げたが、このなかには「テレワークや副業・兼業」とならんで個人事業主 (以下、「ワーカー」) が含まれている。また、改正高年齢者雇用安定法 (2020 年) は 70 歳までの就業機会確保を企業の努力義務としたが、その就業機会確保の選択肢の中に「雇用関係のない働き方」を含めた。

これらによって、従来型の非正規雇用 (パート、アルバイト、派遣労働者、契約社員など) に加えて、ワーカーも増加した。近年はプラットフォーム (PF) を運営する PF 企業の登場によってワーカーの動員が求職者向けのアプリを介して組織的に行われている。ワーカーの中には雇用労働者と異ならない働き方をしているにもかかわらず、使用者責任を回避するため、使用者が意図的に労働契約ではなく請負契約扱いにしているケースが少なくない。ワーカーの多くは ILO や欧米で問題視されている「誤分類された雇用労働者」である。

前述のとおり、安倍政権下で特に女性については正規化が進んだが、その一方で事実上の非正規雇用とも言うべきワーカーが増えており[5]、不安定就業問題は新たな局面を迎えている。

近年では海外に拠点をおく PF 企業が日本語のホームページを用意して日本人ワーカーを対象に Web デザインやアプリ開発、翻訳などの業務の仲介に乗り出している。オンラインによる業務の受発注の場合、国境の壁はない。ワーカーが仕事を求めて地球規模の競争に直面する事態も予測される (伍賀 2023)。

3 コロナ禍以降の雇用と失業

(1) コロナ禍による雇用・失業の変化

(ⅰ) 休業者の増加

コロナ禍で雇用・失業は激変した。2020 年春以降、緊急事態宣言や蔓延

防止措置の発出に伴う経済活動の停止・抑制により雇用の収縮が一気に生じた。完全失業者は増加したが、リーマンショック期ほどの規模にはならなかった。ピーク時の21年10月時点の完全失業者、完全失業率はそれぞれ215万人、3.1％である。リーマンショック期の場合は、09年9月にそれぞれ363万人、5.5％に達したことを見れば、完全失業者、完全失業率で示される顕在的失業はかなり抑えられたと言える。失業の形態はリーマンショック期とは大きく異なり、おもに休業者の急増として発現した。この点がコロナ禍での雇用・失業の第1の特徴である。

　2019年平均の休業者は176万人だったが、20年には256万人へ、80万人急増し、21年206万人、22年215万人と高止まりしている。直近の23年7月の休業者は197万人である。

　こうした休業者急増の背景には、政府が雇用調整助成金の特例措置（事業主に対する助成率の引き上げ、助成金の増額、支給要件の緩和など）を講じて企業による雇用維持を積極的に支えた効果が大きい。これらの措置がなければ完全失業者ははるかに増えていたであろう。

　「労働力調査」の休業者の定義では、休業者は仕事を休んでいるものの、賃金や手当の支払いを受けていることになっている。だが、実際の休業者の中で少なくない人々は休業手当をまったく支払われていないか、一部しか受け取っていない。これはコロナ禍が生み出した失業者の新たな形態である。休業手当をまったく支給されないか、わずかしかないまま休業状態に置かれた場合、多くの人は別の仕事を探して収入を確保せざるをえない。コロナ禍でそのような人々が増えた。「労働力調査（詳細集計）」によれば、「追加就労希望就業者」は、2019年は182万人だったが、20年には228万人、21年225万人、22年195万人と推移している。これらの人々は半失業状態にあると言えよう。

(ⅱ) 非正規雇用の急減

　コロナ禍の雇用・失業の第2の特徴は非正規雇用への打撃がリーマンショック期以上に大きかったことである。飲食・宿泊サービス業や小売業ではパートやアルバイトなどの非正規雇用の比率が特に高いが、コロナ禍はこ

表3　正規雇用、非正規雇用の推移

（単位：万人）

		2019年	20年	21年	22年	19年→20年	20年→21年	21年→22年
男女計	正規雇用	3503	3539	3565	3597	36	26	32
	非正規雇用	2165	2090	2064	2101	-75	-26	37
男性	正規雇用	2342	2345	2343	2348	3	-2	5
	非正規雇用	691	665	652	669	-26	-13	17
女性	正規雇用	1161	1194	1222	1250	33	28	28
	非正規雇用	1475	1425	1413	1432	-50	-12	19

出所）「労働力調査（基本集計）」各年、第I-I表より作成。

れらの産業を直撃した。表3のとおり、2019年から20年にかけて非正規雇用は75万人減少したが、そのうち女性が50万人を占めている。

　リーマンショック期は「派遣切り」に代表されるように、男性非正規雇用の減少が顕著だったが、コロナ禍では女性非正規雇用の減少が男性を大きく上回っている。特に、19年から20年にかけて非正規雇用が大幅に減ったのは15〜24歳および35〜54歳層の女性である。前者は学生アルバイト、後者はパートで、いずれも飲食サービス業や小売業の基幹的労働力である。

　このように非正規雇用が急減したが、その多くが完全失業者になったわけではない。他の非正規職に移動する人、非労働力人口となった人に加えて、正規雇用に移動した人も少なくなかった。医療・福祉部門の労働需要の増加が大きく影響していると考えられる。

(iii) 正社員の分割

　紙数の都合上、詳細なデータは省略するが、コロナ禍においても非正規雇用と正規雇用の間を行き来する労働者が少なからず存在しており、特に女性に多く見られるようになった。これは正規雇用の内実が変容しつつあることを示唆している。先に「名ばかり正社員」の増加に言及したが、「労働力調査」や「就業構造基本調査」（以下、「就調」）の「正規雇用」（正規の職員・従業員）は、①期限の定めのない雇用、②直接雇用、③標準的労働時間というメルクマールを有する「正社員」にあてはまらない人々を含むようになった。徐々にそ

の数は増えている。表1の正規雇用（特に男性）は、90年代と2010年代以降では性格が異なりつつあるのではないか。

日本経団連はじめ財界が「日本型雇用システムの見直し」と、「円滑な労働移動の推進」を打ち出しているもとで（日本経団連2022）、この傾向はより強まっている。

中小企業では従来から労働移動が頻繁に見られた。大企業労働者のなかでも、同一企業で、ともかくも定年まで働ける日本型雇用に適合する労働者の割合はすでにかなり縮小していた。いまでは企業経営の意思決定にかかわる中枢機能を担うごく一部の正社員（正社員Ⅰ）を除いて、それ以外の正社員（正社員Ⅱ）はジョブ型雇用に切り替え、流動化しやすくするという、いわば正社員の分割が進んでいる。

以上のような正社員Ⅰ、Ⅱのほかに、労働契約法18条によって無期雇用に転換した元非正規労働者がある。たとえ職場で「正社員」と呼ばれていても、賃金体系やボーナスおよび退職金の規定は正社員Ⅰ、Ⅱと異なり、差別的低水準に置かれたままである。

なお、「コロナ禍による雇用・失業の変化」の詳細は伍賀（2022）を参照されたい。

(2)「就調」2022年調査結果に関連して

表1は総務省統計局が5年ごとに実施している「就調」をもとに作成している。2022年「就調」結果の公表で直近の雇用・就業状況が明らかになった。コロナ禍期を含む2017年から22年までの5年間に非正規雇用は22万人減少した一方で、正規雇用は160万人も増えたが、このうち151万人は女性が占めている。前項で指摘した女性雇用の正規化がさらに進んだようである。表には示していないが、女性の正規雇用化の傾向は従業員数1000人以上の大企業および官公庁などで顕著で、それぞれ60万人、21万人の増である。名ばかり正規雇用を除外した実質的正規雇用についてもこの5年間に女性は145万人増えており（表2）、「就調」の示す限りでは女性の雇用安定化が進んでいるようである。

ただし、女性正規雇用の増加の中には、いわゆる限定正社員も含まれてい

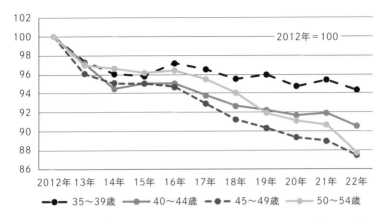

図2　男性・正規・中年層の所定内賃金の分布特性値（中位数）の推移
注) 消費者物価指数で調整し、2012年を基準に指数化した。
出所)「賃金構造基本統計調査」各年、一般労働者、雇用形態別集計第3表より作成。

る。無期雇用契約ではあるが、日本型雇用システムの正社員ではない。年齢とともに賃金上昇は見られるものの、男性正規雇用との賃金格差は大きく開いたままである。

　他方、表1・表2のとおり男性正規雇用の増加はわずかである。しかも近年、40代（特に45～49歳）の賃金低下傾向が顕著である（図2）。今日の40代は就職氷河期世代でもあり、このことも賃金低下に関連していると考えられる。日本型雇用と不可分の「男性稼ぎ主モデル」に該当する労働者は減少しつつある。

　なお、「就調」2022年結果には容易に理解しがたいデータもある。その一つをあげておこう。「就調」の産業別・雇用形態別統計表によれば17年から22年にかけて「公務」[6)]の正規雇用が8.9万人増加している（国家公務4.9万人、地方公務4.0万人の増）。一方、内閣官房「国家公務員在職状況統計表」ではこの5年間の国家公務員の増加は3,226人[7)]にとどまっており、2つの統計表の差異はかなり大きい。「就調」2022年結果について、オンラインによる回答が本格的に導入された影響などを含め、さらに吟味する必要があるように思う。

おわりに──「労働市場の三位一体改革」の意図

　冒頭でも述べたが、岸田政権の提唱する「労働市場の三位一体改革」は成長分野への労働移動が円滑に進むように、リスキリングを掲げ、年功賃金に代えて職務給の導入を提起している。この主眼は雇用流動化、つまり解体しつつある日本型雇用システムの転換を一気に加速することである。企業経営の基幹業務を担う中核層を除く正社員が流動化の対象である。

　90 年代後半から 2000 年代にかけての「労働市場の構造改革」と比べれば、「新しい資本主義」を看板にした「労働市場の三位一体改革」はマイルドな装いをとっているが、長期雇用慣行を見直し、雇用流動化を前面に掲げている限りは、両者に基本的な違いはない。しかし、後者は、失業時保障を縮小しリストラにより失職した人々を非正規職に誘導するなどの強引な手法（「痛みを伴う改革」）は取らず、力点をリスキリング、すなわち労働者の再教育や再訓練をとおした労働移動においた点で前者とは異なる。だが、再教育しても新しいジョブに対応できない場合は解雇するなど、リスキリングが強引な労働移動の手段に転じる可能性も十分ありうる。それゆえリスキリングの内容へ労働者の要求が反映されるルートの確保、労働組合による監視、さらにリスキリング中およびその後の雇用と所得の保障が重要となる。権利としてのリスキリングのあり方をめぐって労働側からの積極的提起が求められている（藤田 2023、参照）。

注
1）　2002 年の完全失業率は年齢計 5.4％、15〜19 歳 12.8％、20〜24 歳 9.3％、25〜29 歳 7.1％に上昇した（「労働力調査」）。
2）　労働法学者と経済学者との連携については諏訪（2009）を参照されたい。
3）　「名ばかり正規雇用」の定義は表 2 の注を参照されたい。
4）　「就業構造基本調査」の雇用形態（「正規の職員・従業員」「非正規の職員・従業員」）は、職場における呼称をもとに区分している。
5）　内閣官房「フリーランス実態調査」（2020 年）はワーカーの人数を 462 万人、うち本業従事者 214 万人、副業従事者 248 万人と試算している。
6）　「就調」の産業分類では、公立学校の教員や国公立病院の職員などはそれぞれ「教育」、

「医療・福祉」に区分されるため、ここでの「公務」はおもに中央官庁や地方自治体の行政関連の職員と考えられる。

7）行政職俸給表（一）および同（二）、専門行政職俸給表、税務職俸給表の職員を合算して算出した。

文献

藤田実（2023）「産業構造の転換と人的投資、リスキリング」『経済』No.335

伍賀一道（2022）「コロナ禍の雇用、失業・半失業の変容─現状と課題」『労働総研クォータリー』No.122

──（2023）「不安定就業の新局面─プラットフォーム労働に着目して」『経済』No.333

飯島裕子（2016）『ルポ貧困女子』岩波書店

NHK「女性の貧困」取材班（2014）『女性たちの貧困─"新たな連鎖"の衝撃』幻冬舎

NHK スペシャル取材班（2018）『高校生ワーキングプア─「見えない貧困」の真実』新潮社

日本経団連（2022）『2022 年版経営労働政策特別委員会報告』

諏訪康雄（2009）「労働法学は労働市場改革とどう向き合ってきたか」鶴光太郎・樋口美雄・水町勇一郎編『労働市場制度改革』日本評論社

八代尚宏（1998）「労働市場ビッグバンはこう進めよ」『論争・東洋経済』1998 年 11 月号

第 3 章
公務非正規労働者と人権

川西玲子

はじめに

　自治体に非正規職員が増大し 110 万人を超え、3〜4 割どころか正規・非正規が逆転する自治体も少なくない。2020 年の公務員制度改定は、当該職員が一般職の非常勤職員として地方公務員法上も明確に位置付けされたことや、期末手当の支給が一定の条件の下で可能になったという改善はあった。反面 1 年任用という期限がつけられたことは、公共サービスの民営化促進のために、いつでも「雇い止め」できる「会計年度任用職員制度」[1] の創設ではなかったのか、公務労働の多くを非正規公務員が担うことを固定化するのではないか、という制度や運用について多くの問題が指摘されてきた。

　民間労働者保護法制や正規公務員制度と比較しても、大きな格差と人権侵害の実態がある。不安定な身分の会計年度任用職員の増大は、行政サービスの劣化を伴い、住民が頼りにする専門職種が非正規に変わり、人の入れ替わりが激しく経験や専門性が担保できない事態となった。市民にとっても生活の援助や人権保障など、様々な分野で不利益を受け住民の身近なところで、制度や業務の行き詰まりとなってあらわれた。このような不公正が社会的に見えてきて放置できない状況になったのである。

　大きく様変わりする社会のニーズと公共サービスの在り方を背景に、その担い手である会計年度任用職員の実態や問題点を明らかにし、非正規公務員の人権無視にとどまらず、住民の人権擁護の業務にも大きな悪影響を与えて

いることを検証し、今後のあり方を考察した。

　まず初めに①総務省が会計年度任用職員制度導入の趣旨は「非正規職員の処遇改善」のためとしていることについて、導入後の実態を分析し、処遇改善になっているのかを明らかにした。その上で②正規公務員と同じく労働基本権の制約を受けるにも関わらずその代償措置がなく、さらに民間労働者保護法制の適用除外が、大きな不利益を与えている実態を検証した。最後にこの制度が③市民の視点から自治体の果たす役割や、公共サービスの充実にとって持続可能な雇用制度であるのかを検証し、あるべき制度を考察した。

1　自治体の変貌と公務非正規の増大の背景

　非正規職員の増大を招いた背景については、1990 年代のバブル崩壊、その後の地方財政が逼迫する中で手っ取り早く効果をもたらすための正規職員削減の政策があった。しかし一方では福祉・教育など行政需要は拡大し、職員減少を埋め合わすための臨時・非常勤などの非正規公務員の増大をもたらした。その結果、恒常的・基幹的業務に非正規公務員が就き、欠くことのできない存在として増え続けた。充実を求める住民要求（学校、保育所、学童保育、図書館、給食など）と市の財政危機のはざまで、非正規公務員が次々と作り出されてきた。上林陽治氏 2) はこれを 3 類型に整理し、①新たな公共サービスの需要に非正規公務員を採用して配置する新規需要型、②拡大する公共サービス需要に非正規公務員を補足する補充型、③正規公務員から非正規公務員への置き換え型とした（上林 2015：41-49）。

　地方公務員法では、「恒常的な業務は無期雇用」を原則とし、「有期雇用」は例外的に認められてきた経過があったが現状は無限定に拡大している。地方公務員数のピークは、1994 年の約 328 万人から、2021 年には約 15％少なくなり約 280 万人になっている。その間、地方公務員の仕事はむしろ増加している。仕事が増えているのに、正規職員を減らすことを優先し、それを埋めるために上記 3 類型のように非正規が使われてきた。非正規公務員は 2020 年時点で統計をみると、約 112 万 5746 人になり、ほぼフルタイム勤務に限ると約 70 万人になった。

　図書館職員の例でいえば、文部科学省の統計を見ると、1987 年には 1 割が非正規で 9 割が正規だった。これが 5 年ごとに 10%ずつ減少し、現在は 2 割が正規で、8 割が非正規になって逆転している。学童保育指導員もほぼ 100%非正規職員である。市民が助けを求めて駆け込む、婦人相談員、家庭児童相談員、消費生活相談員、生活困窮者自立支援員、生活保護面接相談員、スクールカウンセラーなどのこれら相談業務は、社会の変化とともに増え続けているが、そもそもこれら相談業務は最初から非正規職員を前提としている職種となっている。この結果、全国各地で専門職種の非正規化が進行している（その理由は後述する）。

2　会計年度任用職員制度概要と問題点

　総務省のいう改正地方公務員法のポイントは、「臨時職員」「特別職非常勤職員」「一般職非常勤職員」というように、同じ職種でも自治体ごとにまちまちの任用で、制度の趣旨に合わない不適正な採用実態があったため「会計年度任用職員」という採用形態を新設し、これに統一して会計年度任用職員にも期末手当を支払える（一定の条件有り）とした。各地方公共団体の適正な任用勤務条件の確保を推進するとされており、自治体で働く臨時・非常勤の処遇改善が進展するのではないかという制度設計が示された。

　2020 年 4 月 1 日施行で地方公務員法と地方自治法が改正され「会計年度任用職員制度」が創設され、これまでの臨時・非常勤のほとんどが強制的に任用替えとなった。全国で 62 万人、市区町村の非正規率は 44.1%となり 3 人に 1 人が会計年度任用職員になったのである。一番多い職種は一般事務職で 4 割を占める。会計年度任用職員の約 8 割は女性で、「ジェンダー差別」と「間接差別」を内包しながら女性が支えている制度だといえる。

(1)「会計年度任用職員制度」の概要

　①全員が 1 年任期、②人事評価を経て継続雇用される場合も再採用（いったん退職）となる、③ 10 年勤続の熟練でも毎年初めに「条件付き採用期間」という試用期間を 1 カ月強いられる、④「人事評価による再任用は原則 2 回

まで」3回からは新規応募者も一緒の公募試験を受け選考される、⑤正規職員と同じ労働時間であれば、一時金・退職金が支給される「フルタイム会計年度職員」となり「給与」が支給される、⑥正規職員より1分でも少なければパート会計年度職員となり、一時金のみが支給されるが「報酬」となる、⑦労働契約法は適用されず、「解雇法理」や「5年で無期転換」も適用除外となる、⑧均等待遇の「パート・有期労働法」も適用除外、⑨最低賃金法も適用除外、⑩労働基本権が正規公務員同様に制約され「労働協約締結権」「争議権」は剥奪、⑪労組法が適用されず、不当労働行為などの労働委員会の活用もできない、⑫労働基本権制限の代償機能としての人事委員会勧告での取り扱いも不十分でほとんど機能していないのである。

　以上のように、民間非正規なら保障される権利が、同じ労働実態でも公務職場では保障されない。さらにこの制度ではフルタイムとパートタイムの格差が大きく、そのためこれまでのフルタイム勤務を15分短くしてパートに変更された人たちが約3割もいたが、このような制度変更による不利益は放置されている。民間事業主に比べ、多くの法の規制や義務を免れた公共団体の使用者は、様々な労働法の改正にも無関心の上に、非正規職員の労働組合加入率も低く、結果としてブラックな職場（自治体）を生み出してきた。先進諸外国のような公務職場がまず労働規範の手本となる「率先垂範」の姿勢は日本ではみられず人権規範や労働者としての権利擁護については、むしろ公務が民間よりも著しく後れをとっているのである。

(2) 進行する専門職種の非正規化

　政府は「非正規公務員は補助的労働（定義は何もない）であり、職務の内容や責任が限られる、待遇も権利も正規に準じて付与する必要はない」と言ってきた。しかし、東京都内23区の非正規率は40.9％、多摩地区は51.8％、また大阪府下の44自治体調査で人事局提出の資料では、2023年1月現在、非正規職員が40％を超える自治体は23市8町（70.45％）、50％を超える自治体は6市7町（29.54％）となり、実に大阪府下すべての自治体が4～5割を超えている。会計年度任用職員が4割、5割を超えて果たして補助労働と言えるのか、しかも豊富な臨床経験を要する専門職や資格職が率先して非正規

化しているのである。その理由は、「正規は『常勤』『無期雇用』『職務無限定』のメンバーシップ型のため、2～3 年で異動を繰り返し、職場・職種を変更していく。その結果、異動に馴染まない、移動されては困る前記のような専門資格職（ジョブ型）が、移動のない非正規に置き換えられてきたのである。資格と経験が必要とされるこのような職種の会計年度任用職員は、もはや補助職員とは言えない。移動のある正規公務員を配置できない長い臨床経験を要する専門資格職として、なくては事業が成り立たないまさに基幹職員なのである」（上林 2021：2）。しかし、どんなに仕事は重要な基幹業務に従事していても、メンバーシップの外に位置付けられて「周辺的」な存在として扱われ、1 年任用ごとに「試用期間」を 1 カ月おかれ、実質 11 カ月任用という屈辱的な扱いを受けている。不安定で自立出来ない低処遇は「やりがい搾取」といわれる実態を生み出してきたのである。

3　民間労働者保護法制との比較

(1) 労働契約法 (18条) の適用除外

　会計年度任用職員には労働契約法が適用されない。このため、事業者である地方自治体の任命権者は、非正規公務員を何年使用しても無期雇用に転換（18 条）することも、雇用期間を長くすることも義務付けられない。恒常的な業務に従事させているにもかかわらず、業務の実態にも合わない必要以上に短い会計年度を任期に定めて非正規公務員を採用し、必要ならば有期雇用を反復更新して「新たな職への新たな任用」だと言って「雇い直し」をして働かせ、不必要になったら解雇して雇い止めを行う。このようなことは、民間労働者に適用される労働法では、とうてい許されないが、不当と訴えた「雇い止め裁判」は、「任用」には期待権はないとことごとく敗訴となっている。

　2023 年 3 月には、2020 年にこの制度ができてから 3 年目を迎えるため「人事評価による再任用は原則 2 回まで」、3 回目からは新規応募者も一緒の公募試験を受けることが強要され、各地で「3 年公募」が実施された。試験・選考・面接など、自治体によってやり方はさまざまだが、再公募でふるいにかけられ雇い止めとなった人の 44％は「仕事は続けたかったが雇い止めさ

れた」と答えている（2023 年 5 月公務非正規女性全国ネット調査）。さらにこの
調査では、通算勤務年数が長い人が雇い止めに遭っている。2021 年には通
算勤務年数 16 年以上の人は 40.2％いたが、2023 年「公募」実施後には 20％
と半減している。このようなやり方は、日本の「解雇制限のルール」にも反
しており、憲法 27 条で保障された労働者として働き続ける権利を一方的に
取り上げられ、そのうえ毎年必要のない「試用期間」を設定して経験も熟練
も考慮せず、労働者としての尊厳さえ踏みにじられる大変屈辱的な扱いを受
けているのである。仕事には期限がないばかりか、むしろ経験が求められる
のに、全員が 1 年のぶつ切り雇用にされて、「5 年で無期転換できる」労働
契約法 18 条の適用も除外されている。まさに民間では禁止されている「有
期雇用の濫用」が非正規公務員には制度化されたといえる。5 年で無期転換
というルールが社会一般にも定着しつつある中で、同じ実態にある公務有期
労働者のみが排除されることが果たして許されるものなのか、改めて問われ
なければならない。

(2) 「パート・有期雇用労働法」も適用除外

　正規と非正規の格差が拡大し、様々な問題が噴出し、社会的な問題となっ
てきた。政府は正規と非正規の「不合理な格差を是正する」として「パート・
有期雇用労働法」を策定し、「同一労働同一賃金ガイドライン」も作成した。
しかし、これらの法の適用についても、公務非正規は正当な理由なくその対
象から除外されたのである。民間以上に大きな格差が存在するにも関わらず
是正する義務からも免れている。「パート・有期労働法」に定められて、民
間の事業主には課されている待遇差の説明義務さえなく、非正規公務員を
ワーキングプア水準の賃金で働かせることについて何の説明もしない。現行
の非正規公務員の勤務条件の改善のための法制度は民間に比べて大幅に遅れ
ている。

　例えば、2020 年 4 月 1 日より施行された「同一労働同一賃金ガイドライン」
は同一企業における正規労働者と非正規労働者の間の不合理な待遇差の解消
を目指すもので、何が不合理な待遇差に該当するのか、尺度を明らかにして
いる。基本給については、「正規雇用労働者と同一の職業経験能力を蓄積し

ている非正規労働者には、職業経験能力に応じた部分につき同一の支給をしなければならない」とし、昇給についても「正規労働者と同様に、非正規労働者にも勤続による職業能力の向上に応じた部分につき、同一の昇給を行わなければならない」としている。

　賞与については正規と非正規間で同一の職業実績の貢献がある場合、「貢献に応じた部分につき。同一の支給をしなければならない。また貢献に一定の違いがある場合には、その相違に応じた支給をしなければならない」としている。

　ところが、このガイドラインをほとんど無視して、会計年度任用職員の給与について総務省が示したマニュアルは、基本給の設定水準が正規公務員の初任給よりもはるかに低い設定がされているのである。「国の行政職給料表に地方公務員は準じているが、国は一般職高卒が一級5号、一般職大卒が一級25号である。ところがマニュアルでは会計年度任用職員の初任給格付けは、適用給料表の初級の初号給を基礎とし、基本給の中でも最も低い金額から出発しても良いとするモデルを示した。その結果多くの地方自治体がこのマニュアルに従い、初年度の基本給を最も低い金額の一級1号中卒初任給からスタートさせた。この賃金を時給換算すると、自治体によっては地域別最低賃金さえも下回り、一級1号の金額は14万6,000円（時給は869円）となり法定最低賃金を下回る自治体さえ現れた」（上林 2021：248）。

　さらに正規職員との格差を広げたのはマニュアルで「昇給額の上限設定を設けることが適当」として、常勤職員の初任給基準額（大卒初任給）を上限の目安として示した。つまり高卒初任給からスタートして大卒初任給で昇給ストップとする、均等待遇とは程遠いモデル案となっているのである。この金額で一時金が2.6月分支給されるとしても、年収では251万4,120円にしかならない。正規公務員の平均年収約650万円に対して2〜3倍格差が生じたまま昇給ストップで放置されることになっている。これまで上限などなく労使で地道に交渉を重ね、経験年数加算制度を設けてきた自治体が、突然「総務省マニュアル通りに変更」として上限を設けて最高月額6万円も引き下げられた自治体もある。

　このような制度設計は処遇改善とは程遠く「官製ワーキングプア」の制度

化と言われても仕方がない。どのような中小企業の民間事業者でも処遇改善に向けて義務づけられている「パート・有期労働法」や「労働契約法」を地方自治体の使用者にも義務付けることが求められる。

4　公共サービスの充実にとって持続可能な　　雇用制度であるのか

(1) 公共サービスは安定・継続、専門性が求められる

　自治体の業務はほとんどが対人サービスである。人こそ財産であり人材を育成し、経験を積んでこそ本来の自治体の役割が果たせるのである。しかしその人材をコストと考え、安上がりに、安上がりにと、削減することばかり追求していくと、結局働く人がいなくなるという事態がいま全国で起きている。各地で保育、学童保育、教員、図書館、介護施設などの現場では、いま

表1　府下自治体職員数の動態

		人口	正規職員数	人口1000人当たり正規職員数	非正規職員数	全職員中非正規比率
大阪府	2007年度	8,839,019	10,368		2,024	16.3%
	2020年度	8,839,110	7,276		1,888	20.6%
	差し引き	91	▲3,092		▲136	
大阪市	2007年度	2,642,854	43,091	16.3	2,987	6.5%
	2020年度	2,752,412	19,276	7.0	7,747	28.7%
	差し引き	109,558	▲23,815		4,760	
堺市	2007年度	835,872	6,079	7.3	1,794	22.8%
	2020年度	826,447	4,310	5.2	2,997	41.0%
	差し引き	▲9,425	▲1,769		1,203	
政令市以外府下市町村合計	2007年度	5,360,293	45,507	8.5	22,514	33.1%
	2020年度	5,260,251	38,074	7.2	29,119	43.3%
	差し引き	▲100,042	▲7,433		6,605	
府下全自治体	2007年度	8,839,019	105,045	11.9	29,319	21.8%
	2020年度	8,839,110	68,936	7.8	41,751	37.7%
	差し引き	91	▲36,109		12,432	

おおさか自治体まるわかり研究会2023年作

や人手不足は深刻になっている。結局、入所人数の制限やサービス内容の変更、人員配置の削減などの質の低下を余儀なくされてきた。窓口業務の民間委託は大阪府内の 14 の自治体に導入、大阪 24 区の区役所窓口もすべて民間委託されてきた。しかし安上がりという触れ込みのはずが、3 年たてば委託料は跳ね上がり 1.6 倍にもなっているのだ。保育園は 2001 年小泉政権から始まり「民でできるものは民で」「公務市場は 60 兆円市場」と民間委託が本格的に推進され、府内の公立保育園は 2023 年現在 65％減り、公立幼稚園は40％の減、泉佐野、八尾、豊中、守口では公立の保育園、幼稚園はゼロになった（おおさか自治体まるわかり研究会 2023：52-56）。

　住民の財産である、全国 7 万の公の施設（体育館、プール、公民館、児童館、図書館など）は指定管理者制度になり、株式会社が初期投資のいらない儲けを生み出せる事業として乗り出してきた。子どもたちのいのちと健康を託す給食事業では、先日突然破産した給食の受託企業ホーユー（22 都府県で受託の全国展開の企業）に象徴されるように、各地で低価格競争入札で安さを競った結果、立ちいかなくなる業者が破産して、子どもたちの給食が宙に浮く事態になったのである。

(2) 公共サービスの民間委託推進のための雇用制度

　会計年度任用職員は 1 年たてば解雇ではない「期間満了」と言って簡単に首が切れる。3 年たてば「公募」による選考の結果だと何人でも問題なく雇用を終了させて、民間企業に業務を委託、売却することができる制度である。そのため民営化しようとする時に、こんなに便利で使い勝手のいい雇用制度はない。言い換えればこのために作られた雇用制度と言っても過言ではない。大量に首を切っても争議にならないように、万一裁判になっても絶対に負けない制度をつくったのである。名前から「会計年度」と限定し、対等な「契約」ではなく「任用」だから、いわば行政処分だとして一方的に拒否できるとしている。そのうえ更新ではないと試用期間まで丁寧に毎年設けて「期待権」の口を封じてきた。

　この制度を使って民間委託は全国的に恐ろしい勢いで進んできた。大阪の事例（2023 年）では 44 自治体のうち 19 自治体の約 4 割が維新首長の自治体

となり、議員数でいえば府議会・大阪市議会はすでに過半数となっており、25％を超える自治体は 8 自治体となり、まさに大阪での地方行政は維新を軸に動いていると言っても過言ではない。維新は新自由主義推進の立場で、公務員バッシングを強めながら「公共サービスの産業化」を掲げて、トップダウンで民営化を強行してきた。

　さらに問題なのは、会計年度任用職員は継続して雇用されるためには公募に応じるしかない、一旦公募に応じれば、その結果の採用、不採用については使用者に裁量権がある、「選考の結果」だと言われれば、どのような恣意的な結果であっても、それを復すのは至難の闘いになる。致命的なのは労働組合の組織化が大変難しくなり、多くは睨まれる労働組合にはますます近づかなくなった。どうせ短い期間しか働かないのなら本気でその職場を働きやすい職場に変えようと思わなくなる。いわば働き手の質を変えてしまい、みんなが逃げ腰の職場では、仕事の質の向上は望めなくなるのだ。雇われる会計年度任用職員にしてみれば、「任用は 1 年間」「3 年で公募」と期限を切って雇用されるため、当然モチベーションは下がり、カウントダウンの働き方になり、最後の 1 年は次の仕事を探しながら働くことになる。そのうえ公募でふるいにかけられるとなると、余計なことは言わない、言いなりに働き、モノを言わない労働者になるしかない。自分の権利も主張できない労働者が住民の権利を擁護できるのかという、憲法 15 条[3] で規定されている公務員制度の根幹が問われる事態になっている。

おわりに

　「会計年度任用職員制度」は果たしてこれからの市民の期待に応えるサービスを提供できる持続可能な制度と言えるのか。住民の視点、公共サービスの支え手の視点、自治体の在り方の視点から検討してきた。

　まず一番に言えることは、「会計年度任用職員制度」はジェンダー不平等制度である。総務省調べでは全国で 90 万人（2020 年 4 月 1 日）、そのうち女性が 3/4 を占め、市区町村ではおよそ 3 人に 1 人の計算になる。まさに無権利・劣悪処遇の女性が支えている制度だといえる。総務省は今回の法改正は、

これらの職員の処遇改善のための法改正だとしているが、果たしてそうなっているのか、まず賃金で検証した。総務省が地方自治体に示したマニュアルでは、国が進めようとしている「同一労働同一賃金」や「均衡処遇」という理念からも逸脱した賃金の上限設定がある不当な制度設計となっている。さらにフルタイムとパートタイムの格差は民間よりも大きい。最低賃金制度の適用もなく年収200万円以下が5割となり、憲法25条で保障されている「人間としての最低限の暮らし」が脅かされ、官製ワーキングプアを生み出し続けている。

　労働者としての権利保障では、民間の労働者保護法制である「労働契約法」「パート・有期労働法」などをなんの理由も示さず適用除外しているために、民間との権利格差も大きい。しかも労働基本権を正規公務員同様に制限しているにも関わらず、その代償機関がない。労働協約が締結できず、労組法の適用も除外されていて、団交拒否などの不当労働行為に対しても労働委員会の活用ができず、労働者として訴えるところがなく団結権は大きく侵害されている。

　また、「任用期限は全員1年」、「3年公募」でリセットする制度は、今まで以上の雇用不安定となり、長い経験と専門性の必要な職種でさえも仕事に専念できない実態を作り出した。やりがいを奪い離職者が増え、福祉、教育、介護などの分野での大幅な欠員状態は、会計年度任用職員の権利侵害のみならず、結果として住民サービスの質の劣化となり、住民の権利をも守れなくなりその影響は大きい。

　正規、非正規という身分差別が格差を正当化しており、その根本にある「任用制度」は日本独特の人権侵害を生んでいる。地方公務員法で身分保障のある正規公務員と1年契約という極端に不安定な会計年度任用職員は、対等ではない「優越的な関係」となり、それらを背景にした、働き手の命綱ともいえる雇用を脅しに使う「クビハラ」[4]が日常的に横行している（2023年8月：非正規公務員 voices アンケート）。しかし監視する組織外も含めた救済システムの事実上の不在が、「身ばれ」が怖くて声さえ上げられない構造的差別を引き起こしており、基本的人権さえ侵害している。そして自由にモノが言えない風通しの悪い職場は硬直的な人間関係となり、ここでも住民サービ

スの劣化が引き起こされている。

　このように法的救済がなく安易に雇止めできる制度が民営化を促進し、福祉にも採算やコストの理念が持ち込まれ、人件費を極限まで削減してきた。「会計年度任用職員制度」は1年有期のフルタイム公務員の合法化であり、正規公務員削減のための代替労働力ともいえるのではないか。

　本来なら、あらゆる人権侵害を許さない社会の構築に向けて、人権意識を研ぎ澄ますべき公務員が担う仕事を、「福祉の増進」からも、「人権保障」からも排除された非正規公務員がその任を担っている。県立広島大学の志賀信夫氏は構造的差別について「社会の仕組み（制度や生活）に織り込まれた差別は、あまりにも当たり前のものとなっているので気が付きにくい」と警鐘を鳴らしている。しかし、すでにこのような実態が蔓延している状況は、民主主義の危機、社会の危機とは言えないだろうか。自治体がワーキングプアや女性差別をつくりだすのではなく人間の尊厳を守るために役割を果たすべきである。

　諸外国では公務の雇用制度が率先して民間に労働規範を示している。先進国では当たり前の無期雇用を原則として、「同一価値労働同一賃金」の給与制度や民間労働者保護法制である「労働契約法」18条、19条、「パート・有期労働法」などを公務非正規にも適用することが喫緊の課題である。人権侵害であり、世界の公務員法にも例をみない「会計年度任用制度」は廃止し、「期間の定めのない均等待遇の短時間公務員制度」の創設が望まれる。

注
1）　地方公務員法22条の2に規定される一般職非常勤職員（2020年4月施行）。
2）　立教大学特任教授・地方自治研修所研究員。
3）　15条第2項は「すべて公務員は全体の奉仕者であって一部の奉仕者ではない」
4）　「優越的地位」を利用して首（解雇）で脅すハラスメント。

文献
上林陽治（2015）『非正規公務員の現在』日本評論社。
上林陽治（2021）『非正規公務員のリアル』日本評論社。
おおさか自治体まるわかり研究会・猿橋均編集（2023）『格差・分断から連帯と協働のまち大阪へ』
志賀信夫（2022）『貧困理論入門―連帯による自由の平等―』堀之内出版。

第4章
新自由主義的構造改革の
マルクス経済学的分析

森本壮亮

はじめに

　戦後の日本経済は、GHQ 統治下の絶対的貧困と混乱の復興期を経て、高度成長を達成した。1955〜73 年の経済成長率は、名目で平均 15%以上、物価上昇分を差し引いた実質でも平均 9%以上となり、GNP はアメリカに次いで世界第 2 位になるとともに、「一億総中流」と呼ばれる社会となった。

　もちろん、「国民生活に関する世論調査」で 9 割方の人々が中流意識を持つに至ったからといって、実際に 9 割が経済的に中流だったわけでは決してない。絶対的貧困はまだあちらこちらに見られたし、出稼ぎや内職をしてはじめて中流近くの生活が成り立っているという人々も多かった。しかし、終戦直後から 70 年代にかけては、憲法に示されるような民主的な政治経済状況を理想として、全体の底上げによって皆が中流の豊かさを獲得できるような状態を目指す時代の雰囲気があった。

　しかし 21 世紀日本に生きる我々にとって、これはもう遠い過去になってしまった。今やもう一億総中流は死語になり、代わりに「格差」という用語が定着した。さらにアベノミクスと称される大規模金融緩和が 2020 年代の今も続き、円安とインフレが進行して、都心のブランドショップや高級マンションに富裕な外国人が増える半面、国民生活は、かつてあたり前だったものがいつの間にかあたり前でなくなりつつある。今の日本に、90 年代までの豊かさはもうない。日本は、どこか大きく変わってしまったように思われ

る。なぜこのようなことになってしまったのか。小論では、この間の日本の変化について、マルクス経済学の視点から考えてみたい。

1 転換期となった安定成長期

　戦後の日本経済は、混乱と占領下の復興期を経て高度成長を達成し、その過程で独特の構造が構築された。まず政府は、「護送船団方式」と呼ばれた金融行政に象徴的なように、国内企業に対して外資から保護するとともに強力な規制と指導を行った。そして企業は、政府による保護や規制にも守られながら、企業集団や系列に象徴されるグループを形成して安定的な取引関係を構築し、大企業だけでなく中小企業も成長の恩恵を享受する仕組みが形成された。このような政府と企業グループが二人三脚で成長を目指していく姿は、ときに「国家独占資本主義」とも呼ばれた。そして企業や政府などで働く労働者に関しては、終身雇用、年功賃金、企業別組合を特徴とする日本型雇用システムが構築されるとともに、それ以外の農家や個人事業者に関しても様々な規制や補助金などによって所得が安定する仕組みが構築された。これらの仕組みを基礎として全体の所得が底上げされていくことで国民生活が豊かになっていき、高度成長期末の1970年頃に一億総中流社会が達成された。

　しかしちょうど同じ頃、人口移動などの高度成長をもたらしたメカニズムは弱まっていき、73年のオイルショックによる混乱もあって、以降バブル崩壊まで、「安定成長期」と呼ばれる新たな段階に入っていった。この時代、他の先進資本主義諸国が軒並み低成長に陥る中、例外的に日本経済は名目で平均8%弱、実質でも平均で4%以上の「安定成長」を達成するとともに、made in Japan の製品は欧米の市場を席巻し、国内外で「ジャパン・アズ・ナンバーワン」と呼ばれるに至った。加えて80年代後半には日本中がバブルに沸いたこともあり、安定成長期は戦後の日本経済の黄金時代であったようにも見える。だが、すべてがうまくいっていたように見えたこの時期、深層では重要な変化が起こっていた。

　図1は、総資本営業利益率の長期推移である。主要な経済指標としては、GDP や GNP、そしてそれらの変化率である経済成長率に目が向けられるこ

とが多いが、現代の日本経済は資本増殖を目的とする資本主義であることを考えると、資本の増殖率である利潤率が最重要指標である。利潤率（経営の世界では「利益率」と訳される）といっても、様々な種類の利潤率が存在するのが実情であるが、戦後の日本経済では伝統的に総資本利益率が代表的な指標として用いられてきた。その総資本利益率のうち、企業が本業で稼いだ利益率である総資本営業利益率に、ここでは焦点をあてている。

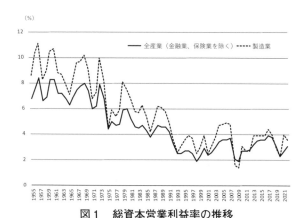

図1　総資本営業利益率の推移

注）全規模、年度（ただし1959年以前は暦年）
出所）財務省「法人企業統計調査」より筆者作成

　見られるように、高度成長期の総資本営業利益率は、全産業平均で7％前後、製造業では9％前後と、それなりに高い水準であった。しかしオイルショックで大きく低下し、その後は70年代後半とバブル期を除いて、90年代後半までほぼ継続的に低下していった。バブル崩壊以前から、資本主義としての日本経済はすでに苦境に陥っていたのである。

　このような状況に対して、もちろん企業や政府は何もしなかったわけでは決してない。企業はオイルショック直後の70年代中頃から、利潤率を回復させるべく、減量経営、すなわち投資の抑制と資産の整理、人員削減、原材料や部品や設備などの削減と合理化、またこれらのための機械化を加速させた。そして80年代に入ると、コスト削減のために生産をアジアに移していくとともに、飽和した国内市場の制限を突破すべく、販路を求めてアメリカやヨーロッパなどの海外市場への進出を加速させていった。

　このような企業の動きと歩調を合わせて、政府も政策を変化させていった。特に80年代に中曽根政権が打ち出された諸政策は、それまでの国内市場保護政策を転換して外資（特にアメリカ資本）への開放を進めるとともに、規制緩和と国有企業の民営化を進めた。結果として、安定的だった企業間取引関係は崩れていくとともに、労働組合は弱体化し、賃金抑制の流れが定着した。この意味で、中曽根政権の諸政策を特徴づける新自由主義というイデオロギーは、利潤率低下という経済的土台が生み出した上部構造であった。

　しかし、企業や政府によって大々的に開始されたこれらの諸改革は、マルクス経済学的には、必ずしも利潤率を上昇させるものではない。いま、企業が生産活動に投じる貨幣（前貸資本）のうち、生産手段の購入のために使用される部分を不変資本（C）、労働力の購入のために使用される人件費部分を可変資本（V）、生産した商品を市場で販売して得た貨幣のうち前貸資本を超えるもうけ部分を剰余価値（M）と呼ぶと、企業活動に投じられた貨幣によって得られるもうけの率である利潤率は、次のように規定できる。

$$利潤率 = \frac{M}{C+V} = \frac{M/V}{C/V+1}$$

　ここで、人員削減は可変資本（V）の削減、原材料や部品や設備などの削減や合理化は不変資本（C）の削減に直結するので、利潤率を規定する式の分母であるコスト部分（C＋V）を小さくして利潤率を高める効果がある。

　だが、機械化はそうではない。機械化は、不変資本と可変資本との比率である資本の有機的構成（C/V）を上昇させる。これは利潤率を規定する式の右側の分母が大きくなることを意味するので、利潤率を低下させる効果がある。もちろん、分子の剰余価値率（M/V）が上昇すれば利潤率が低下しないこともあり得るし、中曽根構造改革は事実上それを意図するものであった。しかしマルクスは、人間は生き物である以上このような剰余価値率上昇には限界があり、長期的に利潤率は低下していくと指摘している。

　そこで、安定成長期の日本経済の状況を確認してみよう。図2は、財務省「法人企業統計調査」から不変資本と可変資本とみなせるものを抽出し、資本の有機的構成の推移を示したものである。統計の限界で、不変資本の重要

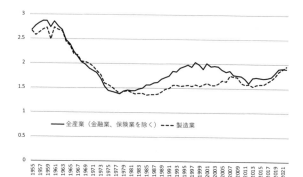

図 2　資本の有機的構成の推移

注 1) 資本構成＝不変資本÷可変資本
注 2) 可変資本＝従業員給与＋従業員賞与＋福利厚生費
注 3) 不変資本＝原材料・貯蔵品＋その他の有形固定資産＋無形固定資産
注 4) 全規模、年度（ただし 1959 年以前は暦年）
出所) 財務省「法人企業統計調査」より筆者作成

な構成要素である生産に使用された原材料や部品のほとんどが反映されていないことに注意が必要だが、図 2 からは、高度成長期に低下していた資本の有機的構成が、1970 年代後半から反転上昇し、全産業においては 90 年代末まで、製造業においては近年に至るまで、上昇傾向にあることが見てとれる。このような資本の有機的構成の上昇が、安定成長期から 90 年代末にかけて利潤率低下をもたらした大きな要因となったと考えられる。個々の企業が利潤率を回復させるために遂行した人員削減や合理化のための機械化は、資本の有機的構成の上昇をもたらし、経済全体では利潤率低下に帰結するという「合成の誤謬」のメカニズムが働いたのである。

　図 3 は、「法人企業統計調査」から計算した労働分配率の推移である。付加価値（V＋M）のうち、労働者への分配分を可変資本とみなし、それ以外を剰余価値とみなすと、両者の比率は高度成長期前半に 50：50 くらいだったのが、70 年代半ばには 65：35 くらいになり、企業の側からすると、あたかも剰余価値（利潤）が圧迫されているかのような状態となったことがわかる。以降、バブル期を除いて 2000 年頃まで 62：38 くらいの水準で推移している。マルクスは機械化が進んでも剰余価値率が上昇して利潤率が低下しない場合があると指摘したし、先述のように中曽根構造改革も事実上それを狙うもの

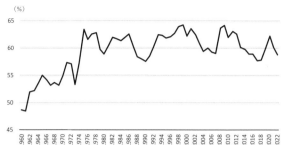

図3　労働分配率の推移

注1）労働分配率＝（従業員給与＋従業員賞与＋福利厚生費）÷付加価値
注2）2006年度以前は、従業員賞与は従業員給与に含まれて統計処理されている
注3）全規模、全産業（金融・保険業を除く）、年度
出所）財務省「法人企業統計調査」より筆者作成

であった。だが、70年代から90年代にかけての日本経済においては、利潤率低下を抑制するほどの剰余価値率の上昇は見られず、利潤率は低下していったのである。

2　1990年代末の構造変化

　この状況が大きく変わったのが、1990年代末である。図1からは、98年を底として利潤率低下が収まり、以降リーマンショック時を除いて緩やかに回復傾向であることがわかる。同時に図2からは、全産業では資本の有機的構成の上昇が収まり、低下傾向に変わったことがうかがえる。このような変化の背後には、どのような要因があるだろうか？

　図4は、平均年収とそこから計算した実質賃金の推移である。見られるように、戦後の経済成長とともに賃金も継続的に上昇し、バブル崩壊後も伸び率は低下したもののしばらくは上昇を続けていた。それが、97年をピークとして低下し始めたのである。そして平均年収と同じく名目GDPも97年にピークとなり、以降低下し始めた。経済成長と所得上昇という戦後日本経済のシステムが、このとき終わったのである。

　97年といえば、バブル崩壊後の不況の中で橋本政権によって省庁再編や金融ビッグバンといった構造改革が推し進められるとともに、消費税と社会

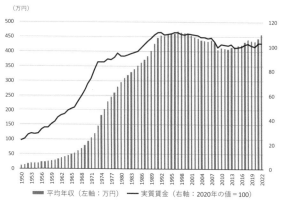

図 4　平均年収と実質賃金の推移

注 1）実質賃金＝平均年収÷消費者物価指数（持家の帰属家賃を除く総合・年平均）
注 2）平均年収＝「1 年を通じて勤務した給与所得者の年間の平均給与」
注 3）2022 年より統計の計算方法が変更されており、厳密には接続できない
出所）国税庁「民間給与実態統計調査」、総務省「消費者物価指数」より筆者作成

保険料が引き上げられ、不良債権問題によって北海道拓殖銀行と山一證券が破綻し、海外ではアジア通貨危機が発生した年であり、時代はまさに金融危機の様相を呈していた。しかし今から振り返れば、このときが日本が最も豊かだったときなのである。

　そしてバブル崩壊後の不況と不良債権問題と金融危機は、企業のグループ行動に決定的な影響を与えた。安定的な取引関係は安定成長期の海外進出によってすでに亀裂が入っていたが、バブル崩壊後の不況はその流れを劇的に加速させるとともに、金融危機による都市銀行再編は企業集団体制の崩壊を余儀なくさせた。ここに東西冷戦終結によるグローバル化も加わって、大企業から中小企業まで利潤がトリクルダウンする構造は終了した。そして以降、景気回復期においても大企業のみが潤い、大企業と中小企業との間で利潤や賃金の格差が拡大する構図が定着した。

　日本経済においては中小企業の割合が圧倒的に多いため、このような構図は中小企業とその労働者を疲弊させただけでなく、全体としての平均賃金も押し下げていった。加えて、大企業も含めて、人員削減（新卒採用抑制や主に中高年のリストラ）と非正規雇用の拡大、正社員の年功賃金制の解体（成果主義賃金への転換や年功賃金カーブのフラット化）、低賃金の子会社や関連会社の

活用拡大、低賃金外国人労働力の活用が進められた。

　中でも象徴的だったのは、派遣労働者の拡大であった。いわゆる労働者派遣法は、中曽根政権時の1986年に施行されたが、99年に製造業などの一部例外を除いて原則自由化され、2004年からは製造業への派遣も解禁された。特にこの製造業派遣解禁の影響は大きく、派遣社員数は2003年の46万人から、2008年には145万人にまで拡大することとなった（総務省「労働力調査（詳細集計）」における1〜3月平均の値）。

　このような派遣を中心とする非正規雇用の効果としては、人件費削減はもちろん、必要なときに必要なだけ雇うことができ、リーマンショック直後のように不要になればすぐに雇い止めにできる点が大きい。そのため、正社員は必要最小限のみとし、それ以外は柔軟に雇用調整できる非正規労働者に頼るシステムが構築されていった。結果として、正社員の数は97年の3,812万人をピークに、2005年には3,333万人まで急減し、最終的には2014年の3,232万人まで減少した。反対に非正規労働者は拡大を続け、97年の1,152万人から2005年には1,591万人、2014年は1,975万人、直近の2023年には2,112万人と、この間にほぼ倍増した（同上。ただし97年は総務省「労働力調査特別調査」における2月の値）。

　だが正社員の削減は、残された者の負担増をもたらした。図5は「就業構造基本調査」における週60時間以上の有業者の推移である。ここからは、80年代後半のバブル期とともに2000年代に長時間労働者が増加したことがわかる。一般的に好況期は労働力需要が拡大して賃金も上昇する。しかし戦後最長の好景気となった2000年代の「いざなみ景気」において、企業は正社員を増やさず、足りない分は既存社員の負担増と非正規労働者の活用で乗り切ろうとした。その結果が、過労死と非正規雇用の拡大だったのである。

　これは労働の質にも深刻な変化をもたらした。かつては終身雇用を前提として社内教育による能力形成が図られるとともに、チームワークを重視して、個人の成果ではなく年齢や勤続年数によって賃金が決まっていた。それが終身雇用の保証や社内教育による能力形成がなくなり、汎用の即席の能力が求められるように変化した。また人員削減によって各人の負担が増えて余裕がなくなる中、社内に正社員と非正規という明確に異なる労働者が混在

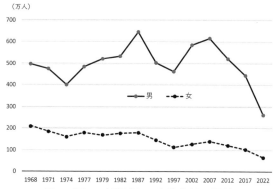

図5　週60時間以上の有業者数の推移

注1) 年間就業日数200日以上の総数
注2) 1968年と1971年は沖縄県を除いた値
出所) 総務省「就業構造基本調査」より筆者作成

し、正社員の間でも個人の成果が重視されるようになったことから、助け合いやチームワークは消えていき、分断が進んでいった。同時に、非正規労働者はもちろん正社員もいつまでその会社にいるかわからないという状況に変わったため、帰属意識だけでなく責任感や会社の将来への関心も失われていくとともに、技術の蓄積も継承も十分にされず、マニュアル化された最低限の目の前の与えられた単純労働だけを淡々とこなす、マルクスのいう「労働の疎外」が広がっていった。長期雇用による能力形成、チームワークと現場からのカイゼンといった、かつて長所や強みといわれたものが次々と崩壊していったのである。当然の結果として生産性は低下していくこととなったが、不幸なことに、生産性の低下は逆に改革が足りないからだということになり、悪循環は増幅されていった。

　ここで見逃せないのは、派遣などの非正規労働者の存在が既存の正社員の待遇改善の死重として機能する点である。通常、職場で労働者が不足すれば、待遇を改善することで離職者を減らしたり新たな労働者を引き付けたりする必要がある。だが、派遣会社から労働者を柔軟に調達できるようになると、そのような必要はなくなる。結果として、好況期にあっても正社員は増えず、賃金もほとんど上昇しないというメカニズムが定着した。

　そして非正規雇用の拡大と正社員の賃金低下は、一億総中流の土台であっ

た中間層の男性労働者を減少させていった。表 1 は、97 年から 2019 年における男性の年齢別に見た賃金（月給）階級別労働者の分布割合の変化を示したものである。ここからは、50 代後半を除いてこの間に賃金が上昇したのはごくわずかであり、年齢に比例した賃金を得ている中間層が減少して、下層が増加したことがわかる。近年よくいわれるようになった「格差」の実態は、勝者と敗者とへの両極分解ではなく、全体としての没落なのである。

　マルクスは、男性労働者の賃金低下は女性や子供の労働力化をもたらすと指摘したが、日本においても同様に、家計補助のために非正規労働者として働く女性や学生が増えていった。しかしこれがまた男性正社員の賃金の死重として機能するという悪循環となるとともに、世帯主収入の低下を完全に補うこともできず、93 年から 98 年にかけて 650 万円を超えていた世帯あたり平均総所得は低下していき、2008 年以降は 550 万円を切るようになった（厚生労働省「国民生活基礎調査」）。こうして夫が終身雇用と年功賃金を享受する正社員として働き、妻は専業主婦として子育てをするという一億総中流の時代の「普通」は崩れていき、妻や子供も非正規労働者として働くのが当たり前となり、それでも家計所得は低下していったのである。

　当然ながらこのような家計所得の低下は購買力を低下させ、モノが売れないことによるデフレをもたらした。だが不幸なことに、デフレは貨幣の供給

表 1　賃金（月給）階級別労働者の分布割合の変化（男性、%、1997 年〜2019 年）

（万円）	25〜29歳	30〜34歳	35〜39歳	40〜44歳	45〜49歳	50〜54歳	55〜59歳
〜15.9	1.4	1.1	0.7	0.5	0	0.1	-0.1
16〜19.9	-1.4	3.4	3.3	2.5	1.7	2.2	1.6
20〜23.9	-4.6	4.1	5.3	3.7	2.7	1.6	0
24〜27.9	2	-0.2	3.7	5	3.1	1.5	-1.4
28〜31.9	1.3	-3.9	-0.9	2.1	2.8	0.9	-1.9
32〜35.9	0.5	-2.6	-3.4	-1.8	-0.1	-0.1	-1.8
36〜39.9	0.2	-1.2	-3.7	-3.1	-0.9	-0.8	-0.9
40〜44.9	0	-0.8	-2.6	-3.4	-2.3	-1.4	0.6
45〜49.9	0.2	-0.1	-1.6	-2.6	-2.3	-1.5	0.9
50〜59.9	0.1	-0.1	-0.4	-2.7	-2.8	-2.4	0.9
60〜69.9	0	0.2	-0.3	-0.3	-1.7	-0.8	0.1
70〜	0	0.1	0.1	0.1	-0.1	0.8	1.8

出所）厚生労働省「賃金構造基本統計調査」より筆者作成

不足が原因であると主張され、量的緩和政策（2001〜2006 年）やアベノミクス（2013 年〜）が展開された。しかしこれらの政策は失敗し、2022 年春まで、狙い通りの物価上昇をもたらすことはできなかった。おかげで賃金や家計所得の低下がインフレによって増幅されるという最悪の事態は免れたが、それでも 90 年代と比べて実質賃金は 1 割以上低下することとなった。

　そして所得が低下した家計は、消費支出を切り詰めていった。総務省「家計調査」から二人以上の勤労者世帯における消費支出の推移を見ると、97 年の 36 万円をピークに下がり続け、2011 年以降は 31 万円ほどで低位安定している。消費者物価で調整した実質値では、2020 年の値を 100 としたとき 90 年代は 120 を超えていた。世帯人数が減った影響もあるかもしれないが、この間に一世帯当たり 2 割も消費を減らした計算になる。生活は消費がすべてではないし、同じ価格でも性能が上がっていたり、昔はなかった商品が存在していたりするが、消費で見た国民生活は実質的に 2 割貧しくなり、だいたい 1975 年の水準まで戻ったのである。

3　企業の利潤率回復と外国人投資家の富裕化

　対照的に、企業は利潤率を回復させていくとともに、利潤量も増大させていった。金融危機がひと段落して景気が回復していった 2000 年代前半には大企業を中心としてバブル期を超える史上最高益を記録する企業も増え、内部留保も飛躍的に増大していった。図 6 は、利益剰余金と資本剰余金の合計として定義した内部留保の推移である。見られるように、2000 年代に入った頃から内部留保は激増しており、明らかにそれまでとは全く異なる動きを示している。

　これは一見、労働者の貧困化とは裏腹に企業がこの世の春を謳歌しているかのようである。だがそうではない。利潤率は回復傾向とはいえ、80 年代の水準にもはるかに届かない低水準にとどまっている。本来、利潤が増大して余裕資金ができれば、その余った資金を投資に回して更なる資本増殖を目指すのが資本主義のメカニズムである。ところが国内設備投資は 90 年代以降停滞したままであり、利潤量（利益額）がバブル期を超えた 2000 年代、そ

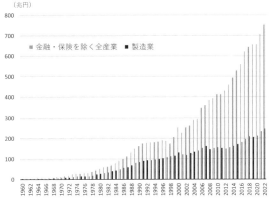

図 6　内部留保の推移

注 1）全規模、年度
注 2）内部留保＝資本剰余金＋利益剰余金
出所）財務省「法人企業統計調査」より筆者作成

して史上空前の規模となった 2010 年代の好況期においても設備投資の回復
は見られない。これは、投資をしても十分な利潤率が確保できないために、
資本が行き場を失っていることを示している。マルクスは『資本論』第 3 巻
で、資本主義経済においては長期的に利潤率低下と利潤量増大とが同時に進
み、投資先を見つけることのできない過剰資本が溜まっていくと指摘し、こ
れを「利潤率の傾向的低下法則」と呼んだ。好調な企業業績とは裏腹に、日
本経済はまさにこのような苦境に陥っているのである。

　では、このように積み上がっていく過剰資本の恩恵を受けているのは誰
か？　マルクスが生きた 19 世紀、企業に還流した資金は資本家の手元に積
み上がっていた。だが所有と経営の分離が進んだ現代、膨張する利潤や過剰
資本を直接手に入れている資本家はかつてほど多くはない。また、役員報酬
も全体の絶対額としては増えてはおらず、付加価値に占める割合はむしろ
90 年代以降低下してきている（図 7）。

　賃金低下や内部留保増大と軌を一にして 2000 年代以降明らかに増加して
いるのは、配当金である。一億総中流時代の企業はグループ内で互いに株式
を持ち合っていた。これによって、70 年代から 90 年代にかけて付加価値に
対する配当金比率は 2％を切るくらいの低水準で推移していたが、2000 年代

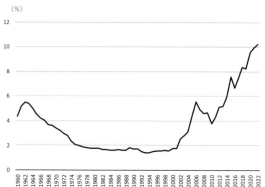

図7　付加価値に対する配当金比率の推移
注）全産業（金融・保険業を除く）、全規模、年度
出所）財務省「法人企業統計調査」より筆者作成

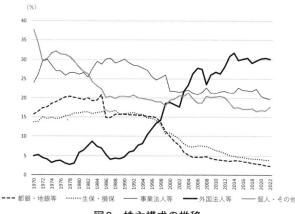

- - - 都銀・地銀等　……生保・損保　——— 事業法人等　——— 外国法人等　——— 個人・その他

図8　株主構成の推移
注1）東京、名古屋、福岡、札幌の全国4証券取引所上場会社における値
注2）金額ベース
出所）日本取引所グループ「株式分布状況調査」より筆者作成

以降急激に上昇しだして、直近の2022年度は10％を超えるまでになっている（同上）。

　この背景には、企業グループの解体とともに株式持ち合いが縮小していったことが大きい。そしてその放出された株を取得していったのが、主に外資系の投資ファンドであった。図8は、株主構成の推移である。ここからは、90年代以降、株を持ち合っていた銀行や保険会社、そして企業が比率を低

下させ、その分外国法人の比率が増えていったことがわかる。このように日本企業の株式保有を増やしていった外資系投資ファンドが、急膨張する内部留保に目をつけ、株主資本主義や株主還元を錦の御旗に配当金増加を主張し、それを実現して利益を得ていったのである。さらに彼らは、2010 年代のアベノミクスで株価上昇政策がとられたことにより、莫大なキャピタルゲインを獲得することにもなった。

おわりに―21世紀の新たな日本型システムの実像―

　戦後の日本経済は、終戦直後の絶対的貧困の状態から、GHQ 統治と憲法制定を経て、復興と成長を遂げていった。この過程では民主的に社会全体の豊かさが追求され、日本型システムとも呼ばれる独特の構造が形成された。それを基礎として、高度成長を達成した後の 1970 年頃には、皆が中流の豊かさを感じる一億総中流社会となった。

　しかし直後の安定成長期に利潤率低下に直面した企業は、利潤率を回復させるべく減量経営や海外進出を推し進め、グループ内の安定的な取引関係を掘り崩していった。政治もそれをバックアップするべく構造改革を開始し、日本市場の外国資本への開放と規制緩和を進めていった。利潤率回復のために、一億総中流の戦後日本社会の解体が企業と政治によって進められたのである。そしてバブル崩壊後の不況と冷戦崩壊後のグローバル化は、この流れをさらに加速させることとなった。

　結果、90 年代後半を転換点として日本型システムと一億総中流は崩壊し、賃金低下によって企業利潤が確保される 21 世紀型の新しいシステムが構築されていった。この過程で進行したのは全体としての貧困化であり、消費支出で見た国民生活は約 50 年前の水準にまで戻り、引き換えに利を得たのは主に外国の投資家であった。

　利潤率低下という経済的土台が生み出した新自由主義は、日本の政治の場ではしばしば愛国主義と一体のものとして語られる。しかしそれが実際にもたらしたのは、国全体の貧困化と、日本の労働者が生み出した富が外国人富裕層に吸収されるという新たな搾取メカニズムの構築だったのである。

第5章

「人にやさしい統計学」の構築をめざして
―「ジェンダー平等統計」に例示を求めて―

福島利夫

はじめに

　「人にやさしい統計学」とはどんなものだろうか。この問いに答えるためのヒントとして、まず社会科学の関連分野である「経済学」で考えてみよう。

　平野（2005：9）は編著の「プロローグ」で宣言する。「経済学は面白くない、わからない、役に立たないという世間の常識に逆らって、本書は経済学が面白い、わかる、役に立つ」と。さらに、「面白い、わかる、役に立つ、この3つのことはつながって」いると述べる。「面白く思えばわかろうと努力」するし、「わかれば役に立つ」。そして、「役に立てばまた面白い」[1]。

　そのうえで、「面白い」とはどういうことなのかと問いかける。日本語の「面白い」の語源は、「はっとびっくりして面が白くなる」ことだといわれていると紹介し、次に、この「びっくり」にかかわってアダム・スミスの見解を登場させる。スミスは「『天文学史』の冒頭でよく似た3つのことば、Wonder（驚嘆）、Surprise（びっくり）、Admiration（感嘆）の区別」をしている。

　それによれば、「新しいものや珍しいものが人間の感情をかきたてるのがWonder で、予期しないものがひきおこせば Surprise、偉大なものや美しいがひきおこせば Admiration」である。

　それでは、「統計学」では上記の「面白い、わかる、役に立つ」はどうなっているか。これについて、福島（2008：120-126）は、「1　統計はなぜ必要か―単なる形容詞から数値情報へ―」で、なぜ「役に立つ」かをまず論じる。

　次に、「2　統計はなぜおもしろくないか—敬遠される2つの主な理由—」で、なぜ「おもしろくない」かを論じ、その理由として、「統計が社会の中から作り出されることが軽視されて、数理偏重に陥っている」ことと、「政府が一方的に国民を調査と管理の対象として取り扱っているように見える」ことを挙げている。

　そして最後に、「3　統計はなぜ誤解されるか—さまざまなズレと誤用—」で、なぜ「わからない」かを論じている。その内容は、「統計上の定義のズレ—数の前に言葉が大事—」、「調査方法のズレ—標本調査の標本数など—」、「国際比較のズレ—統計制度と社会制度に注目—」、さらに「平均の誤用・その一〈位置上の平均〉—最頻値と中位数—」、「平均の誤用・その二〈計算的平均〉—相乗平均（幾何平均）—」から成っている。

　以上をまとめると、冒頭でみた「経済学」が「面白くない、わからない、役に立たない」から不人気であるという「世間の常識」は、「統計学」にも通じるものである。

　ここからは、「人にやさしい統計学」の課題として、統計の「利用者にやさしい」（user-friendly）ことが求められる。さらにその結果、主客が転倒して、統計に「やさしい利用者」（friendly-user）を生み出すことにつながれば上々である。そこで、以下では、統計の「利用者にやさしい」（user-friendly）という視点を重視し、体現していると考えられる、新しい統計分野である「ジェンダー平等統計」を取り上げる。

1　「ジェンダー」とは何か

　男女の性別区分を表現する「セックス（sex）」が自然的・生物的性差を表すのに対して、近年になってクローズアップされている「ジェンダー（gender）」は社会的・文化的性差を表している[2]。スウェーデン統計局（1998：13）は、「ジェンダー統計」を取り上げるにあたって、まず「性（sex）」と「ジェンダー」との違いを明確にし、そのうえでさらに、「ジェンダー関係」、「ジェンダー問題」を論じている。それによれば、「性（Sex）という言葉は単に女性と男性の生物学的差をさす。男女の性による特徴は普遍的であり、変える

ことはできない」。そして、「ジェンダー（Gender）とは社会的構築物であり、女性と男性の違いと男女間の社会的関係を言葉にしたものである。ジェンダーの特性は社会関係の歴史を通じて形成される。ジェンダーの社会的本質は、イデオロギーや歴史、文化、宗教、民族、経済などの要因によって規定され、政治、経済あるいは文化の影響によって変わりうる」と定義する。

さらに、「ジェンダー関係（Gender relation）は周囲の状況によって異なる形をとり、人々の間にある他のさまざまな関係からの影響を受ける」と述べ、「ジェンダー問題（Gender issues）は、女性と男性の生活のすべての側面および、機会、資源へのアクセス、そして必要における男女の違いに関係する」と結ぶ。このように、まず解決すべき社会問題があり、次にそのための社会統計が求められることを強調する。

日本では、「ジェンダー」というカタカナ表現の外来語は、適切な日本語訳が見つからない[3]ことと相まって、当初は一部の先鋭的な人々のみが使用するものとして取り扱われた。これでは、「ジェンダー」とはいったい「何ダー」ということになりかねない。ようやく近年になって、「ジェンダー」にとどまらず、「ジェンダー平等」という表現まで表舞台に登場するところまで進んできた。まさに隔世の感である。

もっとも、日本政府の担当部局の名称は、内閣府の男女共同参画局である。「男女平等」という表現を避けるために、「男女共同参画」としているのだが、おもしろいのはウェブサイトの「男女共同参画局」の英語表記は「Gender Equality Bureau」（つまり、「ジェンダー平等局」）となっていることである。はたして、日本語表記でも「ジェンダー平等局」となる日が来るのだろうか。

2　「女性に関する統計」から「ジェンダー統計」へ

男女の不平等状態を明らかにし、改革するために統計を作成し、利用することは以前からの大きな課題であった。この課題を担う統計分野の名称をどうするかにもいろいろな経緯があるが、「女性に関する統計」、「女性と統計」[4]、「女性と男性の統計」[5]などがある。

出発点は女性に焦点を当てる「女性に関する統計」や「女性と統計」であっ

ても、これらの表現では男性との対比がわかりにくくなっているし、「男性
に関する統計」が不在である。そこで、従来の視点と表現の不十分さが克服
されて、「女性と男性の統計」としての「ジェンダー統計」の出番となる。

　この課題をスウェーデン統計局（1998：42-43）は正面から取り上げている。
「女性に関する統計」は「過去のアプローチ」であり、「ジェンダー統計」が
「今日のアプローチ」である。焦点は、「『女性のみ』から『女性と男性』へ、
女性に関する統計の生産からジェンダー問題をすべての統計の生産において
主流にすることへ、と移行している」。そして、「統計体系全体がジェンダー
問題を反映しなければならない」ことが提起される。

3　「ジェンダー平等統計」への進化

　現在では、「ジェンダー」から「ジェンダー平等」へと、課題を明確に提
起し、さらなる進化を遂げている。男女の社会的・文化的性差を表す「ジェ
ンダー」概念を「男女平等」概念に組み込んで、できあがったものが「ジェ
ンダー平等」概念である。

　スウェーデン中央統計局は、「ジェンダー平等統計」の開発と普及活動に
おいて世界の最先端の役割を担っている[6]。そのスウェーデンで特筆すべき
は、「ジェンダー平等」がスウェーデン語では独自に1つの単語で表現され
ていることである（スウェーデン中央統計局 2008：112）。スウェーデン語では
jämställdhet（イェムステルドヘート）である。もともとの意味は「同等」とい
うことであるが、現在では女性と男性との関係を定義することに使われてい
る。これが、英語では gender equality となり、2つの単語の組み合わせで表
現されている。これに対して、「平等」という言葉は jämlikhet（イェムリーク
ヘート）であるが、英語では equality である。

　もちろん、単語の違いの前提として、「ジェンダー平等」と「平等」との違
いについて次のように説明している（同上：14）。まず、「『ジェンダー平等』
とは、女性と男性は社会と自分自身の生活を形成するための同等の権力を持
つことを意味している。このことは、生活上でのすべての分野で同じ機会、
権利と責任を伴うものである」。次に、『平等』とはもう少し広い概念である。

それは、社会のすべての個人と集団の間の公平な関係に当てはまる。基礎となるこの観念は、すべての人々は、性、民族的な起源、宗教、社会階級などにかかわらず、同等の価値を持つという前提にたっている。平等の土台の1つが『ジェンダー平等』である」。

　ここからさらに、「ジェンダー平等」は、量的にも質的にも達成を目ざすという独自の主張にも注目しておきたい。

　まず、「量的なジェンダー平等」である。これは、「社会のすべての分野、例えば教育、労働、余暇、権力の地位での女性と男性の間の同等の分配」である。さらに、具体的な数値を目標として掲げる。「女性40パーセント対男性60パーセント（逆もまた同じ）という比率が、ジェンダーの同等分配であると長い間考えられてきた。現在、スウェーデン政府は女性50パーセント対男性50パーセントという比率の達成を目ざしている。もし、女性がある組織集団の60パーセント以上を占めるなら、その集団は女性優位となっている。同様に、男性が集団の60パーセント以上を占めるなら、その時にはその集団は男性優位となっている」と主張する。

　次に、「質的なジェンダー平等」である。これは、「女性と男性の両方の知識、経験、価値に同等のウェイトが与えられ、社会のすべての分野を豊かにし、発展させるために利用される」という意味である。

　以上のような「ジェンダー平等」を推進してゆくために、変革の道具としての「ジェンダー平等統計」は大きな役割を担っている。スウェーデン議会は、「ジェンダー平等統計」が政府統計の一部分であるべきだと決定し、その目標は、「個人に関するすべての統計は単に性別に収集され、分析され、提示しなければならないだけではなく、社会におけるジェンダー平等問題とジェンダー平等課題も反映しなければならない」（同上：23）としている。

　こうした位置づけから、政府統計法（2001年：第100号）第14条は以下のように謳っている。「個人に関係する政府統計は、特別な理由がないかぎり、性別に区分されなければならない」（同上：23）。

4 「ジェンダー平等統計」の新しさ

(1)「ジェンダー平等統計」の運動論的展開

　上記のように、「ジェンダー平等統計」にはジェンダー平等問題を反映し、ジェンダー平等課題を変革することに役立つことが求められている。そのために、「ジェンダー問題をすべての統計の生産において主流にする」（スウェーデン統計局 1998：42）ことを高らかに宣言する。すなわち、すべての統計をジェンダー平等の視点から作り変えることによって、結果的には、すべての統計を「ジェンダー平等統計」として再生させることを目標とする。ジェンダー平等に鈍感（ジェンダー・ブラインド）で、無関心・無自覚な統計から脱却し、ジェンダー平等に敏感（ジェンダー・センシティブ）で、自覚した統計へと成長・転化する[7]。ここでは、人権論と運動論が一体となっており、統計体系全体を変革するという、壮大で、野心的、そして清新な一大チャレンジが提起されている。

　以上のように、「ジェンダー平等統計」は、単に新しい統計分野の1つというだけでなく、統計分野の1つであるにもかかわらず、それ自体が統計体系全体を変革し、そのことを通じて、さらに社会全体の変革をも展望することまでが基本的な性質として強固に備わっている。このように、「ジェンダー平等統計」は、統計自体に運動論的性質が内蔵されているという、不思議な統計であるといわねばならない。

(2) 統計の「利用者」と「生産者」の協力

　スウェーデン統計局（1998：43）は、「ジェンダー統計」の生産には、「利用者と生産者間の緊密で継続的な協力が必要である」と述べる。そして、「統計家は、データの収集でとりあげられるべきジェンダーの問題と課題を理解するよう努力しなければならない。他方で、利用者は自分たちの必要を統計家に知らせる方法と自分たちの作業において統計を利用する方法を学ばなければならない」と続ける。

　先に見た、「統計はなぜおもしろくないか」（福島 2008：121-122）でも、「政

府が一方的に国民を調査と管理の対象として取り扱っているように見える」ことを指摘している。

　この件は、「利用者」と「生産者」（あるいは「統計家」）という、お互いに利害関係のない、対等平等な関係ではなく、伝統的には、利害が対立する立場にある「調査者」と「被調査者」の問題として取り扱われてきた。

　根本的には、「統計制度と民主主義」（福島1995：22-24）の理解が問われることになる。調査主体（調べる側）と調査客体（調べられる側）の関係とは、歴史的には各国の人口調査の主な目的が徴税と徴兵の基礎データを得ることであったように、調査する側とは権力をふるって支配する側であり、調査される側とは権力に従って支配される側だった（福島2008：121-122）。調査される側の同意や納得は不問とされる。

　現代の「統計調査環境の悪化」（福島1995：24-31）といわれる状況は、あくまで調査する側からの一方的な判断の押し付けによる表現である。国家権力の行使としての政府の権威と神通力がいつまでも通用するものではないことの表れであり、社会通念の根本的な変化を直視できないとすれば、時代遅れとならざるを得ない。調査する側と調査される側の双方向のコミュニケーションとそこから生まれる信頼関係こそが望まれる。

　もっとも、近年になって、変化の兆しも見られる。従来は、統計調査の結果も政府が最大の利用者であって、国民一般には必ずしも利用しやすいものではなかったのだが、2007年に60年ぶりに統計法が全部改正され（総務省政策統括官（統計基準担当）2007）、「行政のための統計」から「社会の情報基盤としての統計」へ転換するという理念のもとに、統計について新しい位置づけを提起している。

　まず、政府等が作成する統計を「公的統計」としたうえで、第1条（目的）で、その「公的統計」が「国民にとって合理的な意思決定を行うための基盤となる重要な情報」であるとし、さらに、「国民経済の健全な発展及び国民生活の向上に寄与することを目的とする」と謳っている。また、第3条では、「公的統計」が「広く国民が容易に入手し、効果的に利用できるものとして提供されなければならない」としている。

　この統計法の内容を現実に活かすものにできるかどうかは、国民の側の力

によって決まってくるだろう。

(3) 「利用者」にやさしい統計

　統計の「利用者」と「生産者」の関係が、元々は統計の「調査者」と「被調査者」の関係であることを先に確認できた。そして、統計の「利用者」と「生産者」の関係は、統計の「素人」と「専門家」の関係でもある。

　その上で、「利用者」にやさしい統計という課題をよく見ると、ここでは「利用者」が主人公になっていることが前提である。しかし、歴史をたどれば、そうではなかった。統計の「調査者」であり、「専門家」である統計の「生産者」があくまで主体であり、統計の「被調査者」であり、「素人」である統計の「利用者」は客体であった。統計にかかわる主客転倒である。はたして、この変化の過程はスムーズに進行できるのだろうか。

　スウェーデン統計局（1998：105-106）は、「利用者」にやさしい統計として、ジェンダー問題に関する統計出版物を提示する。それは、広い読者を対象にしており、「このタイプの出版物は、利用者にやさしい、すなわち、簡単に理解できる言葉を使い、明確な表をふくみ、適切な書式と大きさを持ち、一般に魅力的なものであるべき」と述べる。

　さらに、「一般的には、多数の読者に対しては、ごくわずかの基本的な指標と限られた文章だけからなる小さな出版物が適当であり、これはジェンダー統計における作業の重要な第 1 歩を示している」と主張する。それとともに、「統計や指標だけでなく、データの分析をともない、さらに多面的な文章も提供しているより包括的な出版物が、自分たちの仕事のためにそれを使う政策立案者、プログラム担当の職員や計画者にはより適している」と対比する。

　その上で、前者の「小さな出版物」の具体例として、小さな統計冊子が世界中の多くの国で作成されてきていることに触れ、これらはスウェーデン統計局が 1984 年に最初に用意した小冊子『スウェーデンの女性と男性』[8] の例にしたがったものであると紹介する。

　スウェーデン中央統計局（2008：5）の「訳者まえがき：『スウェーデンの女性と男性』の背景と特徴」によると、この小冊子は、コンパクトなポケッ

トブック（訳書は A5 サイズであるが、原書は縦 14.7cm・横 10.5cm）である。

　本書の書名は、英語版では『スウェーデンの女性と男性─事実と数字』であり、スウェーデン語版では『女性と男性を数字で見れば─ジェンダー平等についての虎の巻』である。そして、この「虎の巻」Lathund（ラートフンド）も、さらに分解すれば、「怠け者の（lat）犬（hund）」となる。つまり、「どうぞ気軽に利用してください」というメッセージである。

　本書のタイトルの中での「女性」と「男性」の表記の順序についても見ておこう。通常、見慣れている表記の順序は、「男性」がまず第 1 であり、次に「女性」が登場する。ところが、目に入る順番がそれとは明らかに違っている。「ジェンダー平等」問題を際立たせるためである。このことだけでも、世間の常識に逆らい、違和感を抱かせる効果は大きい。

　「ジェンダー平等統計」の出発点が「女性に関する統計」であることからの発展過程として、「女性と男性の統計」としての「ジェンダー平等統計」へと結実したと考えれば、この表記の順序にも納得がゆく。

　さらに、統計上の表記の順序や強調が続く。スウェーデン統計局（1998：104）は、利用者にやさしい提示についての推奨事項を挙げている。その中では、「女性と男性は、比較を容易にするために並べて表示すべきである」に続いて、「女性を常に男性よりも前に表示すべきである」となっている。

　この方針が図表に適用されている。上下の順序では、上に女性、下に男性、左右の順序では、左に女性、右に男性が並べられる。そして、図の中のグラフのグラデーションの表現も、女性のほうが濃色で、男性は淡色となっている[9]。このように、女性と男性を並べたうえで、優先的に目立たせるように徹底するという手法が採られている。

おわりに

　以上、「人にやさしい統計学」の課題の例示として、「利用者」にやさしい統計学としての「ジェンダー平等統計」を取り上げ、その新しさの中に、常識を打ち破る、魅力的で不思議な力を見出すことができた。これは、起爆剤として統計体系全体を席巻するものでもある。

注

1 ）同じく、平野（2005：244）は「あとがき」で、「本書は、Ⅰ. 面白い、Ⅱ. わかる、Ⅲ. 役に立つ、から構成されて」おり、「Ⅰは現実から理論への導き、Ⅱは現実を解明する理論、ⅢはⅠとⅡを前提に、新しい現実、もしかしたらいままでの経済学が論じてこなかった問題をも考える、という構成になって」おり、「この構成は、Ⅰ. 感性的認識、Ⅱ. 悟性的認識、Ⅲ. 理性的認識という認識のプロセスにある程度対応して」いると述べる。

　　さらに、「人間の認識はプロセス（過程）である」という弁証法的方法について述べる。「認識は現実の表面から内部へ、浅い認識から深い認識へ、感性的認識から悟性的認識へ、さらに理性的認識へと進んで」いく。「五感を使った感覚から始まる、みずみずしい感性が最初の認識段階であり、そこから部分を固定的に分析する悟性段階へ、さらに全体的・発展的に把握する弁証法的段階へと進んで」いく（平野 2005：243-244）。

2 ）同様に、近年になって標準的な表記が変化したものに、「婦人」から「女性」への変更がある。代表的な例としては、1975 年当時は「国際婦人年」と呼ばれていた「国際女性年」が挙げられる。なお、「婦人」の対句は「紳士」であり、「女性」の対句は「男性」である。

3 ）伊藤（1993）は、書名に「両性（ジェンダー）」を取り入れている。

4 ）法政大学日本統計研究所・伊藤（1994）の書名である。

5 ）スウェーデン統計局（1998）の訳書名である。

　　また、独立行政法人国立女性教育会館・伊藤・杉橋（2003）では、「男女共同参画」と「女性と男性」の 2 つの表記がされている。本書は 2003 年から 3 年ごとに刊行されて、最後の 2015 年版では編者名が男女共同参画統計研究会（2015）に変更されている。

　　なお、国立女性教育会館は、上記の統計データブックのエッセンスを折りたたみ式の裏表 1 枚のカラー・リーフレットにし、ウェブサイトからのダウンロードによって利用しやすくして提供している。2022 年版までは「ミニ統計集 日本の女性と男性（2022）」だったのが、2023 年には「男女共同参画統計リーフレット（2023）」というタイトルに変わっている。合わせて英語版では、「Women and Men in Japan 2022」から「Gender Statistics Leaflet 2023」への変更である。

6 ）スウェーデン中央統計局（2008：4-7）の「訳者まえがき：『スウェーデンの女性と男性』の背景と特徴」参照。当時、世界でジェンダー統計の小冊子が発行されていた 37 カ国のうち 21 カ国が、その発行に当たって、スウェーデン開発支援機関（SIDA）の財政的援助とスウェーデン中央統計局の技術的援助を受けていた。

　　なお、注 5 ）の著者名が「スウェーデン統計局」であるのが、ここでは「スウェーデン中央統計局」と表記が異なっている。これは、前者が英語表記によるものであり、後者がスウェーデン語表記によるものであることからである。正式名称は「スウェーデン中央統計局」である。

7 ）これは、自然発生的な状態から目的意識的な状態への発展の過程である。ヘーゲル論理学における、即自的（an sich：アン・ジッヒ）と対自的（für sich：フューア・ジッヒ）との違いを意味している。

8 ）本小冊子は、1984 年に発刊されてから 1996 年まで 3 年ごとに刊行され、その後は 2 年ごとに刊行されてきた。最新版は 2022 年版である。英語版とスウェーデン語版の両

　　方とも、スウェーデン中央統計局のウェブサイトからダウンロードできる。
9）　ただし、残念なことに、本書の同頁に掲載されている図「ライフサイクル別の無償労
　　働時間、スウェーデン　1990/91 年」の棒グラフの凡例では、女性と男性が逆になって
　　いて、上部の濃色が男性で、下部の淡色が女性の表示である。これは、あるいは無意識
　　のうちに、支配的な社会通念としての、男性が先行するパターンを採用してしまったの
　　かもしれない。原書では、正しく、女性が上部の濃色になっている。

文献

伊藤セツ（1993）『両性（ジェンダー）の新しい秩序の世紀へ―女性・家族・開発―』白石
　　書店

スウェーデン統計局：ビルギッタ・ヘッドマン、フランチェスカ・ペルーチ、ペール・ス
　　ンドストローム著、法政大学日本統計研究所：伊藤陽一・中野恭子・杉橋やよい・水野
　　谷武志・芳賀寛訳（1998）『女性と男性の統計論―変革の道具としてのジェンダー統計―』
　　梓出版社

スウェーデン中央統計局著、福島利夫訳（2008）『スウェーデンの女性と男性　ジェンダー
　　平等のためのデータブック　2006』ノルディック出版

総務省政策統括官（統計基準担当）監修（2007）『統計情報』全国統計協会連合会、7 月号

男女共同参画統計研究会編（2015）『男女共同参画統計データブック―日本の女性と男性―
　　2015』ぎょうせい

独立行政法人国立女性教育会館（2022）「ミニ統計集　日本の女性と男性 2022 年」

独立行政法人国立女性教育会館（2023）「男女共同参画統計リーフレット 2023」

独立行政法人国立女性教育会館・伊藤陽一・杉橋やよい編（2003）『男女共同参画統計デー
　　タブック―日本の女性と男性― 2003』ぎょうせい

平野喜一郎編（2005）『はじめて学ぶ経済学』大月書店

福島利夫（1995）「統計調査のしくみ：統計のつくられ方（1）」横本宏・杉森滉一編『エレメ
　　ンタル経済統計』英創社

福島利夫（2008）「国民生活と統計」『経済』新日本出版社、9 月号

法政大学日本統計研究所・伊藤陽一編（1994）『女性と統計―ジェンダー統計論序説―』梓
　　出版社

第6章
文化多様性の経済学

中谷武雄

人類はいつも、先に延びる道を見通すためには夢が必要不可欠であると気づいてきた。……最高の夢追い人は芸術家、つまり小説家や画家、音楽家、道化師、作家であり、彼らは創造的な人生を生きていて、文明という詩をすべての人が見たり聞いたりすることができるような手助けをしている……。芸術家は、どこからやってきたかにかかわらず、差異を受入れるだけでなく、人間のありようの豊かで前向きな側面として差異を称賛することをわれわれに教えている。　　　　（スロスビー2014：205）

私が両手を広げても、／お空はちっとも飛べないが、／飛べる小鳥は私のやうに、／地面を速くは走れない。／／私がからだをゆすっても、／きれいな音は出ないけど、／／あの鳴る鈴は私のやうに、／たくさんな唄は知らないよ。／／鈴と、小鳥と、それから私、／みんなちがって、みんないい。　　　　　　　　　　（金子みすゞ「私と小鳥と鈴と」）

1　ユネスコ「文化多様性条約」をめぐって

(1) ユネスコ発足から文化多様性宣言へ

　21世紀に入り、ユネスコ（UNESCO、国際連合教育科学文化機関）で、「文化的表現の多様性の保護及び促進に関する条約」（以下、文化多様性条約）をめぐる、めまぐるしいともいえる動きが生じた。この条約は、アメリカの牽制する動きや条約成立への関与に象徴される中で、初めてともいえる拘束力の

ある国際法として、2005年10月20日に第33回ユネスコ総会で採択された（賛成：148、反対：2〈アメリカ、イスラエル〉、放棄：4）。2007年3月に大方の予想に反して短期間で発効した（第29条、30カ国以上の批准）。日本は採択には賛成したが、未だ批准していない。

ユネスコは、第2次世界大戦終了直後、世界平和と経済・社会・文化の国際協力を目指して設立された国際連合（以下、国連）において、経済社会理事会との国際協定で、その1カ月後に設置された国連専門機関である。憲章前文で（1945年11月16日）、「文化の広い普及」と「相互援助と関心を高め」、「自由な交流の促進」が謳われている。文化多様性条約は、前文冒頭で、この国連憲章の前文と、その後の「世界人権宣言」（1948年12月10日）と1966年締結の2つの国際人権規約を継承することを宣言している。

文化多様性条約に至る文化多様性問題の展開は、アマルティア・センなどのイニシャティブにより1990年に決議された、『1990年代のための国連開発戦略』（第4次国連開発の10年、1991～2000年）において、従来の数値目標追求型から（質的）課題の摘出に転換し、その重点を人間開発に置くことが宣言され、その後毎年、国連開発計画『人間開発報告書』（UNDP：HDR）が、人間開発指数（HDI）を目玉に発行されることになる流れと軌を一にしている[1]。2004年版は、『この多様な世界で文化の自由を』となっている。

文化多様性は、国際政治、外交上の問題として議論の俎上にのる。2000年7月の九州・沖縄サミット（G8）共同コミュニケで、文化多様性が新たに取りあげられ、社会的・経済的活力の源泉であるという認識とともに、無形文化の保護、ITの活用、相互交流の促進なども盛り込まれた。「文化の多様性に関するユネスコ世界宣言（文化多様性宣言）」が、第31回総会で採択され（2001年11月2日）、斬新な意見が力強く表明された。

「時代、地域によって、文化のとる形態は様々である。人類全体の構成要素である様々な集団や社会個々のアイデンティティは唯一無比のものであり、また多元主義的である」（第1条）。

「創造は、文化的伝統の上に成し遂げられるものであるが、同時に他の複数の文化との接触により、開花するものである。従って、いかなる形態の遺産も、多様な文化における創造性を育み、真の異文化間対話を促すために保

護・強化され、人類の経験と希望の記録として未来の世代に受け継がれなければならない」(第 7 条)。

　また文化の多様性が、経済的原理を抑制する観点を明確にして論じられることが斬新である。「市場原理のみでは、人類の持続的発展にとって要となる文化多様性の保護と促進を保証できない。この観点から、民間部門や市民社会との協力関係における公共政策の優越性を再確立しなければならない」(第 11 条)。

(2) 文化多様性条約とその後の展開

　市場システムを超えて、持続可能な成長問題という枠組みの中で、文化と経済の関係に焦点が絞られる。2002 年の「持続可能な開発に関する世界サミット：円卓会議」で、当時のシラク仏大統領は、文化を持続可能な開発における環境・経済・社会に並ぶ第 4 の柱として提議し、文化的多様性のためのグローバル・アライアンスを提唱した。表現の自由や複数主義が保証されること、著作権及び隣接権利に関する国際的規則が広く適用されること、文化産業が地域や世界のマーケットにより多く参加すること、幅広い文化に関する商品が世界中でアクセスできること、連帯に基づく Win-Win の新しい協力のスタイルを確立すること、文化産業の持つ影響力を社会および経済発展に取り込むこと、などが柱である。こうして文化が持続可能な発展の中心に位置づけられるという認識が定着した。

　ユネスコは、「文化多様性宣言」の採択を受け、これに法的拘束力を持たすべく、2003 年 10 月の第 32 回総会において、文化多様性条約の策定開始を決定した。日本でも、文化審議会・文化政策部会に作業委員会を設け (2004 年 6 月 8 日)、対応を議論し、報告書「文化多様性に関する基本的な考え方について」を発表した (2004 年 9 月 9 日)。

　この報告は、「効率性や合理性だけでは測ることができない文化の厚みが、長期的に見て、一国の存在意義を高め、世界の発展に貢献する」、という文化の固有の価値を指摘し、文化多様性がグローバリゼーション (地球規模化) の下で異文化理解・交流の上で重要性をましていること、これと (自由貿易に関わる) 経済との関係を整合的に図ることが重要であると述べて、前向き

の対応を表明する（しかしまだ批准には至っていない）。

　こうした経過の下、文化多様性条約が採択された。「文化多様性は、種々の文化的表現によって、人類の文化遺産が表され、増加され、伝達される様々な方法の他、芸術的な創造、生産、普及、配布及び享受の多様な様式によっても表明される」（第4条）。

　文化多様性条約は、アメリカのポピュラーカルチャー（映画や音楽）の浸透（グローバリゼーション）を警戒するフランスとカナダのイニシャティブで推進され、「南南貿易」で文化交易の発展による経済成長に望みを抱く発展途上国の支持を受けて成立した。世界貿易機関（WTO）を通じて自由貿易体制を推進するアメリは反対した（服部 2005；川田 2006）。第21条（「文化多様性条約は必ずしも他の国際的コミットメントより優先されるものではないにせよ、締約国は他の国際フォーラムにおいて本条約の目標と原則を促進するために協働することを約束するものとする。」）は、文化的財やサービス商品の独特な性質を反映した貿易協定への、革新的なアプローチを実現する鍵となる。

　その後、2014 年のユネスコ執行委員会において、「持続可能な開発のための文化（文化と開発）」が決議され、ユネスコが示唆する新たな文化政策、「遺産と創造性（正式には「我々の遺産保護と創造性育成」）」として実現した。文化遺産と創造産業という2つの文化資本（伝統と革新）を融合して、新たな形態のイノベーションを目指すものである。

　条約の採択後 10 年を経て、ユネスコは実施状況と「持続可能な開発のための 2030 アジェンダ」達成への進捗状況をモニタリングする「グローバル・レポート・シリーズ」[2]やパンフレット「創造性への再投資」、などを精力的に公表している。

　日本でも、安西祐一郎 2015「日本ユネスコ国内委員会会長ステートメント」が公表され、役割が3点強調された。

　1．新しい時代の国際社会における「知的リーダー」としての役割
　2．持続可能な社会の実現への貢献
　3．多様性を尊重する社会の実現への貢献

日本では、ユネスコ加盟（1951 年）に先立ち、1947 年から民間組織のユネスコ運動が発足していたという自負の下、ユネスコによる「生涯学習」の提

議、「持続可能な開発のための教育（ESD）」の実施と連帯し、「持続可能な社会の実現には多様性の維持・尊重が不可欠」であると、両者を一体・同一視する必然性を重視する。ユネスコの3つの文化遺産保護事業を推進しつつ、多様な文化間の交流を図り、コミュニケーションを促進する立場で、2015年に国連サミットで採択された、SDGs（持続的な開発目標）の下での文化多様性の重要性の（再）確認の姿勢を表明したといえる。

2　文化多様性と文化資本

(1) 国際貿易における文化特例の扱い

　文化特例（cultural exception、文化的例外）をめぐる議論が、次節の自然資本とともに、文化多様性に導く1つの流れである（スロスビー2014：180以下）。戦後からのGATTに始まりGATS、WTOで継続される貿易自由化の波に対して、文化貿易を扱う独立した仕組みを構築し、文化的アイデンティティの強化を促進し、第3世界の擁護を目的として、貿易において文化的財（文化産品）に特別の扱いを認める考えを「文化特例」と呼ぶ。貿易交渉において文化的な財やサービスを他の商品とは区別しようとする議論である。

　文化資本の現実での展開姿態を文化産業とすると、その製品の国際貿易のグローバル化、文化の生産・流通・消費の国際化は、現代の文化政策の転換上の1大要因となっている。文化が国際経済と関わっている領域は、製品（無形・有形）、労働、交流、外交、観光、と多岐にわたる。サービス貿易の拡大、世界貿易にかかわる協定の構造変化、インターネットの出現、これら3つにより20世紀後半の文化貿易の性質は深刻に変化した。

　「文化的財は、単に貿易交渉において貿易から得られる経済的利益のみが関心事であるような商業的な製品として扱われるべきか、もしくはそれらが文化価値の循環に与える量的・質的影響の大きさを踏まえ、文化的財は文化的メッセージ［社会的価値・文化価値］を伝えるという事実も考慮されるべき」であるというのが、文化特例問題である（スロスビー2014：180）。議論の論点は以下である（同上 182）。

・支持する論拠

市場では完全にとらえきれない社会的価値（象徴的なメッセージの媒体）が存在する

国家的アイデンティティを表現し、その保護は公共の利益である

文化的製品の幅の広さは文化的多様性にとって重要である

安価な輸入品のダンピングによる不公平競争から保護する価値を持つ

文化的製品を生産する産業が成長し、自立する見通しがあるなら、幼稚産業保護に値する

・反対する主張

市場を歪め、貿易の利益を抑制し、経済的非効率を産み出す

規制の虜、利益団体によるレントシーキングを可能とする

消費者主権を否定し、個人の選択の自由を奪う

文化製品の輸入は文化多様性を促進する

反アメリカ、反グローバル化のイデオロギーの単なるカモフラージュである

　文化特例を支持するにしろ、反対するにせよ、文化的多様性が焦点となる。賛成・反対の両派がともに文化多様性を促進すると主張する[3]。地域・国・国際レベルの文化発展には文化多様性は不可欠、という認識が文化貿易に影響している。こうして、ユネスコ「文化多様性条約」に流れ込んでいく。

　すでにケインズの 'Death to Hollywood!' の発言もあるが（1945 年 7 月 12 日、戦後対応）、具体的な問題の端緒は GATT 設立時（1947 年）からの唯一の例外事項：条項Ⅳ（スクリーンクォータ制、映画館での上映時間制限）に遡る。これはフランスの強い要請で実現した。

　これまでは経済的な判断基準にもとづく、ないしそれが優勢な議論では特例認定には反対が優勢であった。伝統的に貿易交渉では、すべて経済的思考が基調となる。エコノミストは文化価値を考慮することは非生産的で空想的で非現実的と主張する。

　しかし文化的アイデンティティや自己認識、自己尊重は人々にとって重要であり、それゆえ文化的財の貿易もそれらの価値に影響を与えているという事実は考慮されるべきである、という意見がグローバリゼーションの荒波の

なかで勢いを増す。この分野の経済政策立案において経済的目的至上主義を緩和し、最終的には物質的関心を超えた多様な社会的要求があることを受け入れることは必要である[4]。

　文化貿易の新たな世界秩序に向けては、WTO ルールとの調整・統合への努力が必要となる。WTO を準備する 1994 年のマラケシュ協定での文化特例への言及は、ユネスコで継承され、文化政策にとって WTO の規約や規則に対する盾と位置づけられた。文化特例が、「文化的な物品やサービスの特別な重要性、そして芸術家の創造性と文化的表現の多様性を後援する上で自由に文化的政策を定め発展させる諸国の権利を保護する、文化多様性についての拘束力を持ち、WTO から独立した国際的な法的手段に繋がることを期待する」、と欧州議会で決議された (2003 年)。

　文化特例は、単純な保護貿易主義、文化孤立主義でなく、視聴覚メディア産業における世界的大企業による市場支配から脆弱な文化表現を守るという立場から、保護の対象、保護を必要とする原因 (脅威の程度)、緊急保護の必要性、絶滅という不可逆的現象への予防原則の適用など、議論は深められている。文化貿易に対する条約の含意から文化多様性への貢献の程度は不明であるが (神事、田中 2013 ほか)、文化多様性条約は、文化が注目を高めることに向けられていることで文化政策に関する条約とも呼ぶべきもので、文化に関連した政策的措置、規制の権利を締約国に認めることが重要であり、先駆的な立案として評価できる。

(2) 自然資本と文化資本

　冒頭のエピグラフは、スロスビー 2014『文化政策の経済学』第 10 章「文化多様性」の末尾からの引用である。著者は、世紀の転換点において、前著 2002『文化経済学入門』を公刊し、国際的にも文化経済学の基本的な体系を確立し、経済学の新しい分野としての位置づけを確固たるものとするとともに、その後の文化政策の展開にも大きな貢献をなしてきた (中谷 2015)。

　小論の焦点である「文化多様性」は、後継の姉妹篇『文化政策の経済学』で、全 15 章の中で第 10 章として章として独立して論じられる。10 年先行する前著では、文化多様性は、「持続可能性概念を文化資本概念に適応する 6 原

理」[5]の1つという扱いであった。「文化多様性という現象は近年拡大しつつあり、国家間と国家内部の両方で文化政策の重要な側面になっている」(スロスビー2014：195)、という認識が明確に反映されている。

　スロスビーは、ユネスコでの文化政策の展開と発展に、文化多様性条約を中心にして大きく貢献してきた。文化多様性との関係の下で、彼の文化経済学の根幹をなす文化資本概念が示唆的である。文化資本は自然資本との類推の下で展開されてきたが(文化多様性宣言第1条)、著者が、LSEにてロビンズの伝統の下で文化経済学を修める前に、出身地シドニー大学にて農業科学の修士号を修得していることも無関係ではないであろう。

　「文化資本」とは何か?(スロスビー2002：79以下)。スロスビーは、先行するブルデューや社会学での用法とは異なって、経済学の基礎範疇として資本概念を拡張する。(経済)資本が価値(＝利潤)を生むように、文化資本は文化価値を生み出し、芸術・文化の発展に貢献するとともに、同時に経済価値を生産し、蓄積し、供給する。新たに、文化は資本としての、有形・無形の資産と理解される。文化資本は経済価値と文化価値の両者を含み、生み出すが、経済資本は経済価値のみである。経済と文化を双子の対象として人間行動の2つの基準に据えるなら、文化価値を内包する文化資本が経済資本の上位に位置することになろう。

　経済(学)的にみて、資本ストックは価値を失うこともあるし(減価償却)、保全のために資源の(追加)投資(修繕・補修)も必要とする。自然破壊や公害問題が頻出して、従来の、再生可能・再生不可能な自然資源という枠組みを超えて、自然の賜、無償と思われていたアメニティ、生態系を維持、改善するにも、人手はかかるし、費用も伴うことが理解されるようになった。これが環境保全の中で形成された自然資本の考えであり、物質資本、人的資本に次ぐ第3の資本である。

　そして第4が文化資本となる。歴史的な町並みや生活環境など、歴史や伝統の無償の産物と思われてきた文化も、維持し(保存)、発展させる(創造)には、意図的な社会的管理と投資が必要になると考えられている。

　自然資本は環境経済学の発展の中で定着してきたが、これも、国連を中心に展開された、「生物の多様性に関する条約(生物多様性条約)」の流れのな

かで具体化した。この条約は、生物多様性を「生態系」「種」「遺伝子」の 3
つのレベルにおいて、生物多様性の保全、生物多様性の構成要素の持続可能
な利用、遺伝資源の利用から生ずる利益の公正かつ衡平な配分、を 3 つの主
要な課題として、1993 年 12 月 29 日に発効した。

遡れば 1987 年から国連環境計画（UNEP）が準備を開始し、1989 年に国連
環境計画の検討が始まり、1992 年に合意テキスト採択会議（ナイロビ）を経
て、1992 年 6 月ブラジル・リオデジャネイロで開催された国連環境開発会
議（地球サミット）で、条約に加盟するための署名が開始されていた。1995
年：ユネスコ 50 周年記念シンポジウム「科学と文化：未来への共通の道」
において、ジャック = イブ・クストー（仏・環境学者）は、「種の数が多いと
ころでは生態系は強靭であるが、南極のように種の数が少ないところでは脆
弱である。この法則は文化においても当てはまる」と報告し、文化多様性へ
展開することが目指されていることが理解できる（寺倉 2010）。

日本は 1993 年 5 月 23 日に批准し、締約国になり（CBO/CPO）、2008 年 6
月 6 日に「生物多様性基本法」（環境省）が公布された（文化の落差は大きい）。
アメリカは条約署名しているが批准しておらず、締約国会議にも参加してい
ない（バチカン市国（聖座）も未加盟）。

(3) 文化多様性の価値

スロスビーは自然資本を念頭に置いて文化資本概念を精緻化する作業の中
で、多様性の維持について、その価値について、以下のように説明する。

「生物多様性が自然界において重要なものと理解されているように、文化
的多様性も文化システムの維持においては重要なものである。理念や信念、
伝統、価値などの多様性は、個別の要素によって提供されるサービスとは明
確に区別されるような、文化的サービスのフローを生み出す。多様性は、文
化資本の重要な属性である。なぜなら、それは新しい資本を生み出す能力を
もっているからである。たとえば、創造的な活動が文化資源の既存のストッ
クを踏まえているのであれば、資源が多様であればあるほど、将来生み出さ
れる芸術作品も、より多様でより文化的に貴重なものになるだろう」（スロス
ビー 2002：97-98）。

　文化多様性が文化資本に対してもっている大きな特徴と重要性は、豊穣な多様性が内包されている一体性、全体性の確認と、また、それが新しい資本を生み出す能力をもっている、ということである[6]。この視点から文化資本概念が定着すれば、資本の自己増殖機能について、根本的な転換を迫ることになる。文化資本が「文化資本の経営」を通じて経済資本を制御する筋道を示し、経済価値に対する文化価値の独自性と重要性を展望することができる（中谷2018）。

　「多様性という概念は自然的世界においてはきわめて重要なものだが、それはおそらく文化的システムにおいてはさらに重要な役割を果たすものである。それは、独創的な文化的財のほとんどにみられる性質である。例えばすべてのオリジナルな芸術作品は他のすべてと差異化できるものをもっているし、すべての歴史的建造物や史跡は、それぞれ明瞭に区別できるものである。したがって文化的多様性は、おそらく自然における多様性よりもはるかに幅広いものである」（スロスビー2002：90）。

　後継の『文化政策の経済学』第10章では、文化多様性の価値は、それが文化資本の1要素であること、価値あるサービスのフローを生み出す無形資産であることを明確に述べ、文化多様性・文化資本・文化圏は生物多様性・自然資本・生態系との対応・対比で理解できることを述べる（スロスビー2014：195以下）。

　文化多様性の価値の4つの源泉は、①多様性の存在価値そのもの、すなわちそれ自体が重要、②文化的世界の相関性が重要で、結びつきが弱まれば多様性も弱まり、文化的生態系の姿として考えられる、③経済活動を支える基盤であり、目には見えないネットワークと関係を形成している、さらに、④現時点ではまだわかっていない経済価値を持つかもしれない（将来のチャンス）、である。未来への選択肢を残すこと、そのために予防原則を採用することの重要性も指摘する。文化価値と経済価値の双対性に留意し、両者の重要性を適切に評価すべきことが強調される。

　文化政策における（文化）多様性問題は、現在は文化権概念を中心に民主主義と人権が焦点で、国内問題としては基本的人権と文化的民主主義の発展、移民、難民などマイノリティの平等な参加が目指され、国家間では異文

化間対話、文化交流、参加の公平性、文化的均質化への対処などが課題として確認される。

1992-95 年に「国連文化と開発に関する世界委員会」(WCCD) が継続され、『我々の創造的多様性』が報告される。議長のキャリアは異色であろう[7]。委員会の精神を継承して、1998 年に「発展のための文化政策に関する国際会議」(ストックホルム) が開催され、前後して、ユネスコ『世界文化レポート』(1998、2000 年) が発行され、文化多様性の定義が、アイデンティティの独自性と多元性の具現化、基本的人権の尊重、創造的活動や文化生産物の生産・流通の促進、民間も含めた国際的な協調と対話、として明確化された。

文化政策の独自の領域としての文化多様性に対して、ユネスコ条約の枠組みは、「平和と友好を促進させるために文化を用いる」という暗黙の目的に向けて、一歩を踏み出すものであろう。

3　文化的多様性の経済学にむけて

多様性概念は、多様な主体や要素が豊かに内包されている一体性、全体性の観点から考えることが重要であり、またそれが新しく発展を生み出す潜在力をもっていることに注目しなければならない。金子みすゞ「私と小鳥と鈴」の世界は、調和的な、個性も能力も異なる三者三様の同時存在、併存状況が醸し出す童話的世界の温かい雰囲気だけでなく、三者がそれぞれに差異を前提として体を動かすこと、音楽を奏でることを通じて関係を保ち、運動の下で総体としての夢見心地よさ、長閑さ、楽しさ、美しさが表現されている。内部要素の相互・交流関係が運動概念を含んでおり、運動型・発展型であることが、ハーモニー (調和) からシンフォニー (交響) の世界に導いている。

文化多様性は、多様性のこうした性格を理解する上で重要であるとともに便宜でもある。個別的に捉えると、芸術は既存の作品群の中にあって、創作者の享受、学習体験によって誘発される。その真正性 (本物の価値、authenticity) は唯一無二のものとして存在するとともに、それは他のものとの差異性においてのみその存在が確認できる。そこでは、競争・ぶつかり合い・軋轢・衝突だけが生じるのではなく、調整・調和・融和・修正などを通じて共

生・融合・変形・発展は自然的に発生する。静態系でなく動態系、運動型、発展型としての性格の特徴が典型的に表現される。

　文化多様性は新しい文化資本を生み出す能力をもっている。新しい文化価値を生み出す文化資本は、内部的契機として多様性を内包し、多様性は文化資本の重要な属性である。多様性は豊穣性として、多様であるほどに豊かになり、運動力、発展性が高まる。サービス化、脱物質化の流れ（の先）に総体としての文化の無形性という性質を念頭に置くと、こうした事態は容易に理解されよう。無体財としての文化は競合性が生じない、消費は消滅を来すどころか、その価値は消費（＝利活用）によって益々高まる。

　産業や経済におけるサービス化と脱物質化に伴うデジタル化、ネットワーク化、グローバル化の進展は、無形財としての芸術・文化の世界に先駆的に、典型的にその性質を顕在化させつつある。現在生産されつつある文化的財の根本的な特質は、以下の3点であろう（菅 2010：281-282）。

1．ネット上の情報や新技術という現代的な文化資源は、著作権や特許という現代の所有と利用の仕組みになじんでいない。

2．現代の文化（資源）は拡散性が高く、生成した時点から世界中に流通することを前提としている。非物質・無形であることが容易に複製される、ということを資源特性として理解しなければならない。

3．文化（資源）は高い商品性や市場価値を持っていて、経済価値ゆえに権利主張や囲い込みが行われる。

　文化多様性は、構成員の自由な利活用を保証・促進する（ローカル）コモンズや、著作権でいうパブリックドメインに表現される。多様性や個性は、芸術・文化が自生的発展する基盤であるとともに、その主体として成長、発展する。無形財としての性格は、異質なものとの遭遇（衝突）、異質な外在物や外在性を取入れ、内部化し、構造化し自己変革を遂げる上で最適である。文化資本は、文化多様性を基板として成長、発展する。

　文化も、維持し（保存）、発展させる（創造）には、意図的な社会的管理と投資が必要になる。しかしその資産の無限性や無尽蔵、多様であり豊かであること、これが豊穣性の源泉であり温床でもあることは、従来とはまったく

異なる管理法を必要とする。文化的財は不特定の多数の人によって使われた時に、最も価値が高くなる！

　文化資本による経済資本の制御が現実性を帯びる。文化多様性の経済学は、こうした展望の上に、こうした観点から展開される必要があろう。

注

1）多様性問題は、後にも触れるが、「生物多様性条約」（1992 年採択、1993 年 12 月発効）に先行される形で展開され、それゆえに「自然資本」や環境問題概念の発展、精緻化の実績から、「文化資本」概念が結実、豊穣化する形で発展していく。

2）第 1 回　UNESCO 2015 Re|Shaping Cultural Politics: A Decade Promoting the Diversity of Cultural Expressions for Development, Summary (2005 Convention Global Report)
第 2 回　UNESCO 2018 Re|Shaping Cultural Policies: Advancing Creativity for Development, 2005 Convention global report, summary
第 3 回　UNESCO 2022 Re|Shaping Policies for Creativity: Addressing Culture as a Global Public Good (Executive Summary) Publication supported by Sweden。ユネスコ 2022「創造性のための政策の再 | 形成：グローバルな公共財としての文化への取組」（エグゼクティブ・サマリー 2022）坪井ひろ子訳。

3）多様性の議論においてアメリカ（固有）の論調は、黒色 T 字型モデルの 1 本化に踏み切った、ヘンリー・フォードの発想の根底にある。生産合理化、規格化、大量生産は生活の画一化でなく、新製品、新領域の開拓、選択肢の増大により、生活の多様化に導くというものである（久野愛『視覚化する味覚：食を彩る資本主義』岩波新書 1902、2021 年、8-9 頁）。この戦略は、モデルチェンジの GM 路線の前に転換を余儀なくされたが、後にも、「かつてヘンリー・フォードが画一化と大量生産がアメリカ人の生活に多様性をもたらしたと述べたように、多種多様な加工食品は、日々の食卓をより豊かに彩るものとして広まっていった」（160 頁）と、歴史は繰り返すと述べている。

4）現代の規範概念において多様性は横の概念であり、縦の概念中心の従来の学問体系に問題提議をなすという指摘も参照（初見健太郎（2022）「21 世紀社会経済学における文化多様性概念のあり方」関西大学『政策 創造研究』16）。

5）6 原理（あるいは次元や基準）は、物質的・非物質的厚生、世代間公平と動学的効率性、世代内公平、多様性の維持、予防原則、文化システムの保全と相互依存性の認識、である（スロスビー2002：93）。

6）福原義春の以下の指摘を参照。文化資本とは、「異質な外在性を内在化して、新たな外在性として生み出す活動」の原動力である。創業者による、企業の創業時の文化資本は原形（初発）であるが、「歴史的な時間の経過とともに文化資本を蓄積し……、外在性を受け入れ、それを内在化することで形成されることが多い。／これが第 1 次資本」である。「この第 1 次文化資本、いわば「生まれ」を土台としてそのうえでさらに新たな外在性を内在化することで形成されるのが第 2 次文化資本、いわば「育ち」です。／この「生

まれと育ち」を、さらに 3 次、4 次というより高次の文化資本へと形成していくわけで
すが、これは経済資本のように貨幣価値が無限に形成されていくかに見えるようなもの
ではありません」（池上 2017：151-152）。

7）議長はハビエル・ペレス・ド・クエリァル（1920〜2020 年）。ウィキペディア情報で
あるが、ペルーの政治家、外交官。第 5 代国連事務総長（任期 1982 年 1 月〜1991 年 12
月）。第 28 代ペルー首相（任期：2000 年 11 月〜2001 年 7 月、首相兼外務大臣）。アメ
リカ大陸出身では初の国連事務総長。1995 年にペルーの大統領選挙に出馬するが、ア
ルベルト・フジモリに敗れる。駐フランス大使であったが、2004 年 9 月に辞任した。

文献

安西祐一郎（2015）日本ユネスコ国内委員会会長ステートメント「多様性の尊重と持続可
　能な社会の実現に向けて：ユネスコ創立 70 周年にあたって」2015.11.2

藤野一夫（2022）『みんなの文化政策講義：文化的コモンズをつくるために』水曜社

服部英二（2005）「ユネスコ　文化多様性条約を採択：アメリカ的グローバリゼーションを
　世界は否定した」日本ユネスコ協会『Short-News』221

池上惇（2017）『文化資本論入門』京都大学学術出版会：学術選書 078

神事直人・田中鮎夢（2013）「文化的財の国際貿易に関する実証的分析」『文化的財の国際
　貿易に関する実証的分析』13-J-059

川田順造（2006）「いまなぜ文化の多様性か」『ユネスコ・アジア文化センターニュース』
　356

中谷武雄（2015）「スロスビー『文化政策の経済学』とケインズの文化政策」『国際文化政策』6

中谷武雄（2018）「書評：池上惇『文化資本論入門』京都大学学術出版会、2017 年」『文化経
　済学』15-1（No.44）

菅豊（2010）「ローカル・コモンズという原点回帰：「地域文化コモンズ論」へ向けて」山田
　奨治編『コモンズと文化：文化は誰のものか』東京堂出版

スロスビー、デイヴィッド（2014）『文化政策の経済学』後藤和子・阪本崇監訳、ミネルヴァ
　書房。Throsby, David 2010 *The Economics of Cultural Policy*, Cambridge University Press

スロスビー、D.（2002）『文化経済学入門：創造性の探究から都市再生まで』中谷武雄・後
　藤和子監訳、日本経済新聞社。Throsby, D. 2001 *Economics and Culture*, Cambridge Uni-
　versity Press

寺倉憲一（2010）「持続可能な社会を支える文化多様性：国際的動向を中心に」国立国会図
　書館調査及び立法考査局『持続可能な社会の構築総合調査報告書』調査資料 2009-4、III-9

ユネスコ（2018）「創造性への再投資：2005 年文化的表現の多様性の保護及び促進に関す
　る条約」坪井ひろ子他訳。UNESCO Culture Sector 2018 *Investing in Creativity: Conven-
　tion on Diversity of Cultural Expressions, 2005*

山田奨治（2021）『著作権は文化を発展させるのか：人権と文化コモンズ』人文書院

第7章
上田庄三郎と闡明会の活動

北川健次

1　問題の所在

　教員免許更新制が「発展的解消」されることになった。諸手を挙げて喜ぶ
はずが、「ポスト更新制」が新たな危険性をはらんでいる。それは、教育公
務員特例法（以下教特法）が改正され、教員の研修が管理される可能性がある
からである。同法第22条の5で、研修等に関する記録を作成することを規
定しており、さらに、同条の6で、指導助言者が教員の研修に関する情報を
提供し、その指導及び助言を行うものとなっている。つまり、教育委員会や
校長が教員の研修を管理し、内容に関しての指導や助言をするというのであ
る。その結果、官制研修への参加が促され、自主的な研修を行うことが難し
くなる可能性がある。

　研修とは、教特法では「研究と修養」のことである。久保冨三夫は、それ
は「受ける」ものではなく「行う」ものであり、その主語は教員であると指
摘している[1]。「行う」ということは自主性を伴うべきものであるからこそ、
今後、教員が積極的に自主研修を申請していくことを強く求めている。

　しかし、教員の自主性が発揮できにくくなるようなシステムが構築されつ
つある中で、現代の教師が研修も含めて、いかに自主的に教育活動を行うか
は重要な課題である。そのための方策を具体的に考えるために、歴史的に考
察してみたいと思う。ここで取り上げるのは、大正期、現在の高知県土佐清
水市で教育運動と教育実践に邁進した上田庄三郎（1884-1958）である。

2　上田庄三郎について

　上田庄三郎（以下、上田）は、「教育界の大宅壮一」[2]とも言われた教育評論家で、その教育思想の背景には、11 年間の高知での公立小学校教員と約 2 年間の神奈川県茅ヶ崎での私立学校教員の経験があった。自己の教育思想を形成したのは、「田舎教師十余年の間、実践に第一線にあって、或は書斎の徹夜に、或は学校の宿直室で読み考え思考し実践したそれ以外にはない」[3]と自ら語っていることからも確かめられよう。

　上田は、1894（明治27）年に現在の高知県土佐清水市三崎に生まれ、1914（大正 3）年に高知師範学校を卒業して、地元三崎尋常高等小学校の教壇に立った。その後、1921（大正 10）年に校舎を火災で失った益野小学校に赴任し、校舎建築と自由教育に力を注いだ。彼は、児童中心主義にもとづく教育実践をすすめ、校舎建築を実現させた。しかし、官僚主義に対抗する上田は、視学らの再三の干渉に抗しきれずに高知を去ることになる。

　1925（大正 14）年、神奈川県茅ヶ崎に雲雀ヶ丘児童の村小学校を開設しその校長となったが、自ら抱いた自由教育の夢は成功せず、同校は 2 年後閉鎖となる。その後、同郷の小砂丘忠義[4]らと綴方雑誌『綴方生活』を編集し、生活綴方運動に取り組んだ。

　戦中は沈黙を続け、戦後は教育評論家として活動し、教員組合の結成に関わったり、反戦平和の運動や基地問題にも取り組んだりして、1958（昭和 33）年に生涯を閉じた。

　その中でも特に高知における教育運動に注目する。大日本帝国憲法—教育勅語体制下にあって、上田は、じわじわと押し寄せる圧力に耐えながらも、新しい思想に学び、子ども中心主義の教育実践を展開した。彼らが生活し活動する地域は、「日本のチベット」と言われるような僻地である。それでも国内で広がる大正デモクラシーと自由教育思想を吸収し、仲間と共に歩もうとした姿に学ぶべきものがあると考える。また、上田は後の教員組合結成に関わるのだが、その階級意識を培う下地をつくったのはこの時期であると考えられる。これらのことを考慮するならば、教員の組織化と教育運動、さら

には最新の教育実践に邁進した上田を取り上げる意味は十分にあるといえる。時代は違えども、現代の教師の生き方に少なくない示唆を与えてくれると考える。本稿では、その中でも、上田が組織した教員組織「闇明会」とその活動から、教師が自主的・主体的に学び活動する姿を考察することにする。

3　闇明会の組織化と活動

　上田が郷里の三崎小学校に赴任した 1914（大正 3）年は、まさに第一次世界大戦勃発の年であり、その後のインフレによる教員の実質賃金は著しく低下した。教員の待遇改善は各地で話題となった。さらに、教員の中には転・退職者も増加し、師範学校への入学志望者も減少した[5]。

　当時大正デモクラシーの思想的潮流が教育界にも押し寄せており、このような状況を打破しようとする動きも起こりつつあった。教師たちの中にも『改造』『中央公論』『我等』などの雑誌を読む者が増えてきていたし、その思想的高揚の中で、要求実現に向けた運動が全国各地に起きていた[6]。

　なかでも画期的だったのが、1919（大正 8）年に結成された「啓明会」である。これは、埼玉師範学校教師だった下中弥三郎を中心として埼玉県下約300 名の教員たちで結成された。翌年「教員組合啓明会」と改称して、第 1 回メーデーに主催団体の一つとして参加し、のちの労働運動の上でも重要な位置を占めるようになる。この会は、全国に生まれつつあった教員サークルとの繋がりを持ち、全国的な発展への機運が満ちていた。

　また、明治以来の国家主義体制を支えてきた公教育が、教師主導、教科書絶対のもとに進められてきたことに対する反発が、大正デモクラシーの潮流の中で高まり、いわゆる「新教育」の波が各地に押し寄せた。そこでは、児童中心主義に基づいた教育実践が模索された。「小さく固まった肩のこるような不自由教育ばかり」で「絶望的」であった[7]と上田が言うような細目まで定められた教育課程に対し、自由教育思潮が全国的に広がり、様々な運動が展開されていった。「文芸教育、自由教育、自由画、自由詩、自由作文、童謡・童話、童話劇、童謡踊」などの潮流が押し寄せる中で、上田が自由教育思潮と「心中する」とまで述べているように、その傾倒ぶりが窺える[8]。

　このような風潮のなか、上田が教師として初めて赴任した三崎村は県下の
模範村で、その中にある三崎小学校も模範校だった。村長も校長も県教育界
の有力者であり、権力を嫌う上田はその官僚性と衝突するのだった。

　1917（大正6）年、上田は下川口小学校へ転任する。その頃、上田の周囲の
青年教師が集まり、現下の教育を論じ合う会がもたれていた[9]。この集団を
核として、1918（大正7）年ごろ結成されたのが上田の主宰する「闡明会」[10]
であった。

　彼らは、「頑迷思想を撲滅すること」「教育者の生活を強固充実させること」
「教育界に精神自由の気迫を促進すること」などを綱領とした[11]。

　規約によれば、この会は「本会の主義に賛同するものによりて成立」し、
「入会退会は人格的自由」とされ、「特に会長を置かず、会員は平等の権利を
有す」とあるから、かなり緩やかな組織であったと想像できる。この3つの
規約のほかに、「毎月雑誌『闡明』を発行し吾等の主義を宣伝す」ることと、
「時々教育界の新進教育学者を聘して講演会を開く」ことがのちに付け加え
られた。

　さて、彼らがその撲滅を訴えた「時代の大勢に逆行する頑冥思想」とは何
か。「時代の大勢」を大正期に高揚したデモクラシー思想とすれば、「頑冥思
想」とはそれに逆行する旧思想である。それは、封建的、官僚的な因習や伝
統であり、彼らは画一的な教育へも「撲滅」の対象として矛先を向け、そこ
から解放されたいと願っていた。それに縛られ言われた通りに「不言実行」
する教師への批判も厳しかった。

　闡明会は、「特に会長を置か」ないような曖昧な組織で、「人格的」な結合
体であり、のちの教員組合のような階級的組織的基盤は未確立だった。その
ため、上田を中心に各自の力量で教師の「輿論を闡明」したのである。一例
を示そう[12]。上田は、視学が最初に招集した職員会の席上、闡明会の綱領を
朗読した。これに驚いた視学は「面色を蒼くし」た。しかも、その日に出さ
れた諮問案「デモクラシーの思想に対し教育者の態度如何」について、彼ら
は順番を決め「答申」と称して当局を攻撃したという。上田を先頭にして、
このような戦闘性をあらわにしたのも、闡明会に集まる青年教師の特徴で
あった。

4　弾圧と抵抗

　闘明会の会員達は郡長や郡視学を攻撃し、発言の機会をとらえては官僚の横暴をき、弁明の余地すらないまで論破した。当局は彼らを「危険思想のグループ」[13]などと非難した。また、「新しがりだ」、「根柢が浅い」、「危険思想」だ[14]と迫害や罵言を浴びせた。そして「遂に是を駆逐」しようと[15]、「徳弘視学のプラン」によって、1920（大正9）年3月の教員異動で、会員に会合を持たせないように彼らを郡内のへき地に分散させる不意転をくらわせた[16]。当時、会員たちは三崎を中心にして集まっていて、自転車を利用すれば日曜日などに集まれる距離だったのだが、この異動によって解散に近い状況に追い込まれた。

　会員の中には「地図を出しても地名が出てこないほど遠隔の地」や離島へと追いやられた者もいる。上田は、闘明会の牽引車であった自分があまり不当な人事でなかったことや第二席に就いていることに後ろめたさを感じ、自分を責めるのだった[17]。

　会員達への不当配転は、会の存亡に関わる問題であり、「退職一歩手前といった取扱」でもあった。今や四散させられた会員をつなぐ必要性が発生した。上田は、そのための「唯一の交流手段」として、会誌『闘明』を位置づけて発行した。その編集には、上田と同人の西山順一が関わった。

　「放課後の職員室に居残って『闘明』の原稿を書き、手を真黒にして印刷することは、歓ばしい労働である。それは誕生の歓喜であり、創生の法悦である」[18]。上田は、『闘明』発行への意気込みをこのように表現した。それは、不当配転させられた会員達への励ましでもあった。

　上田は、この人事を「児戯的な迫害」だと述べ、『闘明』は、それによって「喚発された、新生命の、止むに止まれぬ顕現」[19]だと主張した。同人たちへの次々の不当配転によって、家族と別れ別れにならざるを得なくなる者や、交通不便な当時にあってなお不便な土地への道のりを徒歩で行く者もいた。上田は、僻地へと追いやられた同人の原稿を読み、「私は涙せずには鉄筆を走らせることが出来ませんでした」[20]と語っている。

　また、九州の同人からは、「諸君が頑迷思想を撲滅し教育界に生新自由の気魄を従進せしめ様との趣旨の下に結束された闡明会——私はその名を聞いただけでも肉が踊る様に思います」と熱い賛同のメッセージが届き[21]、「ひいては全国の教員が握手して真実の道に突き進むのでなければならない」との思いが伝えられた。さらに、ある同人は、「闡明会はいよいよ空間的に拡大された。会員会合の機会は少なくなったために茲に意見交換の機関を企画された超風（上田のペンネーム—筆者注）兄の発議に賛し時事感想を吐くことによりて自己の内生活を表白し、会員諸君の叱正を乞ふて一歩でも進展させて戴きたい衷心希欲であります」[22]と、この活動に意欲を見せているし、「闡明が来るのを恋人を待ちる様な心で待っています」と、熱烈に上田に語っている者もいる[23]。他にも、この「児戯的な迫害」に対し、「たとえ正当な主張要求も少ない力では再び蹂られるから力を大にする為だ。蹂られないだけの力を成す為に団結である」と述べて、会員の結束を固めようと言う者もいた[24]。上田の必死の思いが伝わった証拠でもあろう。

　上田は、こういう会員たちの期待に応え毎回論文を書き、他の会員達も「青年教師の輿論」を闡明する場として投稿した。会員たちの投稿をみれば、主観的、観念的な内容のものが多いのだが、なかには小学校就学の「義務年限の延長をプロパガンダ」する者[25]や、教育会を「教員組合なるものの別名」とすることを説く者[26]も現れた。また、教員の給料や住宅などの待遇の改善、勤務条件の改善、施設設備の充実、さらには教科書の改善などにも触れて要求を掲げた者[27]もおり、そこには「教師みずからの教育権、生活権獲得にたいする自覚」や「学習者である児童が経済的貧困によって就学がさまたげられていることにたいする、教育的良心」を見ることができる[28]。このように個人的な主張としては先進的な内容を持っていたが、組織的な活動が方針に盛り込まれることがなかったので、主張するだけのものとなっていたことは否めない。

　そのような会自体の組織基盤の脆弱さがあったので、この不当な人事を行った視学が急死したことで闘うべき相手がいなくなり、闡明会の会員たちは活動意欲を失っていくのだった。不当配転から少しでも早く戻してもらいたいという気持ちからか、当局との対決姿勢を弱め、その活動への意欲を低

下させていったことも否めない。その中で、離れていこうとする会員達をつなぎ止める役割が『闡明』にあったとも言えよう。

　彼らのたたかいは、今日の教員組合運動のような階級闘争ではなく「人格的闘争」[29]であった。同人の中に会のモットーを批判するものが現れてくると[30]、上田はその批判に、頑冥思想撲滅の対象は「自己自身だ」、「闡明会も内部から自己改造の根本から更生しなければならない」と答えている[31]。つまり、彼のたたかいが、この時点においては、このような旧態依然たる思想から脱却するために、「現実的自我と理想的自我との戦」、「自己超越のための自我創造のための戦」、つまり「どこまでも自己熱愛のための人格的闘争」[32]を目指していたのであった。

　規約には、「毎月雑誌『闡明』を発行」する予定であったが、雑誌代一人10銭[33]を求めていたにもかかわらず、納入不十分で資金不足が大きく影響し[34]、さらに上田の病気や洪水等々の状況も加わって、創刊以来毎月発行は出来なかった。最後は上田の個人雑誌のようになり[35]、1921（大正 10）年 6 月までで発行は停止し、その会自体も消滅したのだった。

5　「創造教育論」講習会の開催

　闡明会の規約に「新進教育学者を聘して講習会を開く」とあった。会は当時青年教師の間で一大ブームとなっていた早稲田大学の稲毛詛風の講習会を計画し実施した。

　闡明会の生れたその使命が「周囲の空気を思想的に一新しよう」ということであった。ところが周囲の状況を見わたせば、「あまりに新時代の要望を裏切ったもの」だから、教育学術講習会を開こうとすることは、「当然の仕事」だと訴えて、1920（大正 9）年 8 月 2 日から 6 日まで、実に 1 日 4 時間を 5 日間、合計 20 時間の講習会を開くことになった。案内記事で、上田は、「吾らは只真摯な同志特に若き教育者の自由な集まりとして意義深い講習会にしたい」と意欲を示した[36]。題目は「創造本意の教育観」であった。主催は闡明会と、三崎、下川口両村の教育会となっている。上田はこの計画に際し、下川口と三崎両村から百円ずつの経費を出させることに成功していた[37]。

　稲毛は、当時の青年教師の間でかなりのブームになっていた。同人の清原は、稲毛の主宰する『創造』誌に、『闢明』の紹介記事を送っているし[38]、また、上田自身も同誌に投稿していることを考え合わせれば[39]、稲毛の主張に傾倒しそこから学ぼうとしていたことがわかる。

　それでは、稲毛の主張する創造教育論とはどのような主張であったのか。稲毛は創造教育について、5点にわたって説明している[40]。第一は「創造を以て原理とする」ものであり、「創造といふ一義によつて教育の全体又は全体としての教育を統卒する」ことだとしている。この教育観は、注入主義、模倣主義、他律主義、教師本位、機械主義、画一主義、凡俗主義、現実主義、唯物主義などの旧教育観に対立するものであった。第二に教育の本質を創造とみるのである。「創造性を最も十分に発揮させること」を手段としている。第三は、人格の創造に即する文化の創造を教育の目的としていることである。そして、第四は創造性を教育の動力と捉えて、教育を教育者と被教育者との創造性の交渉とみることである。第五に、被教育者だけでなく教育者もともに十分に自己の創造性を発動させることを求めている。

　上田は、この創造教育に対して、それは新しくも古くもない「真の教育である」と言う[41]。現代の教育は明らかに自由を与えないから「児童に死を宣告し」ており、「自由のない処に断じて創造はあり得ない」と断言する。よって、創造教育の先決問題として、教育関係者に対し「自己即完成の妄想を滅却し、児童に思い切ったる自由（児童相当の自律）を与えなくてはならない」と訴えた。その上で、「創造の本義」は、「価値改造」であり、「如何にすれば児童を価値充実せる人格体たらしめるか」だと捉えていた。

　さて、この稲毛を迎えての講習会が、三崎小学校で開催された。同人西山順一が『闢明』に掲載した稲毛の講習会のルポによれば[42]、講習会の開会では上田が主催者代表の挨拶をしており、講演では、稲毛が「人性の危機」と題して自己の過去を語り、「婦人の自覚」で「『ノラの家出』を問題にし」た話をしている。さらに夜には、宿舎での交流会や性に関する話題が話し合われている。

　上田は、この講習会の成功を「何一つ積極的な仕事の出来ない空論家の集まりであるかのように思われ勝ちであった闢明会が、誰にも誇らかに示すに

足る一つの仕事を遂行させてくれたこの夏は特殊の新奇さで記憶されねばならぬ。教育革新の権化として自らも人も共に許している稲毛先生が幡郡に十日間足を止めたという事実が、すでに日本の教育革新の新しい体勢への順応である。兎に角幡郡の教育界少からず男をあげたわけだ、こうなると俺ら若い者の教育上の功績は『独自にして優秀』と言わざるを得まい」と自賛している。この文章からも、上田の達成感が伝わって来る。また、上田は稲毛を前にして、「しみじみと恋人の顔を見るように」顔を見上げ、「あなたですか。ながい間あくがれていた私です」と思うのであった[43]。上田はすでに「創造本位の教育観」については、その著書で「しゃぶりつくし」ており、それは「俺ほど深く M 氏（稲毛のこと―筆者註）の思想を考えているものはここに居りゃあすまい」と自負したほどである。会員の中にも稲毛に心酔して「余は現在真理則稲毛則神くらいに考えているかも知れない」と言う者もいて、「官僚的な頑冥な形式一点張なおべっかなもの全我的に反抗する。そのために首を刎ねられたら本望だ」とその意気込み高く述べている[44]。

　そして、この稲毛の講習会が三崎に続いて中村でも開かれた。前者は闇明会が主催したが、後者は郡教育会が主催した。

　しかし、講習会の成功とは裏腹に新たな問題が生じた。その内容が当局の意に沿うものではなく危険思想とみなされ、闇明会自体がさらに「危険思想のグループ」として警戒されたのだった。その結果、「両村当局に一ぱいくわせて講習会費を出させた」[45]ようにとられてしまったのだった。

6　教育運動と雑誌交流

　さて、稲毛の教育哲学の吸収とともに、上田は他からも多くを学んでいる。『創造』との交流は既に紹介したが、『闇明』には、山本鼎らの主宰する『芸術自由教育』創刊号の抜粋記事が紹介されている。上田自身自由画運動にも興味を示していたし、『芸術自由教育』に『闇明』が届けられていることを示す記事が掲載されており[46]、上田がこれに共鳴して宣伝し実践していたことがわかる。

　また、当時結成された「教員組合啓明会」の雑誌『啓明』には、闇明会の

ことが紹介されている[47]。平田という同人によれば、同会の会員が啓明会に
多数入会したというのである。啓明会は、雑誌『啓明』を発刊して、さらに
全国へ展開していく。新しい動きに敏感な上田にとって、啓明会の活動に無
関心であったはずはなかろう。

さらに、上田は闢明会と同じような教育運動をしている教員団体との交流
を持っているし、互いに刺激しあっていた。それらは、やはり各自が発行す
る雑誌の交流という形で行われていたと推測される。

上川口にいる同人池川からの便りは[48]、「坂東にも同士会（名は平凡）が生
れた」とあった。また、九州の会員清原は、自分達も「研朑会」を組織したこ
とを伝えている[49]。清原は啓明会の動きにも触れながら、「全国の教員が握
手して真実の道に突き進むのでなければならないと思います」と訴えている。

同人横山才一は、闢明会への弾圧人事による転任先で「新生会」を立ちあ
げ、会誌『鳥瞰』を発行する。また、それには横山が小砂丘へのメッセージ
を書いていることから、『極北』を発行していた小砂丘との交流を示すもの
である[50]。

その他、1919（大正8）年に養老地域でも、教育会役員人事をめぐっての「改
造運動」が発生していることを、『闢明』で紹介している[51]。上田は、「養老
に起った改造運動は成功しなかったにせよ、古き或るものを破るために記念
すべき事件であろうと思います。老の値を過重して若さの値を閉却したのが
旧い思想であるのなら、吾らは老と若とを超越した新価値を創造しなければ
なりません」と評している。

これら当時彼等教員組織化の動きは、県内あるいは県外へと広がっていた
ことがわかる。大正デモクラシーの広がりと労働大衆の貧困化は、ロシア革
命にも刺激されて、労働者の階級意識を起こすきっかけとなった。「教育界
に生新自由の気魄を促進する」その芽は高知の僻地においても、このように
芽吹いていたのであった。

7　上田から引き継ぐもの

このように見てくると、確かに思想的にも組織的にも不十分さがあったこ

とは考慮しつつも、上田が仲間を組織し様々な圧力や干渉と闘った姿や、時代の先端を行く思想や実践に学ぼうとしたことは評価されてよいだろう。干渉する相手に徹底して反論した姿は、旧態依然とした体制への反発であり、青年の情熱の発露であったとも言える。その根底には大正デモクラシーや自由教育思想の高揚があり、それらを貪欲に吸収しようとした上田の学習意欲があった。また、彼が丹精をこめて鉄筆を切った『闌明』誌は、仲間をつなぐ働きをした。そして、雑誌による各地の教員との交流が盛んに行われていたことは、最新の情報収集と組織づくりの要であったといえよう。このような経験を通して上田は、徐々に階級意識を培っていったともいえる。そして何より、上田自身が教師として自主的・主体的に生きようとしたことに注目したい。教師は、どの時代においても様々な困難に遭遇するかも知れないが、従属するのではなく、その自主性・主体性が発揮されなければならないだろう。

注

1）久保冨三夫「新研修制度を凌駕する自主研修活性化をめざして」『交流研通信』（第 119 号、2023 年 8 月、地域民主教育全国交流研究会会員通信）pp.1-8。

2）白日道人「綴方教授界の人々（六）」（『綴方生活』第 2 巻 3 号、文園社、1930 年 3 月）p.60。

3）上田庄三郎『大地に立つ教育』（啓文社、1938 年）はしがき。

4）小砂丘忠義は、『綴方生活』誌の編集の中心的な役割を担った。生活綴方の父とも言われ、戦前の生活綴方教育運動を牽引した。

5）中野光『大正デモクラシーと教育』（新評論、1990 年）p.76。

6）中野『同上書』pp.76-78。

7）上田「芸術的精神の教育的氾濫 所謂自由教育思潮について」（『闌明』第 8 号 1921 年 6 月）。

8）上田「同上論文」。また、川口幸宏によれば、上田は山本鼎らの『芸術・自由教育』誌の熱心な支持者であり、また、千葉師範の手塚らの『自由教育』誌の愛読者であったとも言う（『上田庄三郎著作集』第 1 巻 解説、国土社、1977 年）。そして、上田庄三郎先生生誕百年祭展示資料一覧を見ると、上田の蔵書には『赤い鳥』誌なども含まれており、当時の様々な思潮には触れていたことが分かる。

9）西村政英『評伝上田庄三郎』（土佐出版社 1991 年）p.20。

10）上田「闌明会のころ」『石をもて追われるごとく』（国分一太郎編、英宝社、1956 年）p.11。正確な結成年月日は不明である。この時期には結成されていたとされているが、綱領や規約は、1918（大正 7）年に決定したと上田は回想している。

11）『闌明』第 3・4 号にはこの 3 綱領が掲載され、第 5 号には、5 つの規約とともに掲載された。

12）上田「視学をいじめることの意義」(『著作集』第 2 巻) p.49。(『啓明』1927 年 2 月号)。

13）10 に同じ、pp.14-15。

14）上田「自我創造の一路へ驀らに」(『闢明』第 6 号 1920 年 12 月)。

15）薫風「団結すべし」(『闢明』創刊号 1920 年 6 月)。

16）西村政英『評伝上田庄三郎』(土佐出版社 1991 年 pp.25-26) によれば、この人事異動は、闢明会をつぶそうと策した徳広視学によるとしている。会は、1920 (大正 9) 年から 3 年間にわたって弾圧人事を受けた。

17）上田「創生」(『闢明』創刊号)。

18）上田「同上論文」。

19）上田「同上論文」。

20）上田「編集余感」(『闢明』創刊号)。

21）清原駿一郎「闢明会会員諸君に」(『闢明』第 2 号 1920 年 7 月)。

22）紫哉「時事感想録」(『闢明』創刊号)。

23）上田「編輯余感」(『闢明』第 2 号)。

24）15 に同じ。

25）西村保弼「路傍の人より」(『闢明』第 2 号)。

26）清原駿一郎「九州地から」(『闢明』第 3・4 号 1920 年 9 月)。

27）田村西岳「寝言」(『闢明』第 2 号)。

28）川口幸宏「解説」(『著作集』第 1 巻) p.512。

29）17 に同じ。

30）紫哉「闢明会モットー批判」(『闢明』第 3・4 号)。

31）上田「母の膝下より」(『闢明』第 5 号 1920 年 10 月)。

32）17 に同じ。

33）「会員諸君へささやくこと」(『闢明』第 6 号) には、「今の処会員が三十五人です。が雑誌一部につき十銭の負担をはたしてくれれば、ゆくだろうと思います。」と上田が書いている。

34）『闢明』第 7 号に会の収支報告が出されている。このとき上田は会の借金 39 銭を持った。第 8 号の「編集のあと」には、「もうこれっきり出すことが出来ないかも知れません。」とある。

35）10 に同じ。p.16。

36）『闢明』創刊号に早速案内記事が掲載されている。第 2 号にも稲毛の紹介が掲載され、機運を盛り上げようとしている。

37）10 に同じ。p.14。

38）前出の清原「闢明会諸君に」(『闢明』第 2 号) に、「『創造』の創造倶楽部に上田君を呼びかけに少しばかり貴会について書いておきました。多分七月号載るだろうと思います。」とある。

39）上田は、『創造』に「教育界の根本病弊と師範教育改善の基調」(第 1 巻 4 号 1919 年)、「婦人問題の教育的批判」(第 2 巻第 7 号 1920 年) を、その前身である『教育実験界』に「創造教育の先決問題」(第 39 巻第 10 号 1918 年)、「教え子の目を滅したる教師の告白」(第

　　40 巻第 1 号 1919 年）、「死と愛との前に厳粛であれ」（第 40 巻第 4 号 1919 年）を投稿している。

40）稲毛金七『創造教育論』（内外教育叢書 第 8 巻 内外出版 1923 年）pp.29-35。

41）上田「創造教育の先決問題」（『教育実験界』第 39 巻 10 号 1919 年）pp.22-23。

42）木犀子「日記から」（『闢明』洪水以後号）に同人西山順一が稲毛の講習会のルポを詳細に報告している。

43）上田「夏」（『土』創刊号 1927 年 7 月）。

44）子規「講習会よりかえりて」（『闢明』第 5 号）。

45）10 に同じ。p.14。

46）「編集後記」（日本自由教育協会『芸術自由教育』第 1 巻第 3 号 1921 年 3 月）。

47）『下中弥三郎事典』（平凡社 1965 年）には、『啓明』に載せられた「闢明会」の紹介記事が示されている。

48）超風生「編輯余感」（『闢明』創刊号）。

49）清原駿一郎「闢明会会員諸君に」（『闢明』第 2 号）。

50）横山山比子「借りの巣から『特に C 兄へ』」（『鳥瞰』第 10 号 1922 年 6 月）。

51）栖霞生「潮の色あらわれたり」（『闢明』創刊号）。

第8章
自由大学運動と基礎研と

田中幸世

はじめに

　近年、自由大学運動に対する関心が、再び高まってきた。自由大学運動は、今から約100年前、農村の青年たちが自らの学びを求めて展開した民衆による社会教育運動である。その後、約50年後の1970年代、学生運動が高まり「真理と自由を求め、主権者となるべき学びの本質とは何か」という問いの中で再評価された。そして、100年後の現在、人間がもたらした地球の暴発（気候変動、戦争、疫病の流行など）が問題になっているにもかかわらず、社会教育がキャリア・アップ、リスキリングに特化されようとしていることに対して、政府への批判とともに、再び同じ問いが見直されつつある。

　筆者が自由大学運動を知ったのは、2003年　基礎研自由大学院[1]の人間発達ゼミ（藤岡惇[2]ゼミ）25周年旅行で、信州を訪れたときである。かつて上田自由大学の拠点となった別所温泉で柏屋別荘に一泊した[3]。この宿は、山本宣治の碑を官憲の手から守るべく庭石として埋めたということでよく知られていた。このとき訪ねた常楽寺の住職の話やその後上田自由大学を学ぶにつけ、筆者が基礎研に求めていたものの原点が、この自由大学運動にあることを知った。

　本稿では、1、自由大学、とくに伊那自由大学が遺したものについて、2　自由大学の精神と「新しい知」を求めて、の2点について述べたい。本稿では、自由大学運動がどのような「知」を求め、不完全ではあったが「知」を

通して遺したものは何かを、自由大学運動、特に伊那自由大学（1922 年、開講した信南自由大学は、1924 年、伊那自由大学に改称、本稿では伊那自由大学に統一）について述べ、受講生のその後の生き方とともに、基礎研・自由大学院の今後のあり方を考える一助にしたい。

1　自由大学運動とは

(1) 自由大学の誕生

　周知のことではあるが、自由大学運動は、地方民衆、とりわけ農村の青年たちの「世界的にも稀な自己教育運動」[4]であった。長野県上田小(ちいさがた)県地方に、1921 年信濃自由大学（1924 年上田自由大学と改称。本稿では上田自由大学で統一）が、誕生した。その後 1930 年の終焉まで、約 10 年間民衆による自身の知的な欲求と自己の成長のために、のちには地域変革をも視野にいれた自己教育運動として、全国各地で展開され、自由大学運動と呼ばれるようになった[5]。

　上田自由大学は、上田小県地方の農村青年たちと在野の哲学者土田杏村[6]の出会いで誕生した。それは、青年たちの「普通選挙制度が実現できた時に備え、主権者にふさわしい能力を身につける系統的民衆教育機関を作りたい」という、自己教育による社会変革への参画を求める切実な願望と、当時言論界の寵児であった土田杏村の近代教育制度批判との出会いであった。杏村は、学問の中央集権化と政府の教育統制に反対し、「学問のあらゆる教権からの自由」と「一部の知識人による知の独占を排して、学問を民衆のものにするため」に、「労働に従事している人々が生涯学べる自治的な大学を設立すること」を構想した。杏村に共鳴し既存の大学の在り方に疑問を持っていた若き研究者たちの協力を得て、自由大学は、青年たちの手によって行政や団体・組織から助成も制約も受けない、独立した手作りの大学として創られたのである。

　特に、杏村は、「自由」を「レッセ・フェールではなく、新しい障害を破って進んでいく努力」であると規定し、これらの理念を実現するために、個人の「自由な知の学び」による「自律的人格の形成」を重視した。

(2) 自由大学運動が聴講生[7]たちに遺したもの

　自由大学の講義資料はほとんど残っておらず、最近では、聴講生たちへの追跡調査は、彼らの講義感想文や講師の手紙、記念集会での報告、書籍から引用文や自由大学研究会の文書および遺族へのアンケートなどで研究がなされている。それらを総合すると、その後の聴講生たちの生き方について下記のようなことがうかがえる。

　自由大学の「教養」による「自己形成」は、「どれだけ立身したか」や「難解な哲学〔学問〕をどの程度理解したか」ではなく、「その長い人生をどのように生きたかということが評価基準」となり、「その生活に対して誠実で、主体的に学ぼうとする立志の姿勢が崩れないこと」などを挙げている。「一般的な教養」ないし「進歩的な教養」を通じての「自律的人格形成」によって、結果として、反戦・非戦になっていった聴講生も多い。これは、自己実現と社会変革の相互媒介的な過程であった。

　それが如実に表れたのは伊那自由大学であった。

(3) 伊那自由大学について

　伊那自由大学に関する研究は近年まで少なかったが、2017 年の清水迪夫「伊那自由大学聴講生の社会階層」と 2022 年の長島伸一『民衆の自己教育としての自由大学』によって、伊那自由大学は我々の前に素顔をみせ、生き生きと動き始めたのである。

　下伊那地方は、上田に比して決して豊かな地域ではなかった。伊那自由大学の聴講生であった佐々木敏二によれば、「上田と伊那と比べますと、(略) とくに聴講者の場合、決定的に違うわけです。上田の場合　圧倒的に学校の先生の占める割合が高いです。あるいは学校の先生でなくても中学校くらいをでた、あるいは蚕糸学校を出たクラスが多いわけです。」と、伊那の文化、教育は地域的に貧しいと記している (清水迪夫 2017：117)。それでも、下伊那地方は農村における大正デモクラシーの運動がもっとも典型的に行われた地域であると言われ、デモクラシー運動の影響を受けていた青年たちは、国家主義を持ち込もうとする政府の青年団政策に抗して青年団の自主化を勝ち取り、やがて下伊那自由主義青年連盟 (LYL)[8]を組織している[9]。伊那自由大

学の創設にはこの下伊那自由主義青年連盟の活動家である 3 人の青年が尽力
したが、彼らの共通点は、飯田中学校を卒業、家庭は地域のいわゆる「素封
家」であったことである（清水迪夫 2017）。LYL の幹部の多くが自由大学の聴
講者になったが、彼らには「貧しい農民を引っ張るためには、自分たちが先
頭に立って学ばなければならない」という、青年の気概と若干の英雄意識が
あったと思われる。貧農と呼ばれる人は 1、2 人だったという証言もある（同
上書）。

　伊那自由大学は 1924 年、山本宣治の「人生生物学」ではじまり、1930 年
の閉講まで 13 人の講師により 23 回の講座が開かれた。「受講生は労働の疲
れと悪路に勝る学問への情熱を抱いて雪の凍る二里三里の山道も自由の学燈
の輝き」を求めて、飯田の町へ受講にでかけた」（清水迪夫 2017）。清水は、「彼
らをそこまで駆り立てたものは、ただひたすら『知と学び』への飢餓心を満
たすこと、それによって得られる感動と喜びであった」と書いている。ただ、
「知の充足」は中心課題ではあったが、同学の士と忌憚なく夜を徹して語り
合うことも大きな喜びであったであろう。しかし、1 講座 3 円[10]の受講料は、
一般農民の家庭には厳しく、せいぜい長男のみを自由大学へ通わせるので精
一杯であったため、自由大学すら「長男大学」と呼ばれていたという。まし
て上級学校にいけるのは、資産家の子女のみであった。

　土田杏村は、各地の自由大学開講にあたって「設立趣意書」書いているが、
中でも信南自由大学（伊那自由大学）の「設立趣意書」は戦前日本の社会教育
の「記念碑的文書」として高く評価されている[11]。ここで一部分を紹介すれ
ば、杏村は、「いかにも制度の形式はすべての民衆に教育の機会を与え、最
高学府である大学は何人にも門戸を開放しているであろうが」、…「結局高
い教育は、有資産者の特権となるのである」と近代教育制度のありかたを批
判している。しかし、上述したように自由大学へ通わすのさえ、無理な家庭
が多かったのである。

　あとに述べる佐々木忠綱（後に大下条村村長）の場合も、勉強が好きで、何
度も受験に合格しながらも、上級学校へ進むことは許されず、（長島 2022：
251）、多くの青年が、「知」に飢えていたのである。

　清水の調査によれば、アンケート回答者は、1 町 16 村の 41 名（受講生は

57〜60 名）であり、そのうち、2 名が村長、9 名が村議、1 名が青年団長になっている。年齢は、生年がわかる 27 名についていえば、40 歳代 1 名、30 歳代 1 名、他は 14 歳から 20 歳代であった。これらの地域性を反映して、伊那自由大学は、他の自由大学に比べて、非常に実践的であり、地域の変革に深く関与していたことがわかる。

　ここで求められた「自律的人格」とは、「自ら問題を立てる力とそれを解決する方法を考える力」であった。それは、学問によって力をつけ、自らの判断能力を高めるということである。たとえば、伊那自由大学では、卒業後村長になった 2 人の人物がいたが、両者の満蒙開拓団への分村の対応にそれらの反映がみられる。1 人は分村に反対し、他の 1 人は分村を受け入れ、終戦直後自死したという。

　反対した佐々木忠綱の場合、多くの村々が満蒙開拓へ分村されていった時、彼は村長として、満蒙の現実を視察し、分村することを拒否した。これは先述した「自律的人格」によって、「自ら問題を立てる力とそれを解決する方法を考える力」を発揮したのである。佐々木は権力に対しても周囲の圧力に対しても自分の見識を貫いたのであるが、脅迫に屈しなかった背景には自由大学での学びがあったと語っている。自由大学で得たものは、若い講師たちの情熱に触発されたこと、問題を抱えたときに本を読むこと、そして本の選択の規準を学んだことであると（自由大学研究会 1983）。

　彼は戦後、高校、病院の設立など、戦争で荒廃した村の復興に尽力した。

2　自由大学運動の精神と「新しい知」を求めて

　現在自由大学運動が見直されている背景には前述した国際情勢と、現在の社会状況への不安がある。周知のことではあるが、急激な科学の発展とそれに乗り遅れるなと煽り立てるマスコミや、政府による教育の不安定化、強制的なネット使用などをもたらしている。平凡ではあるが、今こそ我々の情報の的確な把握、つまり批判的判断力がもとめられているのである。それは、「自律的人格の形成」に他ならない。

　現在、大学進学率は 50％を超えたが、政治と資本による教権への介入は

激しくなり、学問の自由はほとんど失われ、教育界は危機的状況にある。幼いころから受験競争に明け暮れてきた青年にとって学問はもはや新しい世界への扉ではなくなった。それでも、これらの状況を打破できるのは、やはり、「知の営み」であろう。若者たちは、上から与えられる教養には激しい拒否を示しても、自ら発信するのは互いに受けいれるのである。それは若者にかぎったことではなく、人間関係をバラバラにされた中高年にも見られることはよく知られている。

　自由大学運動が、近代教育制度を批判して全く「新しい知のありかた」を追求したように、現代の「新しい知の力」が強く求められている。人類の生存をかけるこれらの人間によって作られた暴発に対応するためには「新しい知の力」が不可欠である。

　我々ができることは、まず、自らが身を置く現実と向き合い、それを自ら納得できる限り発信して共感を得ることからしか始められない。現在を生きぬ力によって、「新しい思想」は、生まれる地盤を持つからである。それは、現実の的確な把握とそこから生まれる「現在の知の集積」だけではなく「過去からの知の集積である学問」によって彫琢されたものに、人類が長年かけて育んできた生活や芸術などが共鳴しあい自然とのバランスを求めることから生み出されるのであろう。

　宮本憲一氏は、基礎研 25 周年記念誌へ、「基礎研への期待」は「大学や大学院出身のスタイルではなく、広く大きな思想を実践の中から生み出す市民の誕生に寄与する可能性にある」と述べ、「新しい思想」は、「実践をバネに古典からも学び、他の社会科学はもとより自然科学や文学にまで目をくばるような学習によって、どのように近代のストックを継承し、地球本位の枠の中で何を乗り越えるべきかということを見極め、未来を展望する理論を考えることから生まれてくるのである」とメッセージを寄せた。

　具体的には、当面、基礎研が自らの教育機関を、プロフェッションを育てる夜間通信大学院からリベラルアーツ的要素のつよい「自由大学院」へと名称変更したことは、分化した個別の学問界にシフトするのではなく、「知」の土壌を充実させ、人権と民主主義に基礎をおく「新たな知」へのステップ

であると考える。それこそが宮本氏のいう「新しい思想」を生み出す第一歩
であろう。

　自由大学は、さまざまな可能性と矛盾を孕みながら終焉したが、その精神
は、現在も学問のあり方、「知」のあり方を我々に問い続けているのである。

おわりに

　最近自由大学についての批判も目にするようになった。10年間の活動は
現在から見れば様々な批判もある。たとえば、講義には農村青年といっても
有資産者の子弟が大半をしめ、貧農はわずかで、結局一握りの富裕層や知識
層を対象にしたものでしかなく、民衆を対象にした教育機関にはなれなかっ
たとか、授業料が高すぎたとか、また、創立メンバーと新しい組織との間に
かすかなきしみが見え始めていたといわれている（大槻他2012）。しかしま
た、伊那自由大学の千代村支部は、教員から学ぶだけではなく自らの手で、
現実に裨益するために学びと実践を結びつけるための模索が始まっていた
が、自由大学は、それらが顕在化する前に権力によりつぶされたのである。
　しかし100年後の今でも、形は変化しつつも「自由と真理を求める、民衆
の学びの機関」という姿勢は生きつづけているのである。
　一方基礎研は、2018年には創立50周年を迎えた。50年という年月は長く
重い。鬼籍に入ったメンバーも多くなり、意見を異にして去ったメンバーも
いれば、新しいメンバーも増えつつある。目標とするところはおなじでも、
社会の変化による組織の成長変化に伴い、各人の要求や感性にも違いが出て
くる。自由大学に対する批判は基礎研に対する批判と同じところも多い。
それをどのようにとらえ、解決するのかは、今後の我々に課せられているの
である。

　ところで、冒頭に述べた藤岡ゼミ25周年記念旅行には中村浩爾先生も参
加された。先生は、自由大学の講義が恒藤恭から始まったことに強い関心を
しめされていた。そして、旅行後間もない2004年、基礎研で社会思想史ゼ

ミ（中村ゼミ）を開講され、その後、基礎研自由大学院の校長を引き受けられた。それによって基礎研自由大学院は生き生きと動き出した。自由大学院を再興されたうちの一人と言っても過言ではない。

　中村先生は、私に基礎研を紹介し、「学問とは何か、勤労市民が研究するとはどういうことか」を教えてくださった恩師である。私が拙い論文を提出するのをためらっていると「論文集は護送船団方式だから一隻くらい弱い船がいても周りの強い船が守ってくれるから」と、いつも背中を押してくださった。先生の学恩と言葉に添えられた笑顔を思いつつ、本稿を提出することにした。ご寛容いただければと願っている。

注

1）基礎研は基礎経済科学研究所の略称。本稿では以下基礎研を用いる。

2）藤岡惇：現在立命館大学名誉教授。1975 年「夜間通信研究科」のスタッフの一人として参加、その後基礎研理事長などを歴任、理事として現在に至る。48 年間ゼミ指導担当を続けているただ一人の所員である。

3）上田小県近現代史研究会編（1997）『信州の鎌倉　別所温泉―歴史と文化―』上田小県近現代史研究会ブックレット no.3 参照。

4）自由大学運動を「世界的にも稀な自己教育運動」と初めて提起したのは山野晴夫である。

5）2004 年現在、名前が分かっている自由大学は北海道から兵庫まで多数あるが、その中で資料等の発掘によって開講が確認されているのは上田・魚沼・八海、伊那・上伊那・松本・川口・群馬等の自由大学である（小平千文他 2004：35）。

6）土田杏村（つちだ きょうそん、1891 年～1934 年）。画家土田麦僊の弟。思想家・評論家。大正時代を代表する自由主義の評論家。西田幾太郎門下、哲学・教育学・経済学・文学など幅広い領域で批評活動を行った。杏村は、思想的には新カント派と言われていた。長野県や新潟県で自由大学運動を起こしたが、昭和に入ると国家主義の傾向を強めた。杏村は、一時代の寵児であったにもかかわらず、現在ほとんどかえりみられないことについては、清水真木（2013）に詳しい。

7）文献には聴講生と受講生があるが、基本的には聴講生を用い、受講生を用いている文献の紹介に限って受講生を用いた。

8）LYL（liberal young-men league）の頭文字をとったものであるが、1924 年 3 月、19 名が逮捕され、自由青年連盟は壊滅的打撃を受けた。LYL 事件として語られる。このときの自由大学の態度への批判に対し、杏村は「個人の思想の自由と集団のそれとは違う」と動かなかった。

9）自由主義青年連盟は社会主義の影響を受けつつも、あからさまに社会主義をふりかざすことを避けて広く青年大衆に呼び掛けようと、「新興階級の歴史的使命の遂行を期す」と

綱領に掲げていた（全集日本の歴史 23 巻、中央公論社：311-312）。

10）都心部を例にとれば 3 円で 9 キロの米が買えたという。

11）宮坂広作（1968）『近代日本社会教育史の研究』法政大学出版局：471

文献

自由大学研究会編（1983）『自由大学運動と現代：自由大学運動六〇周年集会報告集』信州白樺

自由大学研究会編（1981）『自由大学運動 60 周年記念誌』信州白樺

基礎研 50 周年記念誌（2021）『いきいきとした現実感覚と基礎理論の結合』基礎経済科学研究所

基礎経済科学研究所（2021）『50 周年記念誌：生き生きとした現場感覚と基礎理論の結合』

小平千文・中野光・村山隆（2004）『上田自由大学と地域の青年たち』上田小県近現代史研究会ブックレット no.11

小林信介（2015）『人びとはなぜ満州へ渡ったのか』世界思想社

長島伸一（2022）『民衆の自己教育としての「自由大学」—上田・魚沼・八海・伊那・福島・上伊那・松本・群馬・（越後）川口』梨の木舎

大槻宏樹（1981）『自己教育論の系譜と構造』早稲田大学出版会

大槻宏樹・長島伸一・村田晶子編（2012）『自由大学運動の遺産と継承：90 周年記念集会の報告』梨の木舎

拙著（2017）「自由大学運動と現代」中村浩爾・桐山孝信・山本健慈編著『社会変革と社会科学—時代と対峙する思想と実践』昭和堂：370-387

清水真木（2013）『忘れられた哲学者：土田杏村と文化への問い』中央公論新社

清水迪夫（2017）「伊那自由大学聴講生の社会階層」飯田市歴史研究所年報 15：108-121

上田小県近現代史研究会編（1997）『信州の鎌倉　別所温泉—歴史と文化—』同研究会ブックレット no.3

第9章
「科学と民主主義」の21世紀展開
—「3・11フクシマ」の人類史的位置再考—

後藤宣代

はじめに—問題の所在と限定—

21世紀もすでに四半世紀を迎えようとしている。世界全体が「人間と人間」との社会関係において分断が極限まですすみ壊滅的状況を迎えている一方、「人間と自然」の関係もまた、気候変動が「地球温暖化」から「地球沸騰化」まで深刻化し、こちらも壊滅的な状況となっている。

本稿は、「3・11」の人類史的位置を再考するにあたって、放射能・被ばく問題に対するフクシマの住民の声と行動をとりあげて、「科学と民主主義」の21世紀的あり方から迫りたい。

1　本稿のアプローチ方法
—参与的観察ならびに日常的生活者としての存在論—

本稿では、「フクシマ」[1)]を対象に限定していくが、はじめに、筆者の立ち位置、方法論について言及しておきたい。

被災現地、フクシマには多くの研究者が国内外からやってくる。フクシマ在住の研究者である筆者は、国内外に発信することもあれば、フクシマにやってきた研究者の現地案内することや、ヒアリングを受けることもある。フクシマというフィールドに入る場合、様々な研究方法があり得る。フィールド・ワークについて、これを学問の特徴としている人類学においては、参

与的観察という方法がある。これはポーランド出身の英国人人類学者ブロニスワフ・カスペル・マリノフスキー（1884 ‐ 1942）がはじめたものである。

　ロンドン・スクール・オブ・エコノミクスで人類学を学んだ彼は、ニューギニアで調査し始めたところ、第 1 次世界大戦が勃発し、帰国できなくなってしまったことから、2 年余り、現地に留まりフィールド・ワークを行うこととなった。長期に滞在し、現地の人々と生活を共にするなかで、生活しながら研究するということとなった。こうした方法を参与的観察（participant observation）といい、マリノフスキーの歴史的に余儀なくされた状況から生まれた研究スタイルは、その後、人類学の重要な研究方法[2]として定着していった。これに従えば、本稿は、参与的観察という方法に基づいていると言える。

　あるいは、1995 年、阪神・淡路大震災で被災地に入り、その後、東京大学被災地支援ネットワーク代表を務めた社会学者、似田貝香門とともに研究プロジェクトに参加し、『震災と市民』共編者でもある吉原直樹は、「社会学は認識論優位というか、調査主体が中心になってしまって、対象に対して上から目線になったり、自分の認識枠組みを押しつけたりしがちで」あるので、「フィールドではできるだけ生活世界に近づけて、いわば日常的生活者として存在論的に接することにしている」と述べている[3]。つまり、「対象世界を外から切り取る認識論的立場には立たず、観察する者も観察される者も、同じ日常的生活者として『向き合う』存在論的地平」[4]に立つというのである。フクシマで生活者として暮らしながら、フクシマを研究対象としている筆者もまた、この地平に立つものである。

2　争点としての放射能の「低線量被ばく・内部被ばく」
―「科学と民主主義」の21世紀展開をめぐる対抗のはじまり―

(1) 低線量をめぐって―線量計を手に、インターネットでつながり、立ち上がる市民―

　2011 年 3 月 11 日以降、福島は、日本ではフクシマに、そして世界ではローマ字の FUKUSHIMA へと置換されて現在に至っている。依然として存在し続けている放射能汚染は、月日の流れのなかで、その局面を変えていく。あ

のとき、防護服とマスクは「見えない恐怖」に怯えるフクシマの、放射能防護の必需品だった。10年後、それらは、コロナ・パンデミックのグローバルな広がりのなかで、感染防護の必需品へと世界化している。10年前、「見えない恐怖」放射能を「自分事」と考えなかった人々も、コロナ禍のもと、この恐怖を共有することとなった。フクシマの普遍化である。

　ここで「3・11フクシマ」の「見えない恐怖」を概観しておこう。

　2011年3月21日、福島県主催の放射能学習会が福島市の公共施設「福島テルサ」で開催された。県が委嘱した専門家は「年間100ミリシーベルト以下なら安全、福島は安全」（後に、福島県のホームページには、100ミリシーベルトではなく、10ミリシーベルトと密かに訂正がなされた）と説明し、不安で駆けつけた聴衆の多くは安堵した。この説明に対して、「100ミリシーベルト以下でも危険ではないのか」と質問した住民には、会場から怒号が飛んだ。こういう形で、「科学的にみて、福島は低線量で安全」キャンペーンが開始されていき、年間被ばく100ミリシーベルトをめぐって市民の間で見解が分かれていく。

　教育委員会は早くも4月から新学期を開始するという方針を出した。これに対して、放射能を心配する保護者が自主的に線量計を入手し、校庭を計り始めた。このような保護者たちはインターネットで情報を集め、インターネットでも、保護者会でも、地域コミュニティでも、交流を始めた。若い母親が、子どもの健康が心配で声をあげようとすると、家庭のなかでは夫や舅や姑が、「県も教育委員会も安全と言っているのだから大丈夫だ」と制止されることが多かった。福島県は、都市部の福島市、郡山市、そしていわき市を除いた郡部では、三世代同居家族が多く、家父長制の残滓も色濃い地域である。しかし若い母親は、「万が一、将来、子どもになにかあったら悔いを残すことになる。悔いを残したくない」という思いを強くしていった。その想いから、必死になってインターネットで検索し、情報を集め、思いを共有する母親同士が、インターネットを通してつながっていった。こうして「放射能から子どもの健康を守りたい」思いを、インターネットが繋いでいく。

　この思いは、保護者を立ち上がらせる。5月23日、「子どもたちを放射能からまもれ」と、文科省へ保護者500名以上が直接交渉に挑んだ。この日

に先立つ5月1日、文科省・教育委員会に従っていたのでは、大変なことに
なると、ネットを中心にして「子どもたちを放射能から守る福島ネットワー
ク」が福島市で設立された。「放射能への不安」を共有し、インターネット
を介して、あっという間に250名が集まってきたのである。そして文科省直
接交渉へと行動を開始する。その主張は、「子どもを大人と同一の放射線年
間積算量基準の20ミリシーベルトにするな、平常時基準の1ミリシーベル
ト以下に引き下げろ」というものであった。その後、文科省は、子どもの基
準を1ミリシーベルトに引き下げ、保護者の直接行動がはじめて行政を大き
く動かすことになった。

　これをきっかけに、自治体は校庭・園庭の表土はがしや、除染、そして、
首から掛けて空間線量を測定する「ガラスバッチ」を子どもたちに配布する
ことになった。市民は、線量計を手に、放射線量を測り、その測定結果に対
して、インターネット上の情報を選択し判断するようになっていく。こうし
て「ネットと線量計」を武器に、市民が声を上げ、立ち上がっていくことと
なった。

(2) 内部被ばくをめぐって―ヒロシマ、ナガサキからフクシマへ―

　被ばくということ、語尾が「シマ」で韻を踏んでいることから、国内はも
とより、国外でも「ヒロシマとフクシマ」[5]が一括りで扱われるようになっ
た。ヒロシマの「被爆」、フクシマの「被曝」、「被ばくの"ばく"」の字が違
うものの、同じ放射能ということで一括りにされたことは、フクシマの住民
にとって衝撃的であった。しかし、衝撃をうけたのはフクシマの住民だけで
はなかった。ヒバクシャもまた、衝撃をうけたのであった。ここで、一人の
作家の発言を紹介することで、問題の所在を明らかにしていこう。ナガサキ
のヒバクシャで、作家の林京子は、ブックレット『被爆を生きて』を出版し、
フクシマ原発事故後に、テレビで内部被ばくが報道されたときの衝撃を、次
のように述べている。

　　「そして、今回、『内部被曝』ということが初めて使われましたね。私
　はこの言葉を聞いた瞬間、涙がワーッとあふれ出ました。知っていたん

ですね彼らは。『内部被曝』の問題を。それを今度の原発事故で初めて口にした。

　被爆者たちは、破れた肉体をつくろいながら今日まで生きてきました。同じ被爆者である私の友人たちの中には、入退院を繰り返している人もいます。でも、原爆症の認定を受けるために書類を提出しても、原爆との因果関係は認められない。あるいは不明といわれて、却下の連続です。……長崎の友だちはあの人も、この人も、と死んでいる。それも脳腫瘍や、甲状腺や肝臓、膵臓のガンなどで亡くなっている。それらのほとんどが原爆症の認定は却下でした。内部被曝は認められてこなかったんです。闇から闇へ葬られていった友人たち、可哀相でならなかった。」[6]

　ヒロシマのヒバクシャの発言も見てみよう。

　原発事故から 8 年後、ヒロシマでは、平和記念館のボランティア・被爆伝承者 (語り部) に対して、「ヒロシマとフクシマは違う。原発問題について語るな」との指示があった[7]。2023 年 6 月 19 日、筆者が訪れた広島平和記念公園で、ボランティアガイドをしている胎内ヒバクシャの三登浩成は、筆者にその経緯を伝え、黒い雨に象徴される「ヒロシマの内部被ばく問題がフクシマで繰り返されている、隠蔽されている」と怒りを口にした。

　原爆症認定で否定されつづけた内部被ばく問題は、SNS を介して、フクシマの若いお母さんの間で一気に不安として広がっていった。「放出された放射性物質は低線量で、直ちに影響はない」という政府の説明の仕方が、「では将来はどうなるの、晩発性ということは、将来は影響がでてくるということになるのか」という不安を誘発することとなった、低線量・長期被ばく問題。さらにチェルノブイリの事態も広く知られることになり、ヒロシマ・ナガサキでは「因果関係は認められない」といわれてきた甲状腺ガンも、今回の「3・11 フクシマ」では広く認知されることになった。

　内部被ばく問題はどのように消されていったのか。自らもヒロシマで被ばくした医師、ヒバクシャ 6000 人の治療に当たってきた肥田舜太郎は、内部被ばく隠蔽には「巨大な意志の力が作用している」と喝破する。その張本人こそは、ヒロシマ原爆直後に「内部被ばくなし」としたアメリカ政府であり、

その後も、核戦争の被害を少なく見せるためにも一貫して隠蔽し続けていると糾弾する。そしてアメリカに追随している日本政府もまた、晩発性障害で苦しむ人々をヒバクシャと認定せず、今に至るまで苦しめていると、怒りを向ける。放射能が「ヒバクシャ」をつくる、内部被ばくは「ゆっくりと人を殺す」と警鐘を鳴らし続けている[8]。

　では、そもそもアメリカでは、どのようにして内部被ばくが「巨大な意志の力」で隠蔽されていったのであろうか。アメリカにおける内部被ばく問題を検討する場合、必ず挙がる名前がカール・Z・モーガンである。モーガンは、「保健物理学」創始者の一人であり、アメリカ保健物理学会初代会長、国際放射線防護委員会（ICRP）の主委員会委員（20年間）を務めた、内部被ばく研究の第一人者である。その彼が、内部被ばくや低線量における健康リスクに警鐘を鳴らし始めるやいなや、「彼は狂った」とレッテルを張られ、やがて主流から外されていった。こうして「内部被ばくと低線量被ばく」の問題は、モーガンに狂人というレッテルを張ることで、消されていった[9]。

(3) 小括―「低線量と内部被ばく」をめぐる対抗、闘いの武器としての　　「ネットと線量計」―

　「ヒロシマとフクシマ」を一括りすることは、被ばくの「ばく」という字の違い、つまり「爆」と「曝」の違い、をどう考えたらよいのかという問題を改めて突きつけることになった[10]。問題は、外部被ばくと内部被ばくとでは被ばくの性質に違いがあるのか、「許容基準」という場合に、どの線量水準に設定するのかへと深まっていった。

　外から放射線を浴びることで被ばくする外部被ばく、その低線量と、食品や空気を通して体内に取り込まれる内部被ばくをめぐっては、周知のように、科学者、とくに医学者のなかでも見解が大きく異なり科学論争となっている。線量を測定した住民は、何を科学的論拠にしたらいいのか、いわば科学論争に巻き込まれる形となった。具体的には、住民は「避難する避難しない」、「食べる食べない」という行動の選択を突きつけられる形となった。住民は生きるために、自ら科学を学ぶようになり、市民に寄り添う科学者を招いて学習会を行ったり、インターネットを介して質疑応答を行うようになっ

ていった。こうした形で、市民と科学者の協働が広がっていく。

　住民にしてみると、県の説明「年間100ミリシーベルト以下なら安全」、厚生労働省が設定した「基準値」の妥当性、について疑問が深まっていった。政府は、住民に対して、いつも「国際的基準（ICRP─引用者）に基づいている」と説明しているが、住民はこれとは異なる基準値を知るようになっていった。チェルノブイリの経験を活かした基準を設定しているドイツ放射線防護協会は、3・11直後、「日本における放射線リスク最小化のための提言」（2011年3月20日）のなかで、飲食物は、セシウム137は、大人は8ベクレル以下に、とくに感受性の強い子どもについては、4ベクレル以下にするのが望ましいとしているのである[11]。このような情報はインターネットを通して発信され、とくに若い母親が子どもの健康を案じて、この基準を支持し、これらの情報を共有していくことになった。

　このような基準値の差異には、実は、国際的な対抗関係が背後に横たわっていた。日本も加盟している国際放射線防護委員会（ICRP）と、欧州放射線リスク委員会（ECRR）との健康リスクをめぐる対抗が存在するからである。フクシマの住民は、いわば、グローバルな対抗のなかに投げ込まれる形となり、どちらが正しいのか、どちらの見解に立てばよいのか、それぞれの判断が求められる事態に直面したのである。フクシマの住民、とくに若い母親は当事者になったがゆえに、生きるため、子どもを守るために必死で物理学から放射線防護学、分子生物学までも学習し、自分なりの判断を持つようになっていった。子どもをまもるために学習せざるを得ないなかで、いわば「お母さん科学者」になっていくのであった。

3　「災害資本主義」・「祝賀資本主義」
─その結合舞台としてのフクシマ─

　そして10年後、この対抗は、「汚染水の海洋放出」へと展開していく。その発端を見てみよう。

　2013年9月、五輪招致演説において、安倍首相は、東京電力福島第一原子力発電所の汚染水について、「アンダー・コントロール」を世界にアピー

ルし、「福島の復興なくして日本の再生なし」と訴え、「復興五輪」として東京開催が決定された。

　この事態を概念的に整理してみると、フクシマは、ナオミ・クラインの「災害資本主義」[12] と、ジュールズ・ボイコフの「祝賀資本主義」[13] が、「復興五輪」の名のもとに結合したことになる。こうして、フクシマが両者の結合舞台となったのである。

4　汚染水をめぐって―漁業者と住民の声―

　2013年は、実は汚染水関係の問題が多発し始めた年であり、「アン・コントロール」が露呈した年であった。炉心溶解事故を起こした原発敷地には、地下水や雨水が流入し、高濃度の放射性物質に汚染された水が、1日に約140トン発生している。東電は地中に氷の壁（凍土壁）をつくり、専用装置で主要な放射性物質を取り除いた処理水をタンクに保管しているが、流入は続き、タンクは増え続けるばかりである。この処理水には取り除くのが難しい放射性物質トリチウムが残っている。

　2015年8月、政府と東電は汚染水について「関係者の理解なしにはいかなる処分もおこなわない」と地元漁業者と約束を交わした。ところが2020年2月、政府小委員会は、海洋と大気への放出を「現実的な選択肢」とする報告書をまとめた。これに対して、全国漁業協同組合連合会（全漁連）は、「到底容認できるものではない」と反対決議を全会一致で採択した。また県内全59市町村は、多くの議会が意見表明をおこなった。その意見は、三つに分類される。①汚染水の海洋放出反対、②風評被害対策や慎重扱いの要求、③処理水の早期処分の要求であり、総じて海洋放出には賛同していないのである。

　2021年4月13日、政府は処理水の海洋放出を決定した。同日、電子配信された米学術誌『サイエンス』は、「ALPS（多核種除去設備）処理のプロセスでは、トリチウム以外にルテニウム、コバルト、ストロンチウム、プルトニウムといった、より放射性寿命が長くて、より危険な同位体が時折くぐり抜けてしまう。これは東京電力自体が2018年に認めたことでもある。こうしたトリチウム以外の核種は全貯蔵タンクの71%に存在する」と述べている。

5　声を上げ、行動する若者たち

　フクシマの未来を担う若者たちも反対の声を上げた。2020 年 7 月 12 日、「汚染水の海洋放出、勝手に決めるな」サウンドデモ行進が福島県の商業都市、郡山市の駅前で行われた。主催したのは、県内の若者たち「ダッペ（DAPPE：Democracy Action to Protect Peace and Equality、平和と平等を守る民主主義アクション）」。Twitter デモも行い、「＃汚染水の海洋放出決定に反対します」を一斉にツイートした。26 日には県庁所在地、福島市の駅前でも行われ、筆者も参加してきた。リモート参加方式（Zoom）で県内外の人々をもつなぎ、音楽を奏で、「フクシマから声をあげよう」[14) と訴えた。

　海洋放出問題は [15)、新たな局面を迎えている。海洋放出の決定が強行されたのだ。2023 年 7 月、福島大学関係者が中心となって「復興と廃炉の両立と ALPS 処理水問題を考える福島円卓会議」が発足し、福島県民と政府・東電が「円卓」で議論する場を設定した。筆者も参加したが、政府と東電は欠席。参加者から「これでは円卓でなくて半卓だ、政府と東電は対話する気がないのか」との怒りの声が上がった。

　政府が海洋放出を決定したのは、2023 年 8 月 24 日。原子力市民委員会は、直ちに緊急声明を発出し、汚染水対策として、陸上の大型タンクでの保管またはモルタル固化による処分を選択すべき、汚染水発生を抑止するためにデブリの空冷化が有効であり、海洋放出決定の撤回を強く主張した [16)。まさに市民の側からの的確な対案である。

6　汚染に対し、科学者と協働し、行動する市民、NPO

(1) 汚染地図作成―「みんなで科学」で集合知へ―

　「科学的に安全で問題なし」とする政府に対して、放射能汚染の実態を市民が自主測定する活動が立ち上がる。ここでは、二つの活動をみてみよう。

　ひとつは、4,000 人で 3,400 地点の土地の土を測定した「市民の力でつくった放射能マップ」[17) である。これは書籍化され、ニューヨーク在住の日本人

によって英訳もされている。周知のように、このような自主測定は全国各地の多様な住民グループによって、地道に積み重ねられてきている。まさに草の根民主主義と科学のみごとな結合によって、「見えない放射能」汚染が可視化されたのである。

(2) 海洋環境変化 (トリチウム濃度) 測定──NPOいわき放射能市民測定室「たらちね」──

　もうひとつは、3・11後に福島県いわき市で立ち上がったNPO「たらちね」である。「見えない・におわない・感じない放射能による環境汚染と長期的に向き合い、これから先の遠い未来を見据えた活動」[18]を行っている。「たらちね」は、現在、自主的に海洋のトリチウム調査を行っている。そのサポート基金は高木仁三郎市民科学基金で、放出前、放出後の海洋環境変化を測定し続けている。

　2023年10月30日にオンラインで開催された原子力市民委員会の学習会では、APLSで処理された吸湿剤・フィルターが現地で山積みされていることが紹介された。

　なお、ここで、海洋放出された水をなんと表現するか、見ておこう。

　原子力市民委員会は、ALPS等で処理されてもトリチウムやその他の放射性物質が残留する水ということで、「ALPS処理汚染水」という表現を使用している。

　2023年11月現在、フクシマでは、「汚染水」と表現する者は、中国の海洋放出反応を根拠に「反日」、あるいは「風評被害を助長し、復興の足を引っ張る風評加害者」とレッテルを張られ、「言葉狩り」が行われている。マスコミも「処理水」で統一され、決して「汚染水」とは表現していない。

7　放射能汚染の人類史的位置
──人新世＝資本新世＝冷戦・核時代の象徴──

　海洋放出が意味することは何であろうか。あらためて地球と人間の歴史のなかで検討しておこう。

地質学では、人間活動が地球に影響を与え、人間が地球を変えてしまう新たな地質時代、「人新世 Anthropocene」に突入したという見解が現れた。2000 年、オランダ出身の大気化学者で、1995 年ノーベル化学賞を受賞したポール・クルッツェンが提起した地質学上の新たな概念である。彼は、産業革命後の人類は、地球の大気と海の組成を変化させ、地形と生物圏を変え、地球に計り知れない負荷を与えていると断じ、「人新世」の始まりを、ジェームズ・ワットが蒸気機関の発明特許を取得した 1784 年と主張した。

これに対し、環境歴史学者のジェイソン・ムーアは、「不断の資本蓄積を特権化する［権力と生産と自然の］諸関係によってかたちづくられた」と資本主義の規定性を強調し、「資本新世 Capitalocene」[19] 概念を提起している。2023 年 7 月、国際地質科学連合 (IUGS) の作業部会は、核実験や工業化など 1950 年代以降が端的にしめす「国際標準模式地」の候補地（カナダ・オンタリオ州のクロフォード湖）を選定した。ここに「人新世＝資本新世」の歴史・具体的象徴が、核実験によって「自然と人間」にもたらされた放射能汚染と確定され、戦後の冷戦・核時代の人類史的位置、その帰結としてのフクシマが定まることとなる。

おわりに―問われているのは、「科学と民主主義」―

日本原子力学会の廃炉検討委員会は、2020 年 7 月、廃炉について、数十年から数百年までの幅をもつ 4 つのシナリオを示した[20]。この廃炉検討委員会委員長を務める宮野廣は、政府と東電の「2051 年までに処理水放出も含めて廃炉を完了させる」としていることに対して、「あり得ない。廃炉の本丸は燃料デブリの取り出し、デブリがある限り汚染水が発生し続ける。デブリの取り出しは早くて 50 年、長くて 100 年を見込むべき」と指摘する。2023 年 11 月 2 日、日本経済新聞は、「福島原発、廃炉に新たな壁」と見出しをつけて、「デブリ除去の見通しすら立っていない」と報じた[21]。同日、地元テレビ局も福島原発の 2 号機のデブリ問題を特集し、同様の報道を行った。

以上、見てきたように「科学と民主主義」をめぐる対抗は、フクシマを舞台に、このような 21 世紀的な展開に至った。

　経済理論学会元代表幹事（会長）の八木紀一郎は、2021 年 1 月、拙編著『21 世紀の新しい社会運動とフクシマ』を書評し、「二つのメッセージ」を受け取ったと、次のように述べている。

　　「その第一は、被災、避難、低線量被曝下の葛藤、社会運動。抗議、闘争、提訴、生業と地域の回復、等々のフクシマの経験は、両編者が語るように、空間的・時間的に広がる世界史的な経験であり、場合によっては未来からの予兆であるかもしれないということである。その一部は、2020 年の新型コロナ・パンデミック下ですでに現実となっているかもしれない。

　　第二には、この経験が社会科学をも含む科学、あるいはそれを専門とする科学者・研究者にとってもつ意味である。フクシマでは市民が自ら科学者になろうとした。そのような動きに対しては、科学者・研究者も市民にならなければならない。」[22]

　さらに立ち入った「科学と民主主義」、その主体をめぐる対抗についての論点については、次の三つの端的なテーゼが示唆的である。

　最初に、イギリスの科学技術社会論（STS）研究者のコリンズとエヴァンズの見解をみてみよう。「道徳的選択としての科学」、「民主主義の参加型で熟議型の制度」[23]。

　やはり STS 研究者でアメリカ在住の佐藤恭子の講演タイトル「科学の公共性と市民参加—科学技術社会論の視角から 3・11 を再考する—」（経済理論学会 2023 年度大会特別講演、2023 年 11 月 5 日、於：東北学院大学。講演原稿は学会 HP で閲覧可）。

　人類学研究者でオーストラリア在住の小川晃弘の著作タイトル、『*Antinuclear Citizens: Sustainability Policy and Grassroots Activism in Post- Fukushima Japan*』（Stanford University Press, 2023）。

　これまで見てきたように、「科学」と「民主主義」は、「草の根の市民」が主体となること、これをフクシマの声と行動が全世界に明らかにしたのである。

注

1）　本稿では、地理的場所を指す場合は「福島」、3・11 後の原発被災地および放射能に汚染された大地とそこに暮らす人々を指す場合は「フクシマ」と表現する。

2）　祖父江孝男『文化人類学入門─増補改訂版─』中公新書、1990 年、13 頁。

3）　「東日本大震災再考：『復興』と『生活』のいま─【対談】似田貝香門×吉原直樹氏─」『図書新聞』第 3202 号、2015 年 4 月 1 日、3 頁。

4）　似田貝香門・吉原直樹編『震災と市民 I ─連帯経済とコミュニティ再生─』東京大学出版会、2015 年、iii 頁。

5）　*The Nation*, April 4. 2011.

6）　林京子『被爆を生きて─作品と生涯を語る─』岩波ブックレット、2011 年、43-44 頁。

7）　毎日新聞、2019 年 3 月 12 日付。

8）　肥田舜太郎・鎌仲ひとみ『内部被曝の脅威─原爆から劣化ウランまで─』筑摩書房、2005 年。

9）　Morgan, Z. Karl and Peterson, M. Ken（1999）*The Angry Genie: One Man's Walk Through the Nuclear Age*, University of Oklahoma Press（カール・Z・モーガン、ケン・M・ピーターソン［松井浩・片桐浩訳］『原子力開発の光と影─核開発者からの証言─』昭和堂、2003 年）。

10）　本報告では、被爆と被曝を「被ばく」と統一している。

11）　Pflugbeil, Sebastian（2012）*An die Kinder!: von Onkel Sebastian Das Leben vor radioaktiven Strahlen schützen*, Berlin（セバスチャン・ブフルークパイル［エミ・シンチンガー訳］『セバスチャンおじさんから子どもたちへ─放射線からいのちを守る─』旬報社、2013 年、58 頁）。

12）　Klein, Naomi（2007）*The Shock Doctrine: The Rise of Disaster Capitalism*, Metropolitan Books（ナオミ・クライン［幾島幸子・村上由見子訳］『ショック・ドクトリン〈上・下〉─惨事便乗型資本主義の正体を暴く』岩波書店、2011 年）。

13）　Boykoff, Jules（2014）*Celebration Capitalism and the Olympic Games*, Routledge.

14）　「3・11 フクシマ」以後、原発事故に起因する様々な事態に対しては、一大学習運動が起こっている。その詳細は、後藤康夫・後藤宣代編著『21 世紀の新しい社会運動とフクシマ─立ち上がった人々の潜勢力─』（八朔社、2020 年）を参照されたい。

15）　立ち入った内容については、福島大学の柴崎直明（専門は地下水盆管理学、水文地質学、応用地質学）が中心になってまとめた次の文献が大いに参考になる。福島第一原発地質・地下水問題団体研究グループ編『福島第一原子力発電所の地質・地下水問題』地学団体研究会、2021 年。これをブックレットにしたものもある（『福島第一原発の汚染水はなぜ増え続けるのか』2022 年）。

16）　原子力市民委員会 HP　http://www.ccnejapan.com/?p=14185（アクセス日 2023 年 11 月 3 日）。

17）　みんなのデータサイト編『2011 年のあの時・いま・未来を考える図説 17 都県』みんなのデータサイト出版、2018 年。

18）　たらちね HP　https://tarachineiwaki.org/（アクセス日 2023 年 11 月 3 日）

19）Moore W. Jason（2015）*Capitalism in the Web of Life: Ecology and the Accumulation of Capital*, Verso, p.173（ジェイソン・W・ムーア［山下範久監訳］『生命の網のなかの資本主義』東洋経済新報社、2021 年、324 頁）。

20）朝日新聞 2023 年 9 月 19 日付。

21）日本経済新聞 2023 年 11 月 2 日付。

22）八木紀一郎「書評　後藤康夫・後藤宣代編著『21 世紀の新しい社会運動とフクシマ―立ち上がった人々の潜勢力―』（八朔社、2020 年）」、『季刊　経済理論』第 57 巻第 4 号、桜井書店、2021 年、107 頁。

23）Collins, Harry and Evans, Robert（2017）*Why Democracies Need Science*, Polity Press（ハリー・コリンズ、ロバート・エヴァンズ［鈴木俊洋訳］『民主主義が科学を必要とする理由』法政大学出版局、2022 年）。

本稿に関わる既発表文献

後藤宣代「『3・11』フクシマの人類史的位置―住民の声と行動を通して考える―」、後藤宣代ほか著『カタストロフィーの経済思想―震災・原発・フクシマ―』昭和堂、2014 年。

後藤宣代「『3・11 フクシマ』が人類史に問いかけるもの―核被災と主体形成―」、後藤康夫・後藤宣代編著『21 世紀の新しい社会運動とフクシマ―立ち上がった人々の潜勢力―』八朔社、2020 年。

後藤宣代「『低線量長期被ばく都市・フクシマ』の 10 年―住民として、研究者として暮らす―」若尾祐司・木戸衛一編『核と放射線の現代史―開発・被ばく・抵抗―』昭和堂、2021 年。

後藤宣代「『3・11 フクシマ』10 年後の夏―東京五輪とコロナ・パンデミックのなかで―」『政経研究時報』No.24-1、2021 年。

後藤宣代「『3・11 フクシマ』の 10 年後―汚染水問題―」『経済科学通信』No.154、2021 年。

付記

本稿は、筆者の既発表論考（『カタストロフィーの経済思想』、『政経研究時報』、および『経済科学通信』）を再構成し、その後の展開を補充したものであり、経済理論学会 2023 年度大会（東北学院大学）における学会発表原稿を元にしている。

第3部
民主主義と法・裁判

第1章

統治行為論の再検討
―「国民の政治的批判」に着目して―

奥野恒久

はじめに

　中村浩爾先生は、2018年の論稿で、日本の政治・社会状況を見渡し、また日本人の「無感覚・無関心」に着目して、「ファシズム潜在状況」にあると称している（中村2018：6）。その後、この状況の悪化は凄まじい。

　2022年12月16日、岸田文雄政権は「国家安全保障戦略」「国家防衛戦略」「防衛力整備計画」のいわゆる「安保三文書」を閣議決定し、「安全保障政策の大転換」を進めている。この閣議決定に先立ち9月22日に、内閣総理大臣は「国力としての防衛力を総合的に考える有識者会議」を設置した。佐々江賢一郎氏を座長とするこの有識者会議は、メディア関係者や学者・財界人10名で構成されるが、法律学者は入っておらず、4回の会議を経て、憲法論のない報告書を11月22日に提出している。閣議決定は臨時国会閉会後のことであり、「安保三文書」は「国権の最高機関」である国会にて論じられていないし、国民は無感覚・無関心のままである[1]。また「安保三文書」には、たとえば憲法上疑義のある「反撃能力」の保有など憲法問題については、十分論じられておらず、内閣が憲法論議を行ったようには思われない。このように、国会審議を経ることなく内閣主導で、また憲法論を欠いた形で安全保障政策が遂行されており、「安全保障論の憲法からの切り離し」（青井2023：25）が進んでいる。加えて「国家安全保障戦略」は、安全保障政策の中身を大幅に拡大し、経済安全保障と称して経済政策まで包含するものになってい

る。「巨大な政策体系」（城野 2023：48）と言われる所以である。筆者は、今後ますます安全保障政策の中身が拡大され、それらに立憲的・民主的統制が及ばなくなることを危惧する。筆者は、このような統制回避の源泉は、砂川事件最高裁判決の統治行為論にあると考えている。「高度の政治性を有するもの」に、裁判所は憲法判断をしないというのは、裁判所による立憲的統制の自己放棄であるが、問題はそれだけでない。裁判所のそのようなメッセージにより、政治部門は精緻な憲法論議を行うインセンティブを失い、結果、「数」さえ制すればよいと高を括り、民主的統制をも弱めることになったのではなかろうか。とりわけ、国会にて与野党間の理念対立が弱くなった近年、この傾向は顕著ではなかろうか。

　このような問題意識のもと、本稿では、砂川事件を改めて検討し、統治行為をめぐる判例・学説の展開を概観する。そのうえで、「国民の政治的批判」に着目し、違憲審査制は民主主義的要請と両立しうるとの主張を行いたい。

1　出発点としての砂川事件

　アメリカ合衆国空軍の使用する立川飛行場を拡張するため東京調達局が測量を行ったことに対し、反対するデモ隊が基地内に立ち入ったため、日本国とアメリカ合衆国との間の安全保障条約 3 条に基く行政協定に伴う刑事特別法（以下、刑事特別法）2 条違反に問われて 7 名が起訴された。

(1) 東京地裁判決（東京地判 1959・3・30 下級裁刑集 1 巻 3 号 776 頁）
　正当な理由なき立入又は不退去に対する一般刑罰法規は軽犯罪法 1 条 32 号で、それが拘留又は科料（情状により刑を免除又は併科し得る）を科し得るに止まるのに対し、刑事特別法 2 条は 1 年以下の懲役又は 2 千円以下の罰金若しくは科料を科し得る。そこで東京地裁は、もし合衆国軍隊の駐留が憲法に違反するのであれば、軽犯罪法よりも特に重い刑罰を以て臨む刑事特別法 2 条は不当な規定となり、何人も適正な手続によらなければ刑罰を科せられないとする憲法 31 条に違反することになるとして、合衆国軍隊の駐留の合憲性を審査するのである。

　東京地裁によると、憲法9条の解釈は、「合衆国軍隊のわが国への駐留は、……自衛上やむを得ないとする政策論によつて左右されてはならない」という。そして、「合衆国軍隊の駐留は、わが国の要請とそれに対する施設、区域の提供、費用の分担その他の協力があつて始めて可能となるものであるから」「わが国が外部からの武力攻撃に対する自衛に使用する目的で合衆国軍隊の駐留を許容していることは、指揮権の有無、合衆国軍隊の出動義務の有無に拘らず、日本国憲法第9条第2項前段によつて禁止されている陸海空軍その他の戦力の保持に該当するものといわざるを得ず、結局わが国内に駐留する合衆国軍隊は憲法上その存在を許すべからざるものといわざるを得ない」と述べる。そのうえで「安全保障条約及び行政協定の存続する限り、わが国が合衆国に対しその軍隊を駐留させ、これに必要なる基地を提供しまたその施設等の平穏を保護しなければならない国際法上の義務を負担することは当然であるとしても、前記のように合衆国軍隊の駐留が憲法第9条第2項前段に違反し許すべからざるものである以上、合衆国軍隊の施設又は区域内の平穏に関する法益が一般国民の同種法益と同様の刑事上、民事上の保護を受けることは格別、特に後者以上の厚い保護を受ける合理的な理由は何等存在しないところであるから、国民に対して軽犯罪法の規定よりも特に重い刑罰をもつて臨む刑事特別法第2条の規定は、……憲法第31条に違反し無効なものといわなければならない」と判示したのである。

　このように東京地裁判決は、在日米軍を違憲としつつも、そこから日米安全保障条約を違憲無効とするものではないし、直接刑事特別法を違憲無効とするものでもない。被告人7名に適用される刑事特別法2条が憲法31条に違反し無効だとしたのである。具体的な事件を解決するにあたり、適用される法令、さらにその前提となる事象につき違憲審査を行うという精緻な論理展開だと思われる[2]。

(2) 最高裁判決（最大判1959・12・16刑集13巻13号3225頁）

　日米安全保障条約改定を控えていた時期に東京地裁の違憲判決を受け、日米両政府が危機感を募らせるなか、検察官は東京高裁の控訴審を経ずに直接最高裁に跳躍上告を行った。今日では周知のことであるが、2008年以降に

米国公文書館から発見された資料により、跳躍上告という手法は、駐日アメリカ大使のダグラス・マッカーサー二世が藤山愛一郎外相に提案したものであり（布川・新原 2013：11）、またその後、マッカーサー大使と田中耕太郎最高裁長官との間で非公式の会談がなされていた（布川・新原 2013：61 以下）。

　さて、最高裁判決である。最高裁はまず憲法9条について、「日本国民が過去におけるわが国の誤つて犯すに至つた軍国主義的行動を反省し、政府の行為によつて再び戦争の惨禍が起こることのないようにすることを決意し、深く恒久の平和を念願して制定したもの」と、過去の軍国主義的・侵略主義的政策への反省という理解を示す。また、9条は「わが国が主権国として持つ固有の自衛権は何ら否定されたものではなく、わが国憲法の平和主義は決して無防備、無抵抗を定めたものではない」としたうえで、「わが国の平和と安全を維持するための安全保障であれば、その目的を達するにふさわしい方式又は手段である限り、国際情勢の実情に即応して適当と認められるものを選ぶことができることはもとよりであつて、憲法9条は、わが国がその平和と安全を維持するために他国に安全保障を求めることを、何ら禁ずるものではない」と述べる。この段階で最高裁は、安全保障政策への9条の規範的統制を相当弱めたといえよう。このような9条理解に立って最高裁は、9条2項において「戦力の不保持を規定したのは、わが国がいわゆる戦力を保持し、自らその主体となつてこれに指揮権、管理権を行使することにより、同条1項において永久に放棄することを定めたいわゆる侵略戦争を引き起こすがごときことのないようにするためであると解するを相当とする。従つて同条項がいわゆる自衛のための戦力の保持をも禁じたものであるか否かは別として、同条項がその保持を禁止した戦力とは、わが国がその主体となつてこれに指揮権、管理権を行使し得る戦力をいうものであり、結局わが国自体の戦力を指し、外国の軍隊は、たとえそれがわが国に駐留するとしても、ここにいう戦力には該当しない」と述べる。在日米軍を合憲と判断したかに見えるところである。

　ところが最高裁は、本件安全保障条約は、「主権国としてのわが国の存立の基礎に極めて重大な関係をもつ高度の政治性を有するものというべきであつて、その内容が違憲なりや否やの法的判断は、その条約を締結した内閣お

よびこれを承認した国会の高度の政治的ないし自由裁量的判断と表裏をなす点が少なくない。それ故、右違憲なりや否やの法的判断は、純司法的機能をその使命とする司法裁判所の審査には、原則としてなじまない性質のものであり、従つて、一見極めて明白に違憲無効であると認められない限りは、裁判所の司法審査権の範囲外のものであつて、それは第一次的には、右条約の締結権を有する内閣およびこれに対して承認権を有する国会の判断に従うべく、終局的には、主権を有する国民の政治的批判に委ねられるべきものと解するを相当とする」とする。そして、「アメリカ合衆国軍隊の駐留は、憲法9条、98条2項および前文の趣旨に適合こそすれ、これらの条章に反して違憲無効であることが一見極めて明白であるとは、到底認められない」と結論づけるのである。

2 砂川事件最高裁判決の検討

(1) 駐留米軍と憲法9条

　最高裁判決は、田中耕太郎ら7裁判官の補足意見と小谷勝重ら3裁判官の意見があるものの、裁判官全員一致の意見によるものである。駐留米軍を憲法違反としない点では、裁判官の全員一致をみているが、それが統治行為であるため違憲審査権が及ばないとするもの（藤田八郎・入江俊郎裁判官）と、実質論として違憲でないとするもの（小谷、奥野健一・高橋潔裁判官）とに分かれる。いずれにしろ、駐留米軍を違憲とした東京地裁判決と決定的に異なる。

　東京地裁は、憲法9条は「国家が戦争を行う権利を一切認めず、且つその実質的裏付けとして陸海空軍その他の戦力を一切保持しないと規定している」とし、「侵略的戦争は勿論のこと、自衛のための戦力を用いる戦争及び自衛のための戦力の保持をも許されないとするもの」と断じる。また、9条は「正義と秩序を基調とする世界永遠の平和を実現するための先駆たらんとする高遠な理想と悲壮な決意を示すもの」と述べ、さらに9条解釈は「政策論によって左右されてはならない」とする。「軍事によらない平和」という9条2項の戦力不保持規程の意義を踏まえた、憲法学説の多数説の立場といえる。

　他方最高裁多数意見は、戦力不保持規程を「侵略戦争を引き起こすがごと

きことのないようにするため」と解し、「同条項がその保持を禁止した戦力とは、わが国が主体となつてこれに指揮権、管理権を行使し得る戦力をいう」として、駐留米軍は戦力に該当しないという。侵略戦争の放棄は、すでに1928年の不戦条約や1945年の国際連合憲章によって定められているが、それらと日本国憲法9条との最大の違いは、9条2項の戦力不保持規程が存在することである。侵略戦争の放棄に限定する最高裁多数意見は、9条2項の意義をまったく見出していない。さらに田中長官は補足意見で、「一国が侵略に対して自国を守ることは、同時に他国を守ることになり、他国の防衛に協力することは自国を守る所以でもある」、「真の自衛のための努力は正義の要請であるとともに、国際平和に対する義務として各国民に課せられている」と述べている。集団安全保障を念頭に、国際社会における道義的義務を説くのだが、憲法9条解釈論とは到底言えない独自の平和観である。田中長官に言わせると、それが、「国際社会の現状ならびに将来の動向を洞察」した解釈、「字句に拘泥しないところの……目的論的解釈方法」ということであろう。はたして、裁判官の独自の平和観に基づく憲法9条解釈が妥当と言えるだろうか。

(2)「変型的統治行為論」

　統治行為とは、一般に「『直接国家統治の基本に関する高度に政治性のある国家行為』で、法律上の争訟として裁判所による法律的な判断が理論的には可能であるのに、事柄の性質上、司法審査の対象から除外される行為」（芦部2023：367以下）とされる。最高裁内にも、新憲法は「力よりも法の支配による民主的平和的国家」を指向しているとして、統治行為論を否定する意見（小谷裁判官）がある一方、「政治部門の裁量決定に委ねる」としつつ裁量権の限界を超えていないかを検討する自由裁量論というべき補足意見（島保裁判官）や、「かかる条約の違憲性のごときは裁判所の審査権の埒外」だとする「純粋な統治行為論」を主張する補足意見（藤田・入江裁判官）もある。そのようななか、多数意見は、内閣と国会の「高度の政治的ないし自由裁量的判断」に言及し、その「違憲なりや否やの法的判断は、純司法的機能をその使命とする司法裁判所の審査には、原則としてなじまない」と述べつつ、「一

見極めて明白に違憲無効」か否かは裁判所に審査されることになる。「変型的統治行為論」（樋口 1992：416）と称されているが、多様な裁判官の見解の折衷を試みたため、首尾一貫性を欠いた多数意見である（長谷部 2015：46）。

　ところで、筆者が注目するのは、「主権を有する国民の政治的批判に委ねられるべきもの」という一節である。たしかに、高度の政治性を有する問題については、最終的に主権者である国民の監視の下で国民の熟議に基づいて決されるべきという民主主義的要請を強調する見地は十分ありうる。だが、政治部門の自由裁量と同列に語る最高裁に、国民の熟議を触発・促進しようという見地はまるでない。せいぜい、政治部門に正当性を付与するための修辞的表現か、「選挙を通じて大多数の国民の支持を得ている」といったことを指すにすぎない。そればかりか、アメリカの外交文書が明らかにしたように、当時の最高裁、とりわけ田中長官は、司法権の独立さえ危機にさらすという、極めて「政治的」で機密性の高いやり取りの渦中にあったのである。それを隠蔽するかのごとく、最高裁は司法審査から引いていったのである。砂川事件最高裁判決が採った統治行為論は、日米安全保障条約への立憲的・民主的統制を回避する役割を担ったに過ぎないのではないか。

3　統治行為論をめぐる判例と学説の展開

(1) 砂川事件後の判例

　砂川事件最高裁判決の約半年後に、苫米地事件最高裁判決（最大判 1960・6・8民集 14 巻 7 号 1206 頁）が出されている。この事件は、1952 年の「抜き打ち解散」につき、それが憲法 7 条にのみ基いて行われ、しかもその解散には 7 条の要請する助言と承認がなかったとして、解散は無効であり衆議院議員であった原告が歳費の支払いを請求した事件である。

　最高裁は、「直接国家統治の基本に関する高度に政治性のある国家行為のごときはたとえそれが法律上の争訟となり、これに対する有効無効の判断が法律上可能である場合であつても、かかる国家行為は裁判所の審査権の外にあり、その判断は主権者たる国民に対して政治的責任を負うところの政府、国会等の政治部門の判断に委され、最終的には国民の政治判断に委ねられて

いるもの……。この司法権に対する制約は、結局、三権分立の原理に由来し、当該国家行為の高度の政治性、裁判所の司法機関としての性格、裁判所に必然的に随伴する手続上の制約等にかんがみ、特定の明文による規定はないけれども、司法権の憲法上の本質に内在する制約と理解すべき」と判示した。

　高度に政治性のある国家行為については「裁判所の審査権の外」にあるとし、「一見極めて明白に違憲無効」かの審査すら排除していることから、「純粋な統治行為論」と言われている。だが、この判決に対しては、解散事由については裁量論を、また閣議決定の方式については自律権論で処理すればよく、統治行為論を用いる必要があったのかと指摘されている（芦部 2023：369）。また、ここでも「最終的には国民の政治判断に委ねられている」との説示があるが、そもそも衆議院の解散の是非は国民の判断に適する問題とはいえず、この説示はミスリーディングであるだけでなく、統治行為論の正当性を揺るがすものと思われる。

　それに対し、日米新安保条約の合憲性が争点の一つとなった全司法仙台事件（最大判 1969・4・2 刑集 23 巻 5 号 685 頁）にて、最高裁は「新安保条約のごとき、主権国としてのわが国の存立の基礎に重大な関係を持つ高度の政治性を有するものが違憲であるか否かの法的判断をするについては、司法裁判所は慎重であることを要し、それが憲法の規定に違反することが明らかであると認められないかぎりは、みだりにこれを違憲無効のものと断定すべきではない……、ならびに新安保条約は、憲法 9 条、98 条 2 項及び前文の趣旨に反して違憲であることが明白であるとは認められない」と判示している。これは、砂川事件型の「変型的統治行為論」に属するといえよう。

　統治行為論を自衛隊裁判にも採用したのが、長沼訴訟控訴審判決（札幌高判 1976・8・5 行集 27 巻 8 号 1175 頁）である。ここでは、「自衛隊は通常の概念によれば軍隊ということができる」としたうえで、「現実にある自衛隊の組織、編成、装備が……一見極めて明白に侵略的なものであるとはいい得ない」とし、「結局自衛隊の存在等が憲法第 9 条に違反するか否かの問題は、統治行為に関する判断であり、国会及び内閣の政治行為として窮極的には国民全体の政治的批判に委ねられるべきものであり、これを裁判所が判断すべきものではない」と判示したのである。だが、自衛戦力合憲論も容認するこ

の判決は、「学説や政府見解を無視した独自の見解に立つもの」(山内 2007：
379) として学説からは強く批判されている。

　その後、百里基地訴訟第 1 審判決 (水戸地判 1977・2・17 判時 842 号 22 頁)
が統治行為論を用いたが、控訴審・上告審では統治行為論に言及していない。

(2) 統治行為をめぐる学説の展開

　従来、統治行為を肯定する学説は、統治行為に対する司法審査による政治
上の大きな混乱を回避するために裁判所は審査を行わないという自制説 (山
田 1955：164) と、高度の政治性を有する問題は、国民から直接選任されてい
ない裁判所の審査の範囲外で、その当否は国会・内閣に委ねられるとする内
在的制約説の二つがあった。判例は、苫米地事件最高裁判決が明らかにした
ように内在的制約説に立つ。

　他方、統治行為に憲法上の根拠がないこと、「高度の政治性」という基準
が曖昧であることにつき憲法 81 条を厳格に解釈する立場 (上田：278) から、
統治行為を否定する学説も存在した。また、高度に政治的な判断は政治部門
がするべきであるとしても、それは憲法に違反するものであってはならず、
政治部門の決定が憲法に違反しないか否かの法的判断を日本国憲法は司法部
門に委ねているとして、統治行為論を否定する見解もある (浦部 2016：399)。

　そのようななか今日では、統治行為を認めるが厳格に限定するという立場
が有力である。たとえば芦部信喜は、①機関の自律権・自由裁量権などで説
明できるものは除外する、②基本的人権、とりわけ精神的自由権の侵害を争
点とする事件には適用しない、③その他、裁判の結果生ずる事態、司法の政
治化の危険性、司法手続の能力の限界、判決実現の可能性などを具体的に考
慮してケース・バイ・ケースに判断する、と述べる (芦部 2023：371 以下)。「高
度の政治性を有する問題であれば司法審査の範囲外」と、統治行為論を定式
的に適用するのではなく、それを限定し、さらに「自制」の観点からも個別
具体的に判断すべき、というのである。芦部にとって、統治行為概念が適用
され得る領域は、「外交・防衛というような国の運命に関する重要な問題」
であり、しかも「立法・条約等の審査を『自制』する裁判所の根拠づけがま
ず何より問われる」ということであろう (高見 2015：50 以下)。こうなると、

「実際の帰結はもはや否定説に近い」（宍戸 2020：396）。

　高見勝利は、日本国憲法制定時の第 90 帝国議会貴族院での、違憲とされた条約の効力をめぐる、金森徳次郎大臣の議論に注目する。金森は、憲法と条約の実質的矛盾への処置として、統治行為を意識しているかのような答弁を行っている。だが高見は、その後の金森の議論を検討し、「金森の念頭にあった『憲法』とは明治憲法であり、また『条約』とはポツダム宣言（以下「ポ宣言」と略記）のことであった」という（高見 2015：52）。たしかに、ポツダム宣言が「国の運命に関する重要な問題」であることは誰の目にも明らかである。さらに高見は、自制説に立つ鵜飼信成の砂川事件最高裁判決の評価を参照して、「最高裁は、『国の運命』に係わる外交・防衛の問題についても―ポ宣言のような場合を除いて―違憲審査権を行使しうる態勢をとっている……。裁判所は、かかる問題について自制すべき憲法上の根拠を見いだし得ない限り、憲法判断を行うべきだということになる」と主張する（高見 2015：56）。これもやはり、統治行為論否定説であろう。

　司法権と違憲審査制の関係の再検討を試みる宍戸常寿は、「日本における統治行為論は、日本国憲法が施行され、新しい司法制度と違憲審査制が無事に離陸するまでの間、憲法の明文上、また解釈が不安定だった問題であって、しかも現在のように憲法上の裁量論（および裁量統制論）が十分に成熟していなかった過渡期における、実践的な法理として位置づけるのが適切であるように思われる。……既に形骸化し否定説に事実上近いものとなっている統治行為論を、カテゴリーとして残すことの意味は既に失われている」（宍戸 2020：398）と述べる。統治行為論は、戦後日本の憲法学史にとどめておく法理ではあるが、今日、これを語る実践的意味はない、ということであろう。

4　「国民の政治的批判」と違憲審査

(1) 愛敬浩二の問題提起

　学説は、少なくとも統治行為論の適用を極力排除する方向に向かっている。そのようななか愛敬は、「統治行為論の内実は、一種の国家緊急権の法理」という寺島壽一の主張（寺島 2004：361）を受け、「裁判所が自らの制度

的条件（民主的正当性の弱さ、軍事・外交問題に関する情報量の劣位等）との関係で、例外的に違憲審査権の行使を『自制』する可能性を完全に否定することは現実的でない」と述べる。そのうえで、「統治行為という概念の使用は、『できるだけ避ける』のではなく、やめるべき」だ、「なぜなら、憲法の教科書レベルで『統治行為』という用語が残ることにより、砂川判決がいつまでも初学者が学ぶべき『司法権の限界』に関する『先例』として、生き続けることは問題である」からだという（愛敬 2017：33 以下）。

　愛敬は、安保関連法制定にさいして高村正彦自民党副総裁が砂川事件最高裁判決を参照して正当化を試みたことを問題にする（愛敬 2017：28）。先述の通り、砂川事件最高裁判決は、極めて特殊な背景事情のもとでの判決でありながら、安全保障政策への立憲的・民主的統制を回避する議論枠組みをつくりだし、その後の法的・政治的議論に影響を与えている。筆者も、砂川判決は先例として参照すべきでないと考える。

　さらに愛敬は、「例外状態」への裁判所の対し方について、これまでの議論に加えて次のように述べる。すなわち、裁判所が『政治的自制』をした場合、「違憲・合法の判断は終局的には、国民の政治的批判に委ねるほかない以上、それを困難にする政府・国会の行動について裁判所が厳格な統制を加えなければ、その無責任さは許しがたく、『法の支配』の守護者という自己理解とも整合しない」と（愛敬 2017：34）。おそらく愛敬は、国民の表現の自由や、民意を正確に反映する選挙制度の確保など、健全な民主的プロセスの維持のため裁判所は政府や国会を厳格に統制すべきというのであろう。

(2) 違憲審査による「国民の政治的批判」の活性化

　筆者が思うに、「国民の政治的批判」を表出させる、あるいは国民の熟議を促進する、最も重要な契機の一つは裁判所の違憲判断ではなかろうか。たとえば、イラクへの自衛隊派遣を違憲とした名古屋高裁判決（名古屋高判 2008・4・17 判時 2056 号 74 頁）が国民的議論に大きな影響を与えたことは周知のことである。先述の通り、砂川事件東京地裁判決は日米安保条約を違憲無効としたものではない。また、裁判所は行政事件訴訟法 31 条の事情判決の法理や違憲確認判決等の方式を用いることで（山内 2007：379）、政治的混

乱も、立法領域や行政領域への司法権の介入も回避できるはずである。

　さらに、裁判所が高度の政治性を有する問題に違憲審査を行うことで、政治部門内での憲法適合性をめぐる議論の質を高め議論を活性化させるはずである。地方議会における出席停止の懲罰決議をめぐる 2020 年最高裁判決（最大判 2020・11・25 民集第 74 巻 8 号 2229 頁）にて、宇賀克也裁判官は補足意見で、「地方議会議員に対する出席停止の懲罰の適否を司法審査の対象とした場合、濫用的な懲罰は抑止されることが期待できるが、過度に地方議会の自律性を阻害することにはならないと考える」と述べている。同様に、高度の政治性を有する問題も司法審査の対象にすることによって、内閣や国会にて憲法適合性をめぐる検討や議論を欠いた決定は抑止されるのではなかろうか。違憲審査と民主主義的要請とは、司法消極主義と評されてきた日本においては、むしろ両立しうるものと思われる。

おわりに

　「ファシズム潜在状況」にある現在日本において、その背景の一つに、国民の「無感覚・無関心」、重要問題の本質的争点について議論も可視化もできない国会があることが指摘できよう。本稿は、この状況を少しでも克服するため、統治行為論に検討を加えてきた。本稿の結論は、砂川事件最高裁判決は先例として参照されるべきではないし、統治行為論はもはや用いられるべきでない、というものである。

　筆者としては、憲法論を含めた熟議が国会のみならず国民間でより活発になされるべきだと考えている。だがそのような熟議を欠いたなかで、憲法に反する「安保三文書」のもと（奥野 2023：142）、「安全保障政策の大転換」が進められている。実践的には、いかにして「国民の政治的批判」を表出させるかが課題である。9 条改憲論についても、そこから逃げることなく国民が「9 条を選び直す」熟議の機会として、受けて立つくらいの攻勢的な理論と運動を構想していかなければならない。

注
1 ）2023 年 5 月 6 日の共同通信社の世論調査では、「安保三文書」について、「あまり知ら

ない」が 51％、「全く知らない」が 25％であった。

2）　もっとも蟻川恒正は、「緊密に論理を重ねる東京地裁判決の論理層の間に、だが、隙
　　間を見出すことは不可能ではない」とし、「駐留アメリカ軍が違憲であると断ずること
　　は、本件被告人 7 名を無罪とする同判決の立論にとって必要な行論ではなかった」とす
　　る（蟻川 2016：98 以下）。

文献

愛敬浩二（2017）「『統治行為』諸論の批判的考察」論究ジュリスト 21 号

青井美帆（2023）「日本国憲法から見た安保三文書」自治と分権 92 号

芦部信喜・高橋和之補訂（2023）『憲法第 8 版』岩波書店

蟻川恒正（2016）『尊厳と身分』岩波書店

上田勝美（1996）『新版憲法講義』法律文化社

浦部法穂（2016）『憲法学教室第 3 版』日本評論社

奥野恒久（2022）「2022『国家安全保障戦略』と日本国憲法」龍谷大学社会科学研究年報第
　　53 号

宍戸常寿（2010）「統治行為について」浦田一郎ほか編『立憲主義と憲法理論―山内敏弘先
　　生古稀記念論文集』法律文化社

宍戸常寿（2020）「違憲審査制と統治行為論」山本龍彦・横大道聡編『憲法学の現在地』日
　　本評論社

城野一憲（2023）「安全保障政策の『転換』と憲法変動」憲法研究 12

高見勝利（2015）「法／最高裁／統治」法律時報 87 巻 5 号

寺島壽一（2004）「統治行為」高見勝利ほか編『日本国憲法解釈の再検討』有斐閣

中村浩爾（2018）「ファシズム潜在状況と研究者の気概」法の科学 49

長谷部恭男（2015）「砂川判決における『統治行為』論」法律時報 87 巻 5 号

樋口陽一（1992）『憲法』創文社

布川玲子・新原昭治（2013）『砂川事件と田中最高裁長官』日本評論社

本秀紀（2019）「自衛力・戦力・条約の違憲審査」『憲法判例百選 II 第 7 版』

山内敏弘（2007）「自衛隊と統治行為」『憲法判例百選 II 第 5 版』

山田準次郎（1955）「統治行為について」公法研究 13 号

第2章
自衛隊への住基台帳基本4情報の紙媒体等提供の法的検討

本多滝夫

はじめに

　2023年12月16日に閣議決定された、いわゆる安保三文書（「国家安全戦略」、「国家防衛戦略」および「防衛力整備計画」）のなかに明文化された「反撃能力」と称する「敵基地攻撃能力」の保有は、複雑な解釈論を弄したうえで、かろうじて自衛隊を「合憲」の域にとどめていた「専守防衛」の原則から逸脱するものである（坂田2023）。結果として、自衛隊の憲法の適合性はいっそう疑わしいものとなったといえる。

　自衛隊の「存在感」が増す一方で、自衛隊に入隊する若者の数は減少傾向にあり、自衛隊の人員の維持そのものが危うくなっている。令和4年版防衛白書によれば、自衛隊員の定数は少なくとも過去10年間充足されたことがないようである（防衛省2022：155）。こうした慢性的な「人手不足」を背景に、防衛省は、18歳および22歳の若者への自衛官および自衛官候補生（以下「自衛官等」）の募集活動を強化するために、住民基本台帳（以下「住基台帳」）を管理している市区町村に対し、自衛隊地方協力本部（以下「自衛隊」または「協力本部」）への紙媒体、電子媒体による募集対象者情報（氏名、出生の年月日、男女の別および住所からなる、いわゆる基本4情報）の提供（以下「基本4情報の紙媒体等提供」または「紙媒体等提供」）を求める動きを強めている。

　その端緒は、2019年2月13日に第198回国会衆議院予算委員会の審議において、安倍晋三首相（当時）が市区町村の6割が名簿提供に非協力である

ことは残念と答弁したことであった。その後、提供の圧力が強まり、それに抗しきれなくなったためか、2020 年の「地方分権改革に関する提案募集」において、大村市をはじめ 19 市が「国からの自衛官等の募集事務に係る募集対象者情報の提供依頼があったときは、『住民基本台帳の一部の写し』を提供することができる旨住民基本台帳法又は自衛隊法に明確に規定することを求める」旨の提案（「自衛官等の募集に関する事務について『住民基本台帳の一部の写し』を国に提出できることの法定化」〔令和 2 年 地方分権改革に関する提案募集 提案事項　総務省（内閣府と関係府省との間で調整を行う提案）管理番号 18〕。以下「提案」）を行うに至ったのである。

　この提案に対して、政府は上記 2 法の改正に踏み出すのではなく、「令和 2 年の地方からの提案等に関する対応方針（令和 2 年 12 月 18 日閣議決定）」において、防衛省と総務省が「自衛官又は自衛官候補生の募集に関し必要な資料の提出を防衛大臣から求められた場合（自衛隊法 97 条 1 項及び同法施行令 120 条）については、市区町村長が住民基本台帳の一部の写しを提出することが可能であることを明確化し、地方公共団体に令和 2 年度中に通知する」との対応をするということとし、2021 年 2 月 5 日に防衛省担当課長および総務省担当課長の連名により、同趣旨の通知「自衛官又は自衛官候補生の募集事務に関する資料の提出について」（防人育 1450 号・総行住 12 号令和 3 年 2 月 5 日〔以下「令和 3 年通知」〕）が発出された。令和 3 年通知を契機に、募集対象者の名簿を紙媒体等で提供する市区町村が増えている。

　ところで、自衛隊への基本 4 情報の紙媒体等提供については、福岡市の名簿提供にかかる公金支出は違法であるとする住民訴訟が提起され、2023 年 3 月 8 日に福岡地方裁判所が適法である旨の判決を下している（福岡地判令 5・3・8 判例集未登載〔令 3（行ウ）41〕、以下「3・8 福岡地判」）。同地裁は、上記の自衛隊法施行令 120 条に基づく資料の提出の求めとしての紙媒体等提供の求めの適否そのものを審理することなく、同条に基づく求めに応じた基本 4 情報の提供は利用目的以外の目的のために保有個人情報を第三者に提供することを例外的に許容する福岡市個人情報保護条例 10 条 2 項 6 号（「福岡県個人情報保護審議会の意見を聴いた上で、公益上必要があると実施機関が認めるとき」）に適合するとし、紙媒体等の提供は、住民基本台帳法（以下「住基法」）

12 条の 2 が国の機関に対し住民票の写しの交付を認めていることに照らし合わせて適切だと判断した。

　そこで、本稿では、自衛隊への基本 4 情報の紙媒体等提供の適法性について、住基法に定める基本 4 情報の開示制度、住基法または自衛隊法施行令に定める資料の提供・提出の制度および個人情報保護法に定める保有個人情報の利用目的以外の利用・提供の制度[1]に照らして検討を行うこととする。

1　住基法の開示制度に基づく紙媒体等提供の適否

　住基法はそもそも基本 4 情報の紙媒体等提供を許容しているのであろうか。住基法には、基本 4 情報の開示制度として、同法 11 条に定める閲覧制度（以下「11 条閲覧制度」）、11 条の 2 に定める閲覧制度、12 条に定める交付制度、そして、3・8 福岡地判が依拠した同法 12 条の 2 に定める交付制度（以下「12 条の 2 交付制度」）がある。以下、本稿の目的に即し、国または地方公共団体の機関に対して開示を定める 11 条閲覧制度と 12 条の 2 交付制度に基づいて行う基本 4 情報の紙媒体等提供の適否を検討することとする。

(1) 11 条閲覧制度に基づく紙媒体等提供の適否

　11 条閲覧制度について住基法 11 条第 1 項は「国又は地方公共団体の機関」が、市町村長（特別区区長も含む。以下同じ）に対し基本 4 情報のみを対象とする住民基本台帳の写しの一部（以下「写しの一部」）の閲覧請求ができる旨を定めている。もっとも、閲覧請求事由は何でもよいというわけではなく、「法令で定める事務の遂行のために必要である場合」に限られる。

　ここでいう「法令で定める事務」とは何であろうか。住基法を所管する総務省自治行政局が実質的に編者である解説書には、「本条第 1 項の『法令』には法律・政省令のほか、条例が含まれ、また、これらで規定された事務について定められた地方公共団体の規則や規程も含まれる」ところ、「『法令で定める事務の遂行のために必要である場合』には、国又は地方公共団体の機関が実施する広範多岐にわたる事務が広く含まれることになる」と解されている。そして、参考実例として、「地方協力本部が、これらの法令〈自衛隊法

29条1項・35条―引用者注〉に基づき行う自衛隊員の募集に関する事務は、住民基本台帳法第11条第1項に規定する法令で定める事務の遂行のために必要である場合に該当すると解してよいか」との問い合わせに対し、「貴見の通り」と回答をした通知が挙げられている（市町村自治研究会 2014：148）。

　この解説によれば、「法令」とは個々の行政作用法に限定されるものではなく、当該機関の設置にかかる法令および条例、さらには事務配分に関する内部規範も含まれることになる。このような解釈は、その文言と一体化している「事務の遂行」という文言に照らせば、広範に過ぎるとは必ずしもいえない。もっとも、同条第2項2号は、請求機関に対し請求事由を明らかにすることを求めており、「請求事由については、単に『事務遂行のため』といった程度の抽象的な記載だけでは具体性があるとはいえない」と解されている（市町村自治研究会 2014：149）。

　とはいえ、請求をする機関が請求事由として当該機関の所掌する特定の遂行事務を挙げるとしても、閲覧は基本4情報が当該事務の遂行のために「必要である場合」に限定される。上記の参考実例は、「必要である場合」についての解釈を示しているわけではない。住民基本台帳の写しの閲覧が制限される至った事情として、ダイレクトメール等の営業活動のために大量に写しが閲覧されること等が問題と考えられるようになったことが挙げられている（市町村自治研究会 2014：146）。そのような事情を背景にして、住基法は、個人または法人に写しの閲覧の請求できる事由を「統計調査、世論調査、学術研究その他の調査研究のうち、総務大臣が定める基準に照らして公益性が高いと認められるものの実施」（住基法11条の2第1項1号）、「公共的団体が行う地域住民の福祉の向上に寄与する活動のうち、公益性が高いと認められるものの実施」（同2号）および「営利以外の目的で行う居住関係の確認のうち、訴訟の提起その他特別の事情による居住関係の確認として市町村長が定めるものの実施」（同3号）に限定している。

　したがって、国または地方公共団体の事務は抽象的には公益性が高いとはいえ、上記の事情や法11条の2第1号および第2号に照らせば、「必要がある場合」とは、当該市〈区〉町村の区域に住所を有している（と推定される）者の基本4情報を網羅的に取得しなければ当該事務の遂行が困難であると

いった事情の存在が必要であろう。

　参考実例は自衛隊員の募集に関するものではあるが、写しの閲覧以外に募集対象者の基本4情報を取得する方法がないわけではない。当該協力本部が所管する地域に居住する募集対象者の基本4情報を網羅的に取得することの合理性が問われなければならない。そして、そのような事情は、防衛省において説明すべき事柄であるところ、令和3年通知にはそのようなくだりは一切ないのである（前田 2013：63）。

　つぎに、かりに請求事由があるとして、本条にいう「閲覧」にはどのような行為まで含むのだろうか。閲覧とは「法令の上では、文書の記載事項の確認、証拠としての援用等の目的のために、関係者が官公署、会社等に備えてある記録、帳簿その他の文書の記載事項を調べてみる」ことを意味する（大森 2023：35）。同じく開示制度を定める行政機関情報公開法が開示の方法につき、「閲覧」と「写しの交付」とを書き分けていること（行情法14条1項）に倣えば、本条の閲覧もそのように解すことに合理性があろう（同旨、前田 2023：62）。実際に、行政実務においては、「本条第1項の閲覧に際し、写真機又は複写機等により住民基本台帳の一部の写しを撮影又は複写することについては、これが住民基本台帳の一部の写しに記載された事項をそのままの形で取得することとなりプライバシーの侵害等につながるおそれがあること、またこのような撮影又は複写は法律でいう『閲覧』の概念を超えるものであるから、適当ではないものである（昭和61・7・25東京都指導課あて電話回答参照）」（市町村自治研究会 2014：153）と解されている。そこに挙げられている理由に照らせば、妥当な解釈である。

　したがって、防衛省が市町村長に募集対象者の基本4情報の提供を求めることは「事務遂行のため必要がある場合」に当たらず、また、かりに該当するとしても、基本4情報の紙媒体等提供は「閲覧」の概念を超えるものであるから、自衛隊への基本4情報の紙媒体等提供は住基法11条の2第1項に違反する。

　しかし、令和3年通知では、自衛隊法施行令120条に基づく資料の提出の求めに応じて「募集に関し必要な資料として、住民基本台帳の一部の写しを用いることについて、住基法上、特段の問題を生ずるものではない」となっ

ている。

　法律上禁止されていることがその禁止を解除する規定がないにもかかわらず、許容されるとする論理の展開はよく理解できない。善解すれば、市区町村が、当該「地域における事務」（自治法2条2項）の処理のために住基台帳の一部の写しを用いて作成した名簿は、当該事務の処理の産物であるから住基法の制約を受けない、ということなのであろうか。しかし、そうだとすれば、自己の事務処理上の必要性を理由に、市区町村があらかじめ住民基本台帳から基本4情報を抽出し、それを記載した資料を作成しておけば、11条閲覧制度とは別に、当該資料を通じて基本4情報の目的外利用・提供を行うことが可能になってしまう。このような手法は、住基法による制約を逃れる脱法行為であり、住基法11条1項に違反していると言わざるを得ない。

(2) 12条の2交付制度に基づく紙媒体等提供の適否

　12条の2交付制度は、不特定の住民の基本4情報の写しの閲覧を定めた先の11条閲覧制度と異なり、国または地方公共団体の機関の請求により住民基本台帳に記録されている特定の個々の住民の住民票の写しを交付する制度である（住基法12条の2第1項・2項3号）。自衛隊がその基本4情報を取得しようとする対象者は個々の住民ではなく、当該市区町村の18歳および22歳の属性を有している住民であるから、募集対象者の基本4情報の紙媒体等提供の求めは、およそ12条の2交付制度に馴染まないものといえる。かりに本制度に基づいて市区町村が備えている住民基本台帳の中から、特定することなく、18歳および22歳の住民の住民票の写しを交付したならば、それは住基法12条の2第1項に違反するものである。

　にもかかわらず、次のように3・8福岡地判は本条に言及する。

　　「住民基本台帳法11条自体は閲覧のみを想定するものではあるが、同法12条の2では、国又は地方公共団体の機関が法令で定める事務の遂行のために必要である場合に、市町村長に対し、当該市町村が備える住民基本台帳に記録されている者に係る住民票の写しを請求することができることとなっており、住民基本台帳法上、閲覧以外の方法が一切予定されていないものではない。また、住民基本台帳法1条は、同法の目的

として、住民に関する記録を正確かつ統一的に行う住民基本台帳の制度を定め、もって住民の利便を増進することのみならず、国及び地方公共団体の行政の合理化に資することを目的とする旨を規定している。そして、本件名簿提供以前には、住民基本台帳法 11 条に基づき、各区市民課職員の立会いや確認の下、自衛隊職員が住民基本台帳を閲覧して、全住民の情報の中から、上記募集対象者情報を手作業で書き写す作業を行うことによる情報提供を行っていたものであるが…、これに代えて本件名簿提供を行うことは、国及び地方公共団体の行政の合理化という上記目的に適う側面を有しているといえる。」

　判決の趣旨は、11 条閲覧制度では書き写しが許容されるところ、住民票の写しの交付を認めている 12 条の 2 交付制度の存在に照らせば、紙媒体等提供は開示制度の範囲内にあるもので、そのことは行政の合理化といった住基法の目的に適合するというものであろう。

　しかし、前述したように、11 条閲覧制度が写しの開示を「閲覧」に限定し、写しの複写・撮影すらも認めていないこと、および、12 条の 2 交付制度が不特定の住民の住民票の写しの交付を認めるものではないことに照らせば、3・8 福岡地判の解釈は住基法の開示制度を曲解したもので、失当である。

2　資料の提供等としての紙媒体等提供の適否

　国の機関が基本 4 情報を取得する手段として、住基法の開示制度のほかに、行政機関相互の間での資料の提供によるものがある。そのひとつは、住基法 37 条に基づく資料の提供の求めであり、もうひとつは国の地方公共団体への関与としての資料の提出の求めである。もっとも後者については、関与の基本類型を定める地方自治法には、各大臣がその担任する事務に関し直接に市区町村に資料の提出を求めることができる旨の規定はないので、個別の法律においてその旨の規定があることを要する。ここでいう個別の法令が自衛隊法施行令 120 条である。以下、住基法 37 条に基づく資料の提供による基本 4 情報の紙媒体等提供の適否と、自衛隊法施行令 120 条に基づく資料の提出による基本 4 情報の紙媒体等提供の適否を検討することにする。

(1) 住基法37条に基づく資料の提供としての紙媒体等提供の適否

住基法37条1項は、国の行政機関が所掌事務について必要があるときは、市町村長に対し、住基台帳に記録されている事項に関して資料の提供を求めることができると定めている。文理からすれば、防衛省は自衛官等の募集という所掌事務について必要があるときは、市町村長に対し募集対象者の基本4情報を記載した資料の提供を求めることができるとも解釈され得る。

しかし、行政実務においては、「本条はもともと、国の行政機関…が統計資料を得ようとする場合を想定しているものであって、例えば、総務省統計局が人口移動状況の報告を求めているような事例が考えられる」のであって、「国の行政機関…が市町村に対して求める資料の内容については、条理上制限があると解すべきである」との見解が示されてきている（市町村自治研究会2014：716）。

この点については、つぎの項とも関係するが、2003年4月23日に第156回国会衆議院個人情報の保護に関する特別委員会において片山虎之助総務大臣（当時）は、自衛隊法施行令120条に基づく資料の提出としての基本4情報の提供は住基法37条1項に基づく資料の提供と同様に統計目的に限定すべきだとする質問に対して、「37条は、…例えば統計をつくるとかそういうことに限定して解釈すべきだということに一貫してなっておりまして、基本的な情報〈基本4情報—引用者注〉は…閲覧か写しの交付、その他法令で定める場合〈に提供できる—引用者注〉」ところ、「自衛隊法の場合には、その他法令で定める場合に該当する」と回答している。法施行令120条に基づく資料の提出の求めは、「他の法令の定めに該当する」との解釈は次項で検討するとして、ここでは、住基法37条1項は、自衛官等の募集のために援用することができない、ということを確認しておけば足りよう。

(2) 自衛隊法施行令に基づく資料の提出としての紙媒体等提供の適否

自衛隊法施行令（以下「令」。ただし本節および次節のみ）120条が基本4情報の紙媒体等提供の根拠となるのかが問題である。防衛省は、本条が「防衛大臣は、自衛官又は自衛官候補生の募集に関し必要があると認めるときは、都道府県知事又は市町村長に対し、必要な報告又は資料の提出を求めること

ができる」と定めていることから、募集事務を遂行するためであれば、市町村に対して基本4情報の紙媒体等提供を求めることができると解している。本条を単独で読むならば、たしかに、そのような解釈の余地もあり得よう。しかし、本条は、第1号法定受託事務として政令が定める市区町村の処理する自衛官等の募集事務との関係で解釈されなければならない。

　自衛隊法97条1項の委任に基づいて、内閣は、令114条から119条までの規定により都道府県知事および市町村長が処理する自衛官等の募集事務を定めている。これらの事務は、都道府県知事による陸上自衛官の募集の告示（令114条）、市町村長による陸上自衛官の応募資格の調査・志願票の受理・受験票の交付（令115条）、市町村長による応募資格の調査の、本籍地の市町村長への委嘱（令116条）、市町村長による海上自衛官・航空自衛官の募集事務（令118条）および都道府県知事および市町村長による自衛官募集の広報宣伝（令119条）に関するものであるところ、これらの事務を列挙する規定の後に、本条が置かれている。

　自衛隊法97条1項に基づき政令で定める都道府県知事および市町村長が処理する事務は、第1号法定受託事務である（令162条）。第1号法定受託事務とはいえ、関与最小限度の原則（自治法245条の3第1項）が適用される以上、法定受託事務の処理に関する関与である本条に基づく資料提出の求めも必要最小限度にとどめなければならない。

　そうだとすれば、本条に基づく都道府県知事または市町村長に対する資料の提出の求めは、都道府県知事または市町村長における自衛隊員の募集事務の処理の状況について防衛大臣が調査・確認をするために行うものであると解すべきであろう[2]。

　したがって、防衛省がもっぱら自らの行う募集事務の便宜のために本条に基づいて資料の提出を求めること自体が本条の目的の範囲を超えた国の関与権の濫用であって、関与最小限度の原則にも反する違法な行為である（本多2023：5）。かりに本条に住基法11条1項の例外的な扱いとなる効果を与えるためには、自衛隊法106条から115条の25までの規定のように自衛隊法自体に例外規定を設けるという立法措置が必要である。

3　個人情報保護法69条1項に基づく紙媒体等提供の適否

　さいごに、市町村長が、個人情報保護法（以下「個情法」）の例外的提供条項に基づいて、基本4情報の紙媒体等提供を適法に行うことができるか否かを検討しよう。

　基本4情報は個人識別情報であるから、個情法が保護している個人情報に該当する（個情法2条1項1号）。保有個人情報については、行政機関等は、利用目的以外の目的のために他の行政機関等に提供することを原則として禁止されている（個情法69条1項）。もっとも、「法令に基づく場合」（同法69条1項）または「保有個人情報の提供を受ける者が、法令の定める事務又は業務の遂行に必要な限度で提供に係る個人情報を利用し、かつ、当該個人情報を利用することについて相当の理由があるとき」（同法69条2項3号）は、行政機関等は他の行政機関に保有個人情報を提供することができる。すなわち、上記に列挙した2つの要件のいずれかを満たせば、自衛隊は募集対象者の基本4情報を市区町村から取得することができるわけである。

　ただし、個情法を所管している個人情報保護委員会（以下「個情委」）が、問い合わせた地方公共団体に対し、令120条は個人情報保護法69条1項に定める「法令」に該当するとの見解を示していることに鑑み、本節ではかかる見解の妥当性についてのみに検討しよう。なお、管見の限り、当該見解を引用する、いずれの地方公共団体の公表文書にもその理由を説明する記載はない[3]。

　個情法69条1項の「法令に基づく場合」とは、実務解釈においては、「法令に基づく情報の利用又は提供が義務付けられている場合のみならず、法令に情報の利用または提供の根拠規定がおかれている場合も含むと解されるが、他方で、具体的な情報の利用又は提供に着目せず行政機関等の包括的な権能を定めている規定がある場合に当該規定のみに基づいて行う個人情報の取扱いは、『法令に基づく場合』には当たらない」、「例えば、行政機関等の設置の根拠となる法令において『所掌事務』等を定める条文に事務又は業務が列挙されていることのみでは、そのために行う個人情報の取扱いは、『法

令に基づく場合』には当たらない」と解されている（個情委 2022：29）。

　該当する法令の例としては、国会法 104 条 1 項（「官公署に対する報告・記録提出の要求」）、会計検査院法 26 条（帳簿等の提出および質問等）、刑事訴訟法 197 条 2 項（官公署に対する捜査に必要な事項の報告の求め）が挙げられることがある（宇賀 2021：475）。いずれも、調査、捜査といったように資料の提出を求める目的に具体性があり、かつ、その目的と提供を求める資料との間の合理的な関連性があるものといってよいものである。

　令 120 条については、その文言上、資料の提供を求める目的に具体性はない。かりに、前節で検討したように、本条が、都道府県知事または市町村長における法定受託事務の処理に関して調査・確認をするための規定であるとすれば、その目的と合理的な関連性がある範囲において、市町村長に対し個人情報を記載している行政文書の提出を求めることができ、その限りで、令 120 条に基づく資料の提出の求めは「法令に基づく場合」に該当することもあり得よう。

　しかし、すでに繰り返し述べたように、募集対象者の基本 4 情報の網羅的な提供の求めは令 120 条の目的の範囲を超えたものである。したがって、令 120 条に基づく基本 4 情報の紙媒体等提供の求めは「法令に基づく場合」には当たらない。

おわりに

　本稿のこれまでの検討によれば、自衛隊への基本 4 情報の紙媒体等提供は住基法にも個情法にも違反するものであることは明らかである。

　令和 3 年通知の発端となった 19 市の提案は、これらの市が基本 4 情報の紙媒体等提供の適法性に疑いを抱いたが故のものであった。法改正に至らなかった以上、やはり紙媒体等提供は違法のままだろう。法令を所管する省庁が適法との解釈を示したからといって変わるものではない。同通知にも記載がある通り、令 120 条に基づく資料の提出の求めが適法であるとする防衛省および総務省の見解は技術的助言（自治法 240 条の 3 第 1 項）であり、市区町村はこれに従う義務はない。地方自治の本旨に照らせば国と対等の関係にあ

る以上、市区町村は所管省庁の解釈に従う義務はない。市区町村が自主解釈権を積極的に行使することを期待したい。

注

1） デジタル社会形成整備法（令3法37）により個人情報保護法が改正され、2023年4月1日以降、地方公共団体の機関（議会を除く）の保有する個人情報についても同法が適用されることになり、同法と重複した規律となる個人情報保護条例は多くの自治体で廃止された。

2） 募集事務が機関委任事務として管理・執行されていた時代の自衛隊法の有権解釈（宇都宮1974：390）ですらも、令120条の「報告又は資料の提出」を「地方の実情にそくして募集が円滑に行なわれているかどうか判断する」ためのものと解し、「報告又は資料の提出」を「募集に対する一般的な反応、応募者数の大体の見通し、応募年齢層の概数等に関する報告および県勢統計等の提出」に限定していたことにも留意すべきである。なお、拙論と同様に、令120条の「資料」に、自衛官募集のために用いる氏名等の個人情報が含まれると解釈することは困難であるとする旨の見解を示すものとして、たとえば、四日市市情報公開・個人情報保護審査会令和4年4月27日答申「自衛隊に対する個人情報の提供について」を参照。

3） たとえば、大分市、静岡市、福岡市などのWebサイトに掲載されている「自衛官等募集事務に係る対象者情報の提供について」を参照。

文献

宇都宮静男・西修（1974）『口語六法全書・第23巻　防衛法』自由国民社

宇賀克也（2021）『新・個人情報保護法の逐条解説』有斐閣

大森政輔ほか編（2023）『法令用語辞典〈第11次改訂版〉』学陽書房

個人情報保護委員会（2022）『個人情報の保護に関する法律についてのガイドライン（行政機関等編）令和4年1月（令和4年9月一部改正）』個人情報保護委員会Webサイト

坂田雅裕（2023）「憲法9条の死」『世界』966：23-30

市町村自治研究会（2014）『全訂　住民基本台帳法逐条解説』日本加除出版

防衛省（2022）『令和四年版防衛白書　日本の防衛　〔資料編〕』全国官報販売協同組合

本多滝夫（2023）「自衛官募集対象者情報の提供と自治体の自主解釈権」『季刊　自治と分権』91：4-5

前田定孝（2023）「市町村が住民の氏名・住所を自衛隊募集のために外部提供することの公共性？」『季刊　自治と分権』92：60-70

第3章
条例による議会の議決事項追加 の意義と可能性

大田直史

はじめに

　議員の出席停止処分を司法審査の対象と認めた最大判令和 2・11・25（民集 74 巻 8 号 2229 頁）は、地方議会の「議員は、憲法上の住民自治の原則を具現化するため、……、議事に参与し、議決に加わるなどして、住民の代表としてその意思を当該普通地方公共団体の意思決定に反映させるべく活動する責務を負う」とし、これを「議員としての中核的な活動」と位置づけた。また、第 33 次地方制度調査会は、2023 年 12 月 28 日「多様な人材が参画し住民に開かれた地方議会の実現に向けた対応方策に関する答申」を公表し、地域社会で議会が果たすべき役割が重要になりつつある一方で、現実には議員のなり手不足によって投票率低下や無投票当選という事態を生じ多様性を欠いていることに対する対策を示したが、そのひとつとして議会の重要な意思決定に関する事件を議決する等の役割・位置付けを地方自治法（以下、地自法という）に明示することも提言した。

　本稿はこのように議会の役割が明確にされ「議会や議員がそれぞれの立場において、その重い役割や責任を自覚することが重要である」と考え、議会の役割の中心にある議決による団体意思の決定自体の意義を再確認するとともに、長と議会の二元代表制のもとで、地自法 96 条 1 項の議決事項を限定的にとらえるのではなく地自法 96 条 2 項の議決事項の追加の規定を活用して、長の権限との均衡上より意義のある権限行使を可能とすることが、議会

の活性化だけでなく地方自治とくに住民自治の充実にとっても重要な意義を
有することを論じるものである。

1　地方議会と長の権限関係の現状

(1) 憲法における地方議会の位置付け

　まず、憲法における地方公共団体の議会および長に関する位置付けを確認
する。

　憲法「第8章　地方自治」に地方公共団体の地方自治が保障されている。
憲法93条1項は、地方公共団体には「議事機関」として議会が設置されな
ければならないことを定め、93条2項により、その議員は長などとともに「そ
の地方公共団体の住民が、直接これを選挙する」こととされている。この憲
法93条を執行機関としての長の設置の根拠と考えるのが普通である。が、
議会とは異なり、長については憲法上設置が定められておらず、「直接選挙
する」の規定は、長を設置する場合には「直接選挙する」という趣旨とする
解釈もある[1]。

　従来、議会は、地方自治「行政」組織と説明され、国の行政を分担して行
政活動を行う組織と考えられてきた。しかし、議会は国の場合でいえば「国
会」に当たる地方公共団体の「立法機関」としての性格をもっていると考え
るべきとする見解も有力である[2]。議会は、国会とは異なって、「唯一の立法
機関」ではなく、「最高機関」（憲法41条）でもないと言われ、住民代表機関
として長と対等とみなされている。

　以上、憲法における議会と長に関する規定から、地方公共団体は、対等な
長と議会の抑制と均衡によって運営される「二元代表制」を特徴とするとい
われている。

(2) 地自法における長と議会の権限

　このような憲法の地方公共団体の権限構造に関する規定にかかわらず、地
自法は両者を対等に扱っていない。地自法は、議会の権限を限定的に規定す
る一方で長の権限を包括的に定める。議会の中心的な役割は、その地方公共

団体の意思を決定することとされており、議会は、主に一定の案件について可否を決定する「議決」という態様によって議会の意思を、すなわちその地方公共団体の意思を決定する[3]。議会が議決によって団体意思を決定するべき事項は、地自法96条1項に限定的に列挙されている[4]。これに加えて、地自法96条2項が、条例による議決事項の追加を認めている。

これに対して、「長は、当該普通地方公共団体を統轄し、これを代表」し（地自法147条）、「長は、当該普通地方公共団体の事務を管理し及びこれを執行する」（地自法148条）。そして、「長は、概ね左に掲げる事務を担任する」（地自149条）として、1号から9号までの事務を概括列挙で規定して包括的な権限を認めている。地自法の見かけ上、地方公共団体の運営について長に権力を集中する組織権限の構成としている[5]。

このような「二元代表制」が採用されてきた背景について、議事機関としての議会を必置とした下で、機関委任事務についてその議会による統制を回避して事務を執行する長に権限を集中させる必要があったとする説明に説得力があるように思われる[6]。

2 議会の住民代表性と議決権

(1) 議会と長のあるべき関係

地方分権改革によって機関委任事務制度が廃止された今日では、長に包括的に権限を与え、議会の権限を限定的とする制度的な根拠は失われており、地方自治の本旨に即して地方公共団体の組織構造のあり方、二元代表制における長と議会の権限分配のあり方については検討し直される必要がある。

かねてから、柳瀬良幹は、長と議会の担当事務の区分の基準を地自法96条にみて「軽微又は単純で、一人で判断決定しても余り間違う心配のない事務は長に専決させ、反対に重大又は複雑で、大勢が智慧を合わせて慎重に判断する必要のあるものは議会に議決させる[7]」という区分であるとし、地方議会について「法律は議会を単に受動的に長を批評するだけのものとせず、寧ろ能働的に自分で政策を立案し、長を引擦ってこれを実行させる機関たらしめる意図をもっているようにみえる」と、議会主導の地方公共団体の運用

を考えていた[8]。

　また、佐藤幸治は、憲法のよって立つ立憲民主主義の観点からは、議会こそ住民の代表機関にして基本的な立法機関と位置づけられるべきものとし、長の被選挙権に住民要件がないのに対して議会の議員には住民要件があることから、長よりも議会こそ住民代表であるべきで住民代表性は議会にあるとみて、両者の権限の包括性の差異に疑問を呈してきた[9]。

　議会が長と対峙しうる地位を実質的に獲得するためには、議会予算の編成権・執行権が長に帰属している仕組みの見直しが必要とする意見もあるが[10]、地方公共団体の意思を決定する機関について、長中心の権限配分を改めて住民代表性が明確である議会の中心的な権限である議決権の強化を図る方向性については共通の理解があるように思われる。

　1997 年の地方分権推進委員会「地方分権推進委員会第 2 次勧告」の「第 6章　地方公共団体の行政体制の整備・確立」では、「簡素で効率的な地方行政体制」の実現が喫緊の課題であるとしながら、「IV　地方議会の活性化」策として「(1) 地方公共団体における長と議会との機能バランスを保ちつつ、地方議会の組織に関する自己決定権を尊重し、一層の活性化を図るため」として「地方公共団体は、議決事件の条例による追加を可能とする規定（地方自治法 96 条 2 項）の活用に努めること」を挙げていた。

(2) 議決の意義

　議会が地方公共団体の意思決定において主導的役割を果たす上で、議会が議決事項を自ら追加して議決権を積極的に行使していくことは重要である。改めてその法的意義について確認しておこう。

　議事機関である議会は、立法権を含む議決権のほか、執行機関の活動を監視する監視権、議会自らの意見や見解を表明する意見表明権、内部事項についての自律の権限を有しているが、議会の中心的権限が議決権にあることに異論はないように思われる[11]。以下、議決の意義について説明する。

　地自法 96 条の趣旨は「所定の事件が住民の権利自由、当該普通地方公共団体の財政等に重要な影響を及ぼすことにかんがみ、それをするかどうかの決定を執行機関の専権に委せることなく、住民の代表機関である議会の議決

を要するものとした」ことにある[12]。議決とは、「議会の意思決定の一態様であって、議会が一定の案について可否を決定することをい」い、その地方公共団体の意思を決定することである。地自法96条1項に列挙されている事項についての議決の目的は、「対外的に法律的効果を生ずる地方公共団体の意思表示の内容を決定する」ほか、①確認行為のための議決、②適否または当否の判断のための議決、③意見表明のための議決がある[13]。

　議決は、適法な手続に従ってなされることを要し（本会議で行うことや反対会派議員にも討論の機会を与えて可決する等）、そうでなければ原則として無効と考えられる。

　議決そのものは、議員に対する懲罰議決のように直接法効果をもつ処分とみなされるものもあるが、議会自らは議決を執行機関に表示するにすぎず、原則的に議決は執行機関が行政庁として行う行政処分の前提要件をなすにすぎないと解されている（最判昭和29・1・21民集8巻1号46頁）。

　必要的議決事項として地自法96条1項があげている事項の大半は法律的行為であるが、それらが議会の議決を経ないでなされた場合それらの行為の効力は、原則として無効と解される（最判昭和35・7・1民集14巻9号1615頁等）。これは、条例によって議決事件が追加された場合についても同様に解されてきた（大阪地判昭和42・2・25行集18巻1=2号152頁）。

3　議会の議決事項の追加による権限強化

(1) 議会の議決事項の追加の現状[14]

　条例によって議会の議決事項を追加することを認める地自法96条2項の規定は、除外事項の規定内容には変遷があったが[15]1947年の地自法制定以来のものである。この規定による議会議決事項の追加の実績は以下の通りである。

　総務省の「地方自治月報」60号[16]掲載の地方自治「法第96条第2項の規定に基づく議会の議決すべき事件に関する調（令和3年4月1日現在）」によると、都道府県分では、80件の条例が制定され、当該府県の「基本的な計画の策定、変更、廃止」を議決の対象に加えているものが一定数ある。

　全国市議会議長会「令和5年度市議会の活動に関する実態調査結果」「【16-5】地方自治法第96条第2項の規定による追加の議決事件の内容」によれば、「追加の議決事件の内容」の上位5位は、①基本構想（665市、83.2%[17]）②市民功労者表彰、名誉市民（538市、67.3%）、③市の基本計画（298市、37.3%）、④定住自立圏構想・連携中枢都市圏に関するもの（176市、22.0%）、⑤市の基本計画以外の重要な計画（112市、14.0%）となっている。

　全国町村議会議長会の「【第68回】町村議会実態調査結果の概要」（2022年7月1日現在）では、「議会の活性化に係る制度・組織の整備」状況について、地自「法第96条第2項による議決事件の追加」を整備している町村が616団体（66.5%[18]）で内訳として上位5位には、①基本構想（461町村）、②町村の基本計画（320町村）、③定住自立圏構想（190町村）、④名誉町民の決定（106町村）、⑤各種施策のマスタープラン（73町村）、となっている。

　都道府県市町村を通じて、市町村の基本構想、基本計画等といった、地方公共団体の将来設計に係る抽象的・理念的であるが重要な内容の行政計画の策定が追加されている。これら重要な計画を議決によって決定する議会の権限が拡張されていると評価できよう。

(2) 総合計画策定についての議会の議決の意義

　総合計画の策定等を条例によって議会の議決事項とすることが議会の議決権にとってどのような意義を有するのか、市の総合計画の策定等を議決事項とし、これに基づいて市長提案の原案を市会が一部修正して議決したことが問題となった名古屋市の事件に関する裁判例[19]で確認しておこう。

　〔事実の概要〕原告・名古屋市長は、市政の基本的な方向性を示す新たな総合計画を策定しようとして、2009年10月に、「中期戦略ビジョン（仮称）中間案」を作成し市会の総務環境委員会に報告、2010年2月には、「名古屋市中期戦略ビジョン（案）」を作成し、これを市会の総務環境委員会に報告した。一方、被告・名古屋市会は、同年同月、地自法96条2項に基づいて、「総合計画……の策定、変更（軽微な変更を除く。……）又は廃止」を市会の議決事項とする「市会の議決すべき事件等に関する条例」（以下、本件条例という）

を可決した。本件条例は、議決事項だけではなく、「1 条（趣旨）」として「基本的な計画の立案段階から市会が積極的な役割を果たすことにより、もって市民の視点に立った効果的な行政の推進に資すること」、「3 条（立案過程における報告）」として立案過程で市長による総合計画の目的等が常任委員会に報告されること、「4 条（実施状況の報告）」として市長による総合計画の実施状況の報告、「5 条（市長への意見）」として市会が総合計画の変更又は廃止の必要を認めるときに市長に対して意見を述べることができるなどの内容を定めた。この議決に対して市長は再議に付したが、市会は同内容で議決し、本件条例が制定された。

　その後、市長は、「名古屋市中期戦略ビジョン（案）」を確定し、2010 年 6 月、本件条例に基づいて策定に係る議案を市会に提出し、審議において修正動議が提出され、市会は同年 6 月の本会議で修正動議どおりに修正した上で同議案を議決した。市長は同年 9 月、修正議決は議会の権限を超えるとして再議に付したが、市会は本会議で修正議決と同内容の議決をした。市長は、同年 10 月、この議決が議会の権限を超えるとして、地自法 176 条 5 項に基づいて愛知県知事に対し審査を申立てたが棄却されたため[20] 同法 176 条 7 項に基づいて市会を被告としてその議決の取消を求める訴訟を提起した。

〔判旨〕①本件条例 3 条および 5 条の規定から「総合計画の策定又は変更の立案は原告が行うことを前提としているものと解することができ、……本件条例は、総合計画の策定に係る議案の提出権を原告に専属させる趣旨であると解するのが相当である」。

②本件条例の「目的に照らせば、本件条例は、原告から総合計画の策定に係る議案が提出された場合において、被告がその内容を一部修正して議決することを当然許容している」。

③ただし、「原告から提案された総合計画に定める施策の基本的な方向性を変更するような修正を行うことは、総合計画の策定に係る議案の提出権を原告に専属させた趣旨を損なうものとして許されない」。

④一方、市長側の、地自法 148 条および 149 条 9 号を根拠に総合計画の策定権及び提案権が市長に専属するとの主張を、規定はその根拠とならないと否定し、本件条例の下で「総合計画の策定は被告の議決によって行うものとさ

れているところ、総合計画は、長期的な展望に立った市政全般に係る政策及び施策の基本的な方向性を総合的かつ体系的に定める計画であって、原告の事務事業の執行を個別具体的に拘束する性質のものではないことに照らすと、被告の修正権について、原告の事務の管理執行に係る個別具体的な内容に踏み込んだ修正を行うことは許されないとの制約を受けるものではないというべきである」。

⑤これらの基準に照らして、個別の市会の修正議決の内容は、いずれも「本件戦略ビジョン原案に定める施策の基本的な方向性を変更するものではなく、総合計画の策定に係る議案の提出権を原告に専属させた趣旨を損なうものではないから、被告の修正権の範囲を超えるものとは認められない」などとして、議決取消の請求を斥けた。

　市町村の基本構想は、2011 年の地自法改正によって 96 条 1 項の必要的議決事項ではなくなった。名古屋市会は、これを地自法 96 条 2 項に基づく本件条例制定により、議決事項としたのだが、本件条例は、市会が長提案の総合計画案を議決するだけではなく、立案段階から積極的にかかわることを定めていたことにひとつの大きな特徴がある[21]。本判決は下級審の裁判例であるが、96 条 2 項によって追加された議決事項に関する長と議会の関係に関して次のような意義を持つ判断を示したと考えられる。

　第一に、条例によって議決事件として追加された事項については長の専属事項ではなく、本件条例の定めに従い議会が立案段階からかかわり当該地方公共団体の意思を議決で決定する[22]。

　第二に、条例の規定内容によるが、総合計画案の議会への提案権は長に専属する[23]。

　第三に、議会には提案を修正する権限がある[24]。

　第四に、ただし議会の修正権限には長に専属する提案権を侵すことができないという限界を伴う。

　第五に、総合計画が、政策及び施策の基本的な方向性の総合的かつ体系的定めであるという性格から、被告の修正権について、市長の事務の管理執行に係る個別具体的な内容に踏み込んだ修正を行うことは許されないとの制約

を受けるものではないとしたこと[25]。

　以上のような意味で本件条例は、議会の総合計画策定について、議会が議決によって関与するだけではなく、その提案内容についての修正権を含めるように議会の議決権を広げる効果をもったことを認めたといえよう。

(3) 議決事項追加の課題

　住民の権利義務に対して拘束力をもつような行政計画についても、住民代表機関性の点で長に優位すると考えられる議会が、住民自治の観点から、その決定過程に関与しないままであってよいとは思われない。具体的に住民の権利義務に影響を及ぼしうる地方公共団体が策定する行政計画について、これを議会の議決事項に追加する可能性について触れたい。

　ひとつは、災害対策基本法に根拠がある地域防災計画の策定である[26]。2019年、全国都道府県議長会に設けられた「都道府県議会制度検討会」の報告書は、「2 議会機能と議会のあり方の検討」内容のひとつとして「⑭ 災害に備え、議会・議員としての役割を業務継続計画（BCP）等に定めておくとともに、議決事件に地域防災計画等を追加する」を災害対応における議会の位置付けを明確にする趣旨として提言していた。2018年時点の総務省「地方自治月報」60号[27]でも、市町村の地域防災計画について、全国24の団体が議決事項として追加している。

　もう一つは都市計画であり、安本典夫教授の提案である[28]。都市計画法は、「市町村が定める都市計画は、議会の議決を経て定められた当該市町村の建設に関する基本構想に即し」ていることなどを要求しており（15条3項）、議会は基本構想の大枠のみを決定し、その枠内で長部局が決定することを予定している。しかし、第一次地方分権改革以前、都市計画の策定は都道府県知事の行う機関委任事務で議会は関与できなかった事実が、分権改革後の都市計画も長部局が決定するのが当たり前とする影響を及ぼしているという。拘束的で権利制限的な効果をもつ都市計画の策定に当たって住民代表によって構成される議事機関の決定という正当化根拠が要請されるという。住民参加手続との関係や事務局組織との関係等、検討すべき課題も多いが、長と対比される住民代表性と議事に基づく議決という議会の特質から検討に値する。

おわりに

　議会の議決事項を条例によって追加することを認めている地方自治法96条2項の制度は、長に比重をおいた地方自治法の制度関係において、住民代表性に優れ、議事を通じて団体意思を決定する議会を活性化する手段として活用されてきて一定の成果を上げていることを確認してきた。基本構想、総合計画といった政策・施策の方向性を示す行政計画を議決事項とする団体が増えていることを確認した。さらに地域防災計画のように住民に対して具体的な影響や効果をもつ行政計画等の策定等も、住民代表性の点で優れ、議事を経て議決により策定することが計画の正統性・実効性を高めるという観点から検討されてよいと考える。議決権の拡張は、議会・議員の役割と責任をより明確にする意義があるとともに議会と議員自身の責任の自覚を深めることにも資すると考える。

注

1）参照、宇賀克也『地方自治法概説〔第10版〕』（有斐閣、2023年）275頁。渋谷秀樹『憲法（第3版）』（2017年、有斐閣）745頁は、議会が長とともに執行機関となる可能性を指摘する。

2）藤田宙靖『行政組織法〔第2版〕』（有斐閣、2022年）279-280頁。駒林良則『地方議会の法構造』（成文堂、2006年）（以下、駒林・法構造と引用）173頁も、地方公共団体を統治主体としてとらえその組織構造の骨格を形成しているのが憲法93条に根拠をもつ首長制であり、首長制からみれば地方議会の役割は自治体統治機構における本来的な立法機関でなければならないとする。ただし、これに対して、塩野宏『行政法Ⅲ〔第四版〕』（有斐閣、2012年）198頁は、「地方公共団体の機関関係のあり方につき、国家レベルの立法権と行政権の区別を単純に類推することはできない」とする。

3）成田頼明・園部逸夫・金子宏・塩野宏・磯部力・小早川光郎編『註釈地方自治法』（第一法規）（以下、注解地自法と引用）1503頁〔斎藤誠〕。

4）駒林・法構造181頁および183頁は、1943年の市制町村制の改正によって、長の権限を包括的にすることで効率的事務処理を行うという観点で概括例示主義から制限列挙方式に変更されて以後制限列挙主義が存続しているという。

5）塩野・前掲注2書201頁および207頁。

6）松下圭一『政策型思考と政治』（東京大学出版会、1991年）211頁。駒林・法構造は、同じ状況について「二元的代表制の強調は、自治体行政の専門化複雑化の進展とともに、

機関委任事務の執行では長は議会統制の外に置かれるという状況の下では、長と議会の
関係において、長の優位を助長する働きをしたのではないか」と述べる。

7）柳瀬良幹「議会と長の関係」自治論集 21 自治運営論（地方自治研究会、1964 年）21 頁。

8）柳瀬・前掲注 7 論文 22 頁。これに肯定的に言及するものとして、駒林・法構造 186-
187 頁注（18）、白藤博行「地方自治法の『抜本改正』と議会改革」加茂利男・白藤博行ほ
か『地方議会再生　名古屋・大阪・阿久根から』（自治体研究社、2011 年）32-33 頁がある。

9）佐藤幸治「地方公共団体の統治構造」佐藤幸治・中村睦男・野中俊彦『ファンダメン
タル憲法』（有斐閣、1994 年）248 頁。

10）駒林良則「二元代表制の再検討と地方議会の活性化」大津浩編著『地方自治の憲法理
論の新展開』（敬文堂、2011 年）（以下、駒林・活性化と引用）257 頁。

11）村上順・白藤博行・人見剛編『新基本法コンメンタール　地方自治法』（日本評論社、
2011 年）120 頁〔駒林良則〕。新川達郎「問われる議会政策力向上のために」自治日報
4226 号、2023 年 9 月 18 日。

12）注解地自法 1503 頁〔斎藤誠〕。

13）注解地自法 1504 頁〔斎藤誠〕。

14）2006 年頃までの条例による議会の議決事項の追加の状況については、市村充章「地方
議会議決事件の追加制度―地方議会の意思決定権限の拡大に関する現状と課題―」白鷗
法学 13 巻 1 号（2006 年）213-239 頁。

15）変遷については、参照、注解地自法 10024 頁、市村・前掲注 14 論文 221 頁、庄村勇
人「議決事項に関する一考察」名城法学 66 巻 1・2 号（2016 年）399-400 頁。

16）https://www.soumu.go.jp/main_sosiki/jichi_gyousei/bunken/geppou60_00001.html

17）地方自治法第 96 条第 2 項の規定により議決事件を追加している 799 市を基準とする
割合。以下の割合も同様。

18）全 926 町村中の割合。

19）名古屋地判平成 24・1・19（判例集未登載）（文献番号 TKC/DB 25480180）。

20）事件の経緯と愛知県知事の裁定の内容については、参照、榊原秀訓「河村名古屋市長
のボランティア議会と議会改革」加茂ほか・前掲注 8 書 71 頁以下。

21）参照、駒林良則「総合計画をめぐる議会と長の紛争」立命館法学 349 号（2013 年）（以
下、駒林・'13 評釈と引用）1503 頁。

22）参照、木佐茂男「地方議会と長の紛争」『地方自治判例百選〔第 4 版〕』（2013 年）213 頁、
駒林・'13 評釈 1506 頁。

23）参照、駒林・'13 評釈 1506 頁。

24）参照、駒林・'13 評釈 1507 頁。

25）参照、木佐・前掲注 22 評釈 212-213 頁。

26）例えば、神戸地裁姫路支判平成 25・4・24 判タ 1405 号 110 頁は、防災計画の定める
基準が不合理なものでない限り従う義務があるとした。

27）https://www.soumu.go.jp/main_sosiki/jichi_gyousei/bunken/geppou60_00001.html

28）安本典夫『都市法概説〔第 3 版〕』（法律文化社、2017 年）56-57 頁。

第 4 章
道警ヤジ排除事件
国家賠償請求訴訟の現在
―第一審判決と控訴審判決を分けたもの―

豊崎七絵

はじめに

　2019（令和元）年 7 月 15 日、安倍晋三内閣総理大臣・自由民主党総裁（当時。以下「安倍首相」という）が、JR 札幌駅前や札幌三越前で街頭演説を行った際、「安倍辞めろ」、「増税反対」などと肉声でヤジを飛ばした市民 2 名が、それぞれ北海道警察（以下「道警」という）所属の警察官複数名に強制的に排除されるという、いわゆる道警ヤジ排除事件（以下「本件」という）が発生した。

　排除された男性（以下「原告 1」ないし「被控訴人 1」ということがある）と女性（以下「原告 2」ないし「被控訴人 2」ということがある）は、警察官の行為は違法であり、表現の自由、移動・行動の自由、名誉権、プライバシー権を侵害するもので、原告らに精神的苦痛を与えたとして北海道（以下「被告」ないし「控訴人」ということがある）に対し、国家賠償法に基づく損害賠償を請求した。なお筆者は、第一審係属中、原告らの弁護団から意見書作成の依頼を受け、弁護団の了解の下、訴訟記録を検討した上で、警察官による排除行為はいずれも違法であるとする論文（以下「前稿」という）を執筆した[1]。

　第一審判決（札幌地判令 4・3・25 判タ 1504 号 130 頁）は原告らの請求をほぼ認容する画期的なものであったのに対し、控訴審判決（札幌高判令 5・6・22 判例集未登載【LEX/DB 文献番号 25595642】）は、原告らのうち、男性の請求をすべて棄却するものであった。控訴審判決に対し、男性は、第一審判決を一部取り消して男性の請求を棄却した点を不服として、また北海道は、女性の

請求を認容した一審判決は相当であるとして控訴を棄却した点を不服として、それぞれ上告を申し立て、現在最高裁判所に係属している。

　本稿は、第一審判決と控訴審判決、両者を分けたものは何か、を内在的に明らかにすることによって、控訴審判決の不当性とその克服の必要性を論証するものである。

1　第一審判決の意義

　(1) 本件国賠請求訴訟において、適法性が争われている警察官らの各行為、ならびに右各行為の適法性に関する被告の主張は、概要、次の通りである[2]。

【原告1（男性）に対する警察官らの各行為と被告による適法性の主張】
本件行為1(1)
　安倍首相がJR札幌駅前の演説車両上で街頭演説を行っていたところ、16時40分頃、原告1は道路を挟んだ聴衆エリア（歩道）において「安倍辞めろ」、「帰れ」などと声を上げた。これに対し、警察官らは、原告1の肩や腕をつかんで移動させた。
　被告は、警察官職務執行法（以下「警職法」という）4条1項（「避難」）ならびに5条（「制止」）の要件を充足しており、適法であると主張する。
本件行為1(2)
　本件行為1(1) の後、原告1は、横断歩道を渡り、歩道の手前付近から演説車両方向に走り出した。これに対し、警察官らは、原告1を正面から抱き止めて制止した上、肩や腕をつかんで移動させた。
　被告は、警職法5条（「制止」）の要件を充足しており、適法であると主張する。
本件行為1(3)
　その後、安倍首相は、札幌三越前まで移動し、同所の演説車両上で街頭演説を行った。原告1も、札幌三越前まで移動し、17時30分頃、聴衆エリア（歩道）から「安倍辞めろ」、「ばか野郎」などと声を上げた。これに対し、警察官らは、原告1の肩や腕をつかんで移動させた。
　被告は、警職法5条（「制止」）の要件を充足しており、適法であると主張する。

【原告 2（女性）に対する警察官らの各行為と被告による適法性の主張】

<u>本件行為 2（1）</u>

　原告 2 は、安倍首相の JR 札幌駅前での街頭演説において、16 時 45 分頃、道路を挟んだ札幌駅南口広場から「増税反対」などと声を上げた。これに対し、警察官らは、原告 2 の肩や腕などをつかんで移動させた。

　被告は、警職法 4 条 1 項（「避難」）ならびに 5 条（「制止」）の要件を充足しており、適法であると主張する。

<u>本件行為 2（2）</u>

　原告 2 は、その後、札幌駅南口広場から西に向かって移動し始めた。これに対し、警察官らは、原告 2 の両側からその両腕に手を回すなどした上、原告 2 が広場の南側の「聴衆エリア」には行かないように、原告 2 を引き留めて制止した。

　原告 2 は、札幌駅南口広場から、TSUTAYA 札幌駅西口店まで徒歩で移動したところ、警察官らは少なくとも同店の入口付近まで追従し、もって原告 2 に付きまとった。

　被告は、制止行為について、警職法 4 条 1 項（「避難」）及び 5 条（「制止」）の要件を充足しており、適法であると主張する。また追従行為については、警察法 2 条に規定する警察の責務を達成するため適法に行われた職務行為であると主張する。

<u>本件行為 2（3）</u>

　原告 2 は、TSUTAYA 札幌駅西口店を出て、TSUTAYA 札幌大通店付近まで徒歩で移動した。これに対し、警察官らは、TSUTAYA 札幌大通店付近まで追従し、もって原告 2 に付きまとったほか、その途中で、少なくとも原告 2 の腕に触れるなどの接触行為に及んだ。

　被告は、接触行為について、警職法 2 条 1 項所定の職務質問を続行するために必要かつ相当な手段であったと主張する。また追従行為については、警察法 2 条に規定する警察の責務を達成するため適法に行われた職務行為であると主張する。

　第一審判決は原告らの請求をほぼ認容するものであった。すなわち、本件行為 1（2）を除く警察官らの本件各行為は警職法 4 条 1 項や同 5 条の要件を充足するものではなく、あるいは警察法 2 条所定の警察の責務を達成するため適法に行われた職務行為ということはできず、国家賠償法 1 条 1 項の適用

上、違法というべきものであるとされた。なお本件行為2（3）のうち接触行為の違法性については、本件行為2（3）の追従行為全体が違法であるため、判断を要しないとされた。

　（2）本件行為1（2）以外の警察官の行為について、第一審判決が違法であると評価した点はいずれも首肯でき、筆者が前稿で論じたこととも重なり合うから、本稿では詳述しない。もっとも、同判決による事実認定の全体的な特徴として、以下の二点を確認しておきたい。

　第一に、第一審判決は、本件当時の動画から外形的に認められる、①原告らの行為や周囲の客観的状況、②原告らの行為後の警察官らによる排除行為の態様、そして③警察官らによる排除行為時ないし直後の発言内容を重視して、適法性を判断していることである。動画の存在は、本件が、日中、多くの聴衆が集まっている街頭演説という公共空間で発生したことによるものの、第一審判決が、警察官らの陳述書・報告書・証言といった、事後的に作為が加えられる危険があるものに依存せず、動画から外形的に認められる状況や言動を重視する認定手法をとったことは、それ自体、高く評価されよう。

　（3）また第二に、「警職法4条1項、5条等の要件を充足するものではない以上、警察官らの行為は、原告らの表現行為の内容ないし態様が安倍総裁の街頭演説の場にそぐわないものと判断して、当該表現行為そのものを制限し、また制限しようとしたものと推認せざるを得ない」との認定に典型的に顕れている通り、第一審判決は、警察官らの行為が警職法4条1項、5条等の要件に充足しないから違法であるというに止まらず、警察官らの行為——「原告らは、このような表現行為を開始してわずか10秒程度で、警察官らによって肩や腕をつかまれて移動させられ（原告1及び2）、また相当程度の距離及び時間にわたって付きまとわれた」——やそれに伴う発言——「演説してるから、それ邪魔しちゃだめだよ」、「選挙の自由妨害する」、「だっていきなり声上げたじゃーん」、「急に大声上げたじゃん」、「法律に引っかかっているとかじゃなくて、みんなの……」、「みんな聞きたい人がいるからさ。聞きたい人にとって、大声出されたら聞きたいこときけなくなっちゃうっしょ、ね」など——を間接事実として、警察官らのヤジ排除目的を推認し、ひいては「原告らの表現の自由を制限した」と評価していることである[3]。

　警察官の職務行為の適法性が問題となるとき、その必要性・相当性に焦点が当てられがちである。しかし法律上の目的——警職法 4 条については危害回避、また同 5 条については犯罪予防——を逸脱した権限濫用——本件ではヤジ排除——が疑われるとき（警職法 1 条 2 項参照）、必要性・相当性以前に求められる法律上の実体的要件（以下「実体的要件」という）——警職法 4 条については「人の生命若しくは身体に危険を及ぼし、又は財産に重大な損害を及ぼす虞のある……危険な事態がある場合」で「特に急を要する場合」、また同 5 条については「犯罪がまさに行われようとするのを認めたとき」で「その行為により人の生命若しくは身体に危険が及び、又は財産に重大な損害を受ける虞があって、急を要する場合」——を充足する事由が存在したかが焦点となる。そして第一審判決が判示するように、実体的要件が充足されていないと認められるとき、警察官らの当時の言動自体が濫用——本件ではヤジ排除——を裏付けることがある。また実体的要件を充足する事由があるならば警察官らが相当性の範囲で行いうる一定の職務行為——本件行為 1 (1) との関係でいえば、もめ事にならないよう、聴衆に警告する、聴衆と原告 1 との間に割って入るなど——が想定されるところ、警察官らがそれより侵害的な活動を行っている場合、単に相当性の逸脱にとどまらず、警察官らの濫用を推認させることがある。

　(4) 第一審判決は、本件行為 1 (2) の適法性を認めるにあたっても、かかる事実認定の手法に則っている。すなわち第一に、動画から外形的に認められる警察官の行為時ないし行為直後の言動——「走ったら危ないから」など——に基づき、警察官が抱いたおそれを認定している。また第二に、「演説車両に接近するという物理的な動作を伴い、なおかつこれに向かって突進する」という原告 1 による客観的な行為に着目したうえで、「歩道上で立ち止まって声を上げるなどといったこれまでの行為」とは「異な〔る〕」という。

　もっとも原告 1 が走り出さざるを得なかったのは、本件行為 1 (1) による排除の後、警察のマークをかわし、安倍首相にヤジを飛ばすためであって、突然の奇行ではない。また少なくとも走行制止地点からの連行は、原告 1 の表現の自由に対し最も非侵害的な手段ではない[4]。これらの点を考慮した形跡が第一審判決にないことは残念である[5]。

(5) 第一審判決が、警察官らによる各行為（本件行為 1 (2) を除く）について、警職法 4 条 1 項、同 5 条または警察法 2 条に基づく適法な職務執行とはいえないとして国家賠償法上の違法性を認めただけでなく、「警察官らの行為によって生じた原告らの精神的苦痛」として、原告 1 ならびに原告 2 の「表現の自由」の「侵害」、原告 2 の「移動・行動の自由、名誉権及びプライバシー権」の「侵害」を具体的に認め得たのも、以上のような事実認定の手法が基礎となっている。

　そのうえで、第一審判決が「表現の自由」の「制限」に関して憲法 21 条 1 項に踏み込んだ言及をしていることは、それ自体、独自の意義があるようにみえる[6]。なるほど警察官の職務行為が違法と評価され、その行為が結果的に人の権利・自由を侵害するものであっても、そのことを以て直ちに、警察官の行為自体が違憲であると評価するのは困難であろう。第一審判決の判断は、「本件行為が直接に《憲法に反していた》というものではな〔い〕」との見解もある[7]。しかしその職務行為が、本来の目的——本件では危害回避（警職法 4 条 1 項）や犯罪予防（同 5 条）——を逸脱し、憲法が保障する権利を制約する——本件では「公共的・政治的事項に関する表現の自由」として保障されているヤジを排除する——ために行われるという濫用に該当する場合には、その行為は単に違法というにとどまらず、憲法に抵触するといわざるを得ないのではないか。

　第一審判決は、「原告らの表現の自由は、警察官らによって侵害された」という結論を導くにあたり、「警察官らの行為は、原告らの表現行為の内容ないし態様が安倍総裁の街頭演説の場にそぐわないものと判断して、当該表現行為そのものを制限し、また制限しようとしたものと推認せざるをえない」と論じている。つまり同判決は、警察官らの行為について、表現の自由を、結果的に侵害してしまったのではなく、意図的に制限したことを認めている点で、当該行為自体が憲法違反に該当することを意識しているようにみえる。

2　控訴審判決と憲法 21 条 1 項違反

(1) 控訴審での争点も、第一審と同様、まずは警察官らの各行為の適法性

であったところ、控訴審判決は、第一審判決と異なり、被控訴人 1 による本件行為 1 (1) と本件行為 1 (3) は適法で、国家賠償法 1 条 1 項における違法性を有しないと判断するものであった。

　しかし控訴審判決には、採証法則違背・理由不備に該当する問題、ならびに憲法 21 条 1 項違反に該当する問題がある。以下、紙幅の都合上、本件行為 1 (1) との関係で、後者の問題を論じるにとどめる。

　(2) 控訴審判決による、本件行為 1 (1) に対する適法性判断は、概要、次の通りである。

　　　被控訴人 1 は「演説車両に向かって『安倍辞めろ』『帰れ』などと大声で繰り返したところ、周囲の聴衆からこれに反発する声が上がり、被控訴人 1 の左隣で街頭演説の状況を動画撮影していた聴衆の一人が、被控訴人 1 の大声での連呼による動画撮影が妨害されたことに立腹して、被控訴人 1 の左上腕付近を右手拳と右手手で合計 2 回にわたりいずれも相応の力で押すという明らかな有形力の行使に及んだこと、被控訴人 1 は、制服警察官から大声を出さないように警告を受けたにもかかわらず、これを無視して大声での連呼をやめようとしなかったことが認められ、これらの事情に照らせば、警察官らが本件行為 1 (1) に着手した時点で、周囲の聴衆と被控訴人 1 との間でもめ事に発展し、被控訴人 1 が聴衆から暴行等を受ける具体的かつ現実的な危険性が切迫し、単に警告を行うのでは不十分であって、被控訴人 1 に対し、即時の強制的な退避措置を講じなければ危害を避けられない状況にあったものと認めるのが相当であり、警察官らの当該判断は社会通念に照らして客観的合理性を有するものと認めることができる。また……警察官らの有形力の行使の内容・程度は、社会通念上妥当なものであったということができる。

　　　したがって、本件行為 1 (1) は、警職法 4 条 1 項の要件を充足するので適法であり、国家賠償法 1 条 1 項における違法性を有しない。」

　(3) 警察官による警職法 4 条 1 項や 5 条に基づく即時強制は、その実体的要件に該当する事由を充足するか否かに拘わらず、有形力の行使という点で、身体・行動の自由を直接的に制約する。

　上述の実体的要件に該当する事由がないのに、ヤジ排除といった別の目的

でこれらの即時強制が用いられるならば、それは明白な濫用であり、第一審判決が判示した通り、表現の自由をはじめとする他の人権をも侵害する。それなのに、かかる濫用が見過ごされるようでは、当該対象者にとどまらず、広く委縮効果を持つものとなろう。もっとも実体的要件に該当する事由があるとしても、即時強制は身体・行動の自由に対する重大な制約であり、またかかる制約に伴い、他の自由・権利をも制約しうるのであるから、無定型な利益衡量の下で認められる手段ではなく、それらの諸権利にとって最も非侵害的な手段がとられるべきである。

　この点、警職法1条2項は、強制の手段はもちろん職務質問（2条1項）や任意同行（2条2項）などの任意の手段も含む「この法律に規定する手段」全般について「前項の目的のため最小の限度において用いるべきものであつて、いやしくも濫用にわたるようなことがあつてはならない」と要請している。これは、警職法上の実体的要件に該当する事由が明らかに存在しない場合はもとより、形式的にみれば存在するような場合や微妙な場合であっても、警察官がそれにかこつけて人の自由・権利を濫用的に侵害する危険を想定したうえで、「最小の限度において用いる」ことによって「濫用にわたるようなことがあつてはならない」（傍点は引用者付加）と要請していると解される。

　警職法が、濫用について、警職法上の実体的要件に該当する事由が些かも存在しない場合だけを想定しているならば、1条2項のような書きぶりにはならないし、濫用の実態にもそぐわない。刑事訴訟法上の手段においても、たとえば公務執行妨害罪による現行犯逮捕や別件逮捕・勾留など、形式的には要件を充足しているようにみえるものの、その実態は脱法的・濫用的な手法がとられることはよく知られており、このような手法を抑制するために、逮捕の必要性論や本件基準説といった、要は実質的な要件論が提唱されてきた。まして警職法上の手段は、犯罪の予防や危害の防止といった将来の予測をメインとするもので、令状審査も用意されていないのであるから、濫用の危険がより一層類型的に高いことは論をまたない。警職法上の手段においても、別件逮捕ならぬ「別件即時強制」や「別件任意手段」[8]を抑制しなければならないのである。

　(4)　被控訴人らによる「安倍辞めろ」といった本件のヤジは「公共的・政

治的事項に関する表現行為」であり（第一審判決）、それ自体、表現の自由として本来保障されるべきものであることは明白である。また「原告らの表現行為の内容及び態様」は、差別の意識や憎悪等を誘発・助長したり、犯罪行為を煽動したり、選挙演説自体を事実上不可能にしたりするものではなく、この意味において「原告らの受けた制限が、公共の福祉による合理的で必要やむを得ないものであったなどと解することは困難である」（第一審判決）。控訴人である北海道も、「原告らの表現行為自体が、例えば安倍総裁及びその関係者らの選挙活動をする自由を侵害しているとか、聴衆において街頭演説を聞く自由を侵害しているなどといった特段の主張」はしていない（第一審判決）。

　現場の警察官らも、被控訴人1によるヤジが表現の自由の行使に当たることは容易に判断できたはずである。そうすると、仮に警職法4条1項や5条の実体的要件に該当する事由を現認したという控訴人の主張を前提としても、警察官らは、なお表現の自由の行使にとって最も非侵害的な手段をとることが実際できたはずであり、またかかる手段をとる注意義務があったというべきである。

　しかし控訴人は、第一審以来、警察官らがかかる注意義務を果たしたといった主張はしてこなかった。控訴審判決が信用できるとした警察官らの陳述書等も、警察官らが被控訴人1の表現の自由について些かでも配慮した上で被控訴人1を移動させた旨の供述内容は一切ない。したがって警察官らが注意義務を果たさなかったことは明白である。

　(5) それなのに控訴審判決はこの問題について一切検討していない。本件行為1(1)について「移動に要した時間はごく短時間であり、移動距離も短いことからすると、警察官らの有形力の行使の内容・程度は、社会通念上妥当なものであった」という控訴審判決の判示は、せいぜい身体・行動の自由に対する制約の程度との関係で「社会通念上妥当なものであった」と述べているだけで、表現の自由に対する制約については一切触れていない。

　他方で第一審判決は、警察官らによる強制的な排除行為によって発生した損害との関係で、「表現の自由に対する侵害」を挙げる一方、身体・行動の自由に対する侵害を挙げていない。もっとも同判決は、本件行為1(1)につ

いて「警職法 4 条 1 項及び 5 条の要件を充足しないのであって、かかる有形力の行使は、国家賠償法 1 条 1 項の適用上、違法といわざるを得ない」とするから、有形力の行使による身体・行動の自由に対する違法な侵害があったことを前提とするものである。ただ身体・行動の自由については、かかった時間や移動距離、警察官らの働きかけの程度などに着目してその制約や損害の程度が評価されるのに対し[9]、表現の自由については、たとえ物理的な時間や距離が比較的短かったとしても、即時強制による排除がなされれば、それだけで大きなダメージを受ける。第一審判決が「表現の自由に対する侵害」と損害とを結び付けたことは慧眼というべきである。

(6) また第一審判決は、「公共的・政治的事項に関する表現の自由は、特に重要な憲法上の権利として尊重されなければならない」としたうえで、原告らによるヤジという表現行為は「いずれも公共的・政治的事項に関する表現行為であることは論をまたない」とするものであった（傍点は引用者注）。なるほど第一審判決は、控訴審判決と異なり、本件行為 1 (1) と本件行為 1 (3) はいずれも警職法上の実体的要件を充足しないもので違法であると判断したものである。しかし第一審判決は、原告らの表現行為そのものに着目して、それが「特に重要な憲法上の権利として尊重されなければならない」「公共的・政治的事項に関する表現行為」であるとしたもので、警察官らの行為が違法であるという理由で原告らの表現行為を「公共的・政治的事項に関する表現行為」と認めたわけではない。後者の論理が不合理なのは明らかである。

ところが控訴審判決は、このような論理をとっている疑いがある。同判決は、被控訴人 2 が声を挙げた行為については、「それ自体、政治的な意見表明としてなされたものであり、憲法 21 条 1 項により保障された表現の自由に含まれる」とする一方（傍点は引用者付加）、被控訴人 1 が声を挙げた行為が如何なる憲法上の権利に該当するかについては、全く論じていない。しかし被控訴人 1 が声を挙げた行為も、当然のことながら被控訴人 2 のそれと同様、「それ自体、政治的な意見表明としてなされたものであり、憲法 21 条 1 項により保障された表現の自由に含まれる」ことが確認されなければならない。繰り返しになるが、警察官らの行為が警職法上の実体的要件を充たしているか否かという問題と被控訴人らの表現行為自体が憲法 21 条 1 項により

保障された表現の自由か否かという問題は別であり、前者によって後者が影響を受ける関係はない。

　したがって本件行為1(1)が、仮に控訴審判決が認めた通りに警職法4条1項の要件を充足するものであったとしても、被控訴人1の身体・行動の自由にとって「社会通念上妥当なものであった」というだけでは足りず、むしろ被控訴人1の「公共的・政治的事項に関する表現行為」にとって最も非侵害的な手段であったか、ということが検討されなければならない。そうでなければ、警職法1条2項が求める「濫用にわたるようなことがあつてはならない」という要請の下、「別件即時強制」という脱法的・濫用的な手法による自由・権利の侵害を防ぐことはできない。控訴審判決は、この検討を完全に怠っている点で、警職法1条2項違反もさることながら、憲法21条1項違反に該当する問題がある。

　すなわち本件行為1(1)との関係では、「もしK警察官及びその他の警察官らにおいて、周囲の聴衆が原告1に危害を加えるおそれを感じ、もって警職法4条1項の要件が充足されていると判断したのであれば、端的にそのような聴衆に警告したり、聴衆と原告1との間に割って入ったりするだけで足りる」のであり（第一審判決。下線は引用者付加）、このような対応こそが被控訴人1の「政治的な意見表明」にとって最も非侵害的な手段であったというべきである。それなのに、なぜ警察官は「むしろ被害者であるはずの原告1の肩や腕をつかみ、地点2と地点3の中間付近まで強制的に移動させた」のか（第一審判決）。

　なるほど控訴審判決は、第一審判決と異なり、警察官が、「有形力の行使」に及んだ左側の聴衆とヤジを飛ばした被控訴人1、それぞれに警告し、聴衆と控訴人との間に割って入ったと認定したうえで、被控訴人1が警告を無視して連呼をやめなかったので「即時の強制的な退避措置を講じなければ危害を避けられない状況にあった」として、警職法4条1項の下での適法性を導こうとする。しかし、「有形力の行使」に及んだ者に対する警告は許されるとしても、ヤジという「政治的な意見表明」をしている者に、その表明を止めるよう警告すること自体、果たして許されるか。まして「政治的な意見表明」をしている者を排除することは許されるか。他方、「有形力の行使」に

及んだ者は排除されずに済んだのはあまりに不自然ではないか。控訴審判決は、控訴人が第一審以来主張してきた警職法5条の要件充足性については、なぜか一切触れない。それは、犯罪予防を目的とする同条の下では、本件行為1(1)の違法性が、ますます露見せざるを得ないからであろう。このような不可解な点に応えることなく、「移動に要した時間はごく短時間であり、移動距離も短い」という控訴審の評価は極めて皮相である[10]。

おわりに

　第一審判決の約3か月後の2022（令和4）年7月8日、安倍晋三元首相銃撃事件が発生した。また控訴審判決の約2か月前の2023（令和5）年4月22日、岸田文雄首相襲撃事件が発生した。これらの事件を受けて、本件の第一審判決が警察の警備活動を委縮させたとの言説がある。しかしこれが見当はずれであることは、警察庁による各報告書[11]に照らしても明らかである。

　安倍首相銃撃事件については、一発目の発砲前に、遊説場所の南側において、被告人がバス・タクシーロータリーに進入し、県道を横断しながら銃器様の物を取り出し、さらに遊説場所へ接近してきたという客観的な行為があったのに、警護計画段階においても警護上の危険について具体的に考慮されず、当日も南方向を警戒する者はおらず気が付かなかったという「後方警戒の空白」すなわち警備体制の不備に起因するとされている。他方、本件の第一審判決が、本件行為1(2)との関係で、原告1の客観的な行為を適法性評価のベースとしていたことは既に述べた通りである。

　また岸田首相襲撃事件については、被疑者による爆発物の投擲を阻止することは困難であったと分析・評価されたうえで、「これまで以上に、警護対象者と聴衆との距離が十分かつ確実に確保され、出入管理、手荷物検査等をはじめとする安全確保措置がより実効的に講じられる必要がある」とされている。他方で本件の場合、本件行為1(3)との関係で、安倍元首相に向かって指さした右手を下げた原告1について、投擲物を取り出し、投げつけたりする危険性があったと被告は主張したものの、第一審判決は、警察官が原告1の右手を確認すらせずに連行した点に着目し、ヤジ排除のためであったと

「疑わざるを得ない」と判示した。つまり同判決は、警察官が投擲物の所持の有無に関心を払っていなかったことをむしろ訝しんだものであった。

　お門違いの俗説によって、「特に重要な憲法上の権利として尊重されなければならない」はずの「公共的・政治的事項に関する表現の自由」が軽んじられることが懸念される。本件に対する道理に適った判断が、最高裁に強く求められる次第である。

注

1)　豊崎七絵「警職法上の実体的要件に関する一考察─道警ヤジ排除事件の序論的検討─」『寺崎嘉博先生古稀祝賀論文集［上巻］』（成文堂、2021年）61頁以下。同論文の写しは第一審に提出された〔甲62の1〕。

2)　各行為の詳細については、豊崎・前掲注1・66-72参照。

3)　豊崎・前掲注1・67-79頁も、警察官らのひとつひとつの行為や発言を検討しながら、このような推認が可能であることを指摘した。

4)　詳細は、豊崎・前掲注1・67-69頁。

5)　志田陽子「判批」令和4年度重判解（2023年）21頁も、原告1の「この行動は警察官らの違法な発言妨害や行動抑止が先にあってのことだったという事情をもっと重く勘案してもよかったのではないかとの疑問が残る」と指摘する。

6)　第一審判決については憲法研究者による複数の評釈があり、いずれも第一審判決による表現の自由の侵害への言及に着目する。野口健格「判批」法学セミナー810号（2022年）108頁、櫻井智章「判批」法学教室502号（2022年）115頁、青野篤「判批」新・判例解説Watch【2022年10月】速報判例解説Vol.31（2022年）39頁、志田・前掲注3・20頁参照。

7)　志田・前掲注5・21頁。

8)　これらは筆者の造語である。

9)　第一審判決も、原告2に対する警察官らの付きまとい行為による移動・行動の自由の制約との関係では、これらの物理的・外形的要素に着目している。

10)　なお第一審判決は、被控訴人2に対する本件行為2(1)、本件行為2(2)、本件行為2(3)すべてについて、表現の自由の侵害があったことを認めている。被控訴人2は、本件行為2(2)及び2(3)のつきまとい行為等によって演説会場に行ってヤジを飛ばすという表現行為を事前規制されたのであるから、第一審判決の評価は正しい。ところが控訴審判決が表現の自由の侵害を認めたのは本件行為2(1)のみである。これも表現の自由に関する控訴審判決の理解の浅さを示すものであろう。

11)　警察庁「令和4年7月8日に奈良市内において実施された安倍晋三元内閣総理大臣に係る警護についての検証および警護の見直しに関する報告書」（令和4年8月）、警察庁「令和5年4月15日に和歌山市内において実施された内閣総理大臣警護に係る警護上の課題と更なる警護の強化のための取組について」（令和5年6月）。

第5章
価格をめぐる合意の効力

大島和夫

はじめに

　民法において、契約当事者は公序良俗に反しない限り、あらゆる契約条件について交渉し、実現可能な範囲で自由に合意することができる。しかし、交渉によって決められる範囲は客観的に制約されており、それに反する事柄を合意しても実現することは無理である。他方、契約当時に予見できなかった事柄が生じた場合には、契約内容の変更も問題となる。現実の紛争をみてみると、合意した内容（主に目的物の価格）が大きく変化したときに、交渉力の強い当事者が一方的に契約から離脱しようとする事件が目立つ。反対にバブル崩壊の時代には、契約の実現可能性や合理性を問題にしない議論も見られた。

1　契約における価格変化と契約の改定

　バブルが崩壊した後で奇妙な裁判が現れた。マンション価格の下落損失補填訴訟、ゴルフ会員契約の取消・預託金返還請求訴訟、ワラント債（新株引き受け権付き社債）購入契約の無効訴訟などである。いずれも目的物の価格下落によって損失を被ったものが、その損失を取り戻そうとする訴訟である。ワラント債の場合には売り主の証券会社側に大きな問題があったが、その他の不動産取引やゴルフ会員権、適格者によるワラント債などの取引には

投機的性格が強く、投資家が損失を回避するために契約の解除を請求したり、契約の締結において売り主に落ち度があったとして損害賠償を請求するケースが多かった。

企業年金改定訴訟も多発したが、これらは確定給付型企業年金において、バブル期の高額な運用利回りが、バブル崩壊後に引き下げられることを不満とするものであった。

これらに共通するのは、利益が出ているときには紛争は起こらないが、損失が発生すると裁判に訴えることであった。目的物の価格が下落したからと行って、「購入費（原価または簿価）マイナス現在価格（時価）」が直ちに損害として認められるわけではないので、売主の態様が詐欺的であるといった主観的要素が認められないと請求は退けられる。しかし、根本的な問題は、価格変動というリスクに対する考え方にある。価格リスクを契約によって、あらかじめどちらか一方に固定できるという考え方は非現実的である。保険がよく引き合いに出されるが、それは厳密な保険計算（大数の法則）によって保険料が決められており、決して、一方的にリスクを負わせているわけではない。

もちろん、マンション、ゴルフ会員権、ワラント債の購入において「投機目的」が明確な場合には、リスクは買い主（投資家）が負担することに異論はないであろう。しかし、「生活目的」または「事業者の経営資産」として取引された場合は問題となる。

目的物の市場価格が変化するのは、経済活動が変化するからである。それゆえ当事者の意思で市場価格を決めることはできないが、リスクの負担については協議の余地がある。さらに約束された価格に拘束されるかどうかは契約の解釈による。リスク負担のあり方が合意されていた場合には、それによる。合意されていなかった場合には、慣習による。慣習が形成されていない分野では、衡平の観点からリスク負担を決めるしかない。

「約束した以上守れ」という主張は、現実には無理な場合がある。無理な約束は裁判官によって改訂される。私的自治は現実の社会によって制限される。というのも、100％対等な当事者の交渉はほとんどあり得ないからである。経済基盤、情報量、知識など当事者の力は対等ではないのが普通である。携帯電話の利用契約、仕組み債の購入、中古住宅の購入などを見れば明らか

である[1]。

　反対に、目的物の価格が大きく変化したときに、交渉力の強い当事者が一方的に契約から離脱しようとする事件もある。

2　価格の下落と受領遅滞

　資源を採掘して売る契約において、目的物の市場価格が下落したことを理由に買主が受取りを拒んだり、契約を一方的に破棄すれば契約違反である。価格の下落というリスクをどのように配分・負担するかは当事者が話し合って解決しなければならないし、合意がなければ市場における価格決定を基準に解決するしかない。しかし、従来の日本の判例や学説の多くは、この点についてかなり硬直的であった。

　硫黄の鉱石の販売をめぐって、最高裁の第 1 小法廷は 1971 年 12 月 16 日に判決を下した（最高裁民事判例集 25 巻 9 号 1472 頁）[2]。原告の北海硫黄鉱業は 1957 年 4 月に被告の跡佐登硫黄鉱業との間で 1958 年末までの期間で、原告が本件鉱区から産出する硫黄鉱石の全量を被告に売却する契約を締結し、被告が前渡金名義で 400 万円を融資した。また、原告は被告の指導・示唆により搬出用の索道を架設し、ワイヤーを取り替えた。被告は 1957 年から 58 年 6 月までに約 300 トンの鉱石を引取ったが、その後は硫黄製品価格の下落を理由に引取りを拒否した。原告は引取られなかった鉱石の代金から前渡金を差し引いた残額を損害として賠償請求した。

　教科書では、この問題は受領遅滞（民法 413 条）として扱われる。1 審は、引取りの特約がないから被告は債務不履行責任を負わないとして請求を棄却した。これに対し、2 審は、原則として買主に引取り義務はないが、継続的給付を目的とする売買において提供される全量を対象とする場合には引取り義務があるとし、さらに、売主が履行の準備に相当の努力を費やした場合は信義則上も引取り義務があるとして請求を認めた。

　被告が上告したところ、最高裁は 2 審判決を支持して上告を棄却した。それは次のような論理によるものだった。「……事実関係によれば、売買契約において、原告が契約期間を通じて採掘する鉱石の全量が売買されるべきも

のと定められており、原告は被告に対し鉱石を継続的に供給すべきであるか
ら、信義則に照らして考察すれば、原告は採掘した鉱石全部を順次被告に出
荷すべきであり、被告はこれを引取り、かつ代金を支払うべき法律関係が存
在していたものと解すべきである」（大島が文章を要約した）。この事件は、「価
格の変動による契約からの離脱を認めなかった」ものである。

　教科書では、もうひとつ「膨張タンク引取事件」もよく引用されており、
こちらの方は通説・判例にしたがって、「債務者の債務不履行と債権者の受
領遅滞は性質が異なり、特段の事情がない限り、債権者の受領遅滞を理由と
して債務者が契約を解除することはできない」としている[3]。

　膨張タンク引取事件は双務契約で製造請負人（原告・物の引き渡し債務者）
が債務不履行に陥っており、注文者（被告・同債権者）が契約を解除できる
ケースだったので、最高裁の判断に疑問の余地はないが、問題は「硫黄鉱石
引取事件」である。最高裁の論理でいけば、採掘された鉱石の全部ではなく、
例えば80％であれば、買主には信義則上の引取義務はないことになる。そ
れは正しいのだろうか。信義則上の引取り義務が問題になるのは、鉱石の取
引価格が上下したときに、その価格変動リスクを売主と買主のどちらに負担
させるべきかという判断から出てくるのではないか。これは資源取引やコン
テナ船の用船契約、半導体や液晶部品、自動車などの部品取引、木材や農産
物の取引など、現代ではあらゆる局面で日常的に発生している問題である。
そこでは、対象となる商品の特性や流通のあり方によって、引取義務、価格
変更など大きく異なっており、「全部を引取る」かどうかが論点ではない。

　日本の受領遅滞をめぐる議論の中でよく引き合いに出される「債権者には
権利だけあって義務がない」という教義に問題がある。双務契約においては、
両当事者は債権者であると同時に反対給付に関しては債務者であり、契約の
目的を実現するために双方が協力することは当然であって「義務はない」な
どと言うこと自体がおかしいのである。

3　価格の高騰と契約条件の一方的変更

　資源を調達して売るという契約（先物売り）において、目的物の市場価格

が上がったため売主が契約を一方的に破棄する場合で、2 とは逆の場合である。

　ドイツでは第 1 次世界大戦後に事情変更の原則が認められたが[4]、日本では明示的に認められたことはない。しかし、現実の世界では取引をめぐる環境に大きな変化が生じれば、契約条件の変更は当然であり、特に継続的な取引においては「変更に応じない」ことはあり得ないと思われる[5]。ただし、公平性に欠ける一方的な契約条件の変更は許されない。最近、ロンドンで大きな事件が発生した。

　ロンドン金属取引所 (LME) は世界最大の金属取引所である。ステンレスや電気自動車 (EV) 用電池材などに用いられるニッケルは 2022 年 2 月 24 日にロシアがウクライナに侵攻してから価格が急騰した。経済制裁の強化により主要産地であるロシアからの供給が懸念された。3 月 8 日には 3 ヵ月先物が前日の 2 倍を超える 1 トン 10 万ドル超に跳ね上がった。LME は「無秩序な状況に陥った」として、その後約 1 週間にわたり売買を停止し、3 月 8 日の約定を全て取り消した。

　急騰の背後には、巨額の先物売りのポジションを持った中国のニッケル生産大手、青山控股集団が最大 100 億ドル以上の含み損を抱え、買い戻しを余儀なくされたことがあった。LME の決定は青山控股集団をはじめニッケルの先物売り手を窮地から救う結果となった。LME は 2012 年に香港取引所に買収されており、中国大手メーカーの救済につながる判断の裏には中国当局の意向が推測された。

　LME の措置に市場で批判が殺到した。売り手に対して過度に腰が引けており、公平性を失っていた。LME を監督するイギリスの金融行為監督機構 (FCA) とイングランド銀行は、4 月 4 日に共同で「ニッケルの売買停止と再開に、どう対応したか調べ、LME のガバナンスや市場監視体制についてどのような教訓が得られるか判断する」と声明を出した。

　この事件では、不透明な商慣行と LME の果たしてきた役割に注意しなければならない。青山控股集団が保有していた巨額の売りポジションの大半は取引所を通したものではなく相対取引 (over the counter, OTC) によるものであった。LME は 4 月 4 日の声明で、青山控股集団の巨額の売りポジション

を「3 月 8 日以前には認識できなかった」と認めた。つまり、LME は相対取引を含めたリアルタイムの市場を監督する仕組みを持っていなかった。その尻ぬぐいを市場参加者に押しつけたのである。

　LME を損失回避（リスクヘッジ）に使うメーカーなどが、持ち高保持に必要な証拠金を払わず、仲介業者が与信を供与するなどの商慣行は、日本を含むアジアに今も残っている。このような不透明な仕組みが今回の事件を引き起こした（日本経済新聞 2022 年 4 月 6 日）。

　アメリカのヘッジファンドのエリオット・アソシエーツはニッケル取引の混乱をめぐり、4 億 5600 万ドルの損害賠償を求めて LME をイギリス高等法院に提訴した。エリオットは LME による取引停止などの対応が違法で、権利の侵害にあたると主張している。

　アメリカの投資会社ジェーン・ストリート・グローバル・トレーディングもニッケル売買の混乱で損害を受けたとして、LME を提訴した。LME による約定取消で損失を被ったとして 1534 万ドルの賠償を求めている。ジェーン・ストリートの広報担当者は「LME が約定取消を独断で決めたことは市場の健全性を著しく損ない、先物取引に疑問を生じさせる危険な前例になる」とコメントした（日本経済新聞 2022 年 6 月 8 日、夕刊）。

　日本の国内でも、急激な価格変動による契約条件の変更はぽつぽつ出てきているが、一方的な通知というものはなく、当事者間の話し合いによって解決されている。LME の事件は「価格の変動による契約からの離脱」があまりにも不公正とみられる例である。

4　銀行の破綻と永久劣後債の一方的失効

　銀行が破綻した場合、責任を負うのはまず株主であり、次いで社債権者である。この当然の原則が「社債発行条件」の一方的解釈によって無視される事件が発生した。

　2023 年にアメリカの有力銀行の破綻からヨーロッパに金融不安が広がり、クレディ・スイスから預金の流出が進んだ。スイス国立銀行が最大 500 億スイスフランの資金供給を発表したが信用不安は収まらなかった[6]。そこで危

機を封じ込めるためにスイスの金融当局が主導して、3 月 19 日、スイスの金融最大手の UBS が破綻に瀕した同 2 位のクレディ・スイス・グループを約 30 億スイスフラン（約 4200 億円）で買収することで合意した。政府は UBS がクレディ・スイスを買収することにより発生しうる損失について 90 億スイスフランの保証を UBS に行った。ところが、クレディ・スイスは 19 日、自らが発行した AT1（Additional Tier 1）債と呼ばれる 2.2 兆円分の特殊な債券の価値がゼロになると発表した。AT1 債は名前のとおり、バーゼル 3 の資本規制で中核的自己資本とみなされる永久劣後債で、金融機関が破綻した際の弁済順位が低い一方で利回りの高い債券であった。

　銀行が破綻すれば通常はまず株主責任が問われ、次に AT1 債、劣後債、普通債の順に損失の負担が続く。ところが、この事件では株主の負担は事実上なく、AT1 債の保有者だけが一方的に負担を背負わされた。しかも、株主には後に配当が配られた。

　クレディ・スイスの言い分は、クレディ・スイスは破綻したのではなく、買収されたのであるから、株主には一定の対価が支払われるというものであった。一方、AT1 債は銀行の財務が悪化したときには損失を引き受ける債券で、「国からの支援策があった場合には元本割れとなる」という趣旨の条項が入っていた。これにより、株式よりも先に債券である AT1 債の保有者が損失を引き受けることになった（日本経済新聞 2023 年 3 月 21 日）。

　ヨーロッパ中央銀行（ECB）と単一破綻処理委員会（SRB）は 3 月 20 日、連名でクレディ・スイスの救済買収措置をめぐり「最初に株式で損失を吸収した後にのみ、AT1 債の評価減が求められる」との声明を出した。

　世界の投資家達はクレディ・スイスの言い分に納得しなかった。アメリカの法律事務所のウルフ・ハルデンスタイン・アドラー・フリーマン・アンド・ハーツは 3 月 21 日、「重大な虚偽や誤解を招く開示をした」との理由でスイスの株主が集団訴訟に踏み切ると発表した。2023 年 3 月 15 日までのおよそ 1 年間、同行の株式取得で損失を被った株主に訴訟参加を呼びかけた。

　スイス政府が主導したクレディ・スイスの救済で AT1 債の全額毀損が決められたことも問題となった。スイス金融市場監督機構（FINMA）が急きょ容認したもので、同行が発行した 160 億スイスフランの債券の価値を無価値

とした。スイスの年金基金の連合組織エトス財団は「法的措置を含めたすべての選択肢を検討する」と表明し、クレディ・スイスの経営陣が「投資家に間違った情報を提供した」と責任を追及する姿勢を示した。

　クレディ・スイスは「破綻したのではなく、買収された」のであるから、株主には一定の対価が支払われると述べたが、イギリスの金融大手 HSBC がアメリカのシリコンバレーバンク（SVB）イギリス法人を救済買収したケースでは、同社の株式を 1 ポンド（約 160 円）とほぼ無価値で譲渡したうえで、AT1 債を全額損失にした（日本経済新聞 2023 年 3 月 23 日）。

　23 日、FINMA はクレディ・スイスの救済買収をめぐり追加の説明文を公表した。FINMA が AT1 債の全額毀損の根拠に挙げたのは AT1 債の契約規定とスイス政府の緊急法令である。クレディ・スイスが発行した AT1 債は契約上、「存続に関わるイベント」など特別な政府支援が認められた場合には無価値にすると定めている（停止条件）。同行が 3 月 19 日に受けた流動性支援の措置が条件を満たすとされた。さらに、スイス政府は 19 日に流動性支援に関する緊急法令を制定していた。同法令によって、FINMA は銀行に対して評価減を命じる権限を与えられた。FINMA は同法令に基づいて 19 日、全額毀損とするようにクレディ・スイスに通知した。

　このような説明に投資家は納得しなかった。イギリスの銀行大手スタンダードチャータードのビル・ウィンターズ CEO は 24 日に香港で、クレディ・スイスの救済を巡り、「大きな問題は、どのように支払い能力がある銀行のAT1 債を検証なしに無価値にしたかだ」と述べ、スイス当局の判断に疑問を呈した。

　FINMA のトップのウルバン・アンゲルンは「クレディ・スイスの銀行業務が中断せずに円滑に機能し続けることが重要だ」と投資家保護よりも業務の継続性を優先した。スイス国立銀行のジョルダン総裁も、金融商品の設計として「（損失は）想定しなければならない」と投資家の責任を強調した（日本経済新聞 2023 年 3 月 25 日）。

　このようなスイスの当局者達の弁明は合理的だろうか。株式が全損するより前に AT1 債が全額毀損されるなどという設計が認められるだろうか。この問題のカギは、「合意の効力がどこまで認められるか」という一般的な問

題に還元できる。株式会社制度については、1990年代から制度設計の自由化が進み、株主平等の原則や資本充実の原則などが大きく崩れてきた。これらは、制度設計を自由化し、企業の再編合理化を進め、投資家が投資しやすくすることを目的としている。しかし、ややもすると企業の創設者や支配株主、経営者に有利に偏りすぎ、一般株主や投資家の利益を害する恐れも大きくなっている。そこで四半期開示などが導入されているが不十分である。中でも譲ることのできない大原則が、企業の所有者は株主であり、最終的な責任は株主が負担するということである。これを換言すると、企業が債務超過に陥った場合には、まず株主が負担し、次に劣後債の保有者が負担し、その次に普通社債の保有者、最後に預金者（銀行の場合）が負担するということである。これは大原則であって、よほどのことがない限り、当事者の合意で変更できるものではない。物権法定主義ならぬ社債発行法定主義ともいうべきものである。

　今回のFINMAやスイス政府の決定においては、この原則に反する「合意」が認められる事情が明らかにされておらず、まるで自国の銀行を守るためには、世界中の投資家の利益など当然に劣後するという態度にさえ見える。

　クレディ・スイス・グループの債券を保有する投資家が同行のAT1債を無価値とする判断をめぐってスイス司法にFINMAを提訴したことが4月21日に分かった。実際に訴訟に踏み切った最初の例である（日本経済新聞2023年4月22日）。5月初旬には、FINMAに対する世界中からの訴訟がスイス連邦行政裁判所に対して100件以上提起された（日本経済新聞2023年5月11日）。この事件も「銀行の破綻による一方的な契約の無効」があまりにも不公正とみられるものであった。

5　適合性の原則による契約の効力の否定（損害賠償）

　2023年に入って全国の地方銀行が顧客に対して積極的に仕組み債を販売していたことが明らかになった。仕組み債（structured bond）は、スワップ・オプションなどのデリバティブ（金融派生商品）を利用して、利率、償還価格、償還期限などを、ある程度自由に設定できるようにした債券である。利子や

元本が株価、金利、為替などに連動するもので、通常の債券よりもハイリスク・ハイリターンである。このように仕組み債はリスクが大きいため、金融商品取引法で、投資経験がなく、複雑な仕組みが理解できない顧客を対象にしてはならないとする「適合性の原則」（同法 40 条 1 号）が厳しく適用される。しかし、銀行と証券の連携が進むにつれて、適合性の原則に反するような顧客に対する同商品の販売が目立つようになった。2023 年には、SMBC 日興証券による仕組み債の不適切販売が裁判になった。

　23 年 5 月 29 日、東京地裁は、SMBC 日興証券に対し、70 代の女性に対し、明らかに過大な取引を積極的に勧誘し、生活資金を元本毀損のリスクに曝したとして約 730 万円の損害賠償の支払いを命じた。大嶋洋志裁判長は、仕組み債の買い付け額が、女性の保有していた金融資産総額を約 800 万円上回る内容だったと指摘し、女性に適さない金融商品だったと判断した（日本経済新聞 2023 年 5 月 30 日）。

　次に、千葉銀行と武蔵野銀行等の不適切販売が証券取引等監視委員会によって摘発された。千葉銀行と武蔵野銀行は金融商品取引法上の登録金融機関として登録し、ちばぎん証券と提携契約を結んだ。そこでは、銀行は自行で商品の概要説明や顧客紹介のみを担う「紹介型仲介」に業務を限定していた。ところが、実際にはその範囲を超えて行員が顧客に個別銘柄を説明し、仕組み債を買うように仕向けたりしていた。また、立場の強い銀行側からちばぎん証券に紹介した顧客に特定の仕組み債を売るように事実上要請したり依頼したりする事例も見つかった（日本経済新聞 2023 年 6 月 13 日）。

　証券取引等監視委員会は 23 年 6 月 9 日、仕組み債の販売で法令違反行為があったとして、千葉銀行と武蔵野銀行、千葉銀行傘下のちばぎん証券の 3 社に行政処分を出すよう金融庁に勧告した。

　証券取引等監視委員会の検査では、ちばぎん証券から仕組み債を購入した 8,424 人のうち、約 3 割にあたる 2,424 人は低リスクの投資を望んでいた。購入した 34 人は投資経験が全くなかったり、仕組み債を購入するほどの投資経験を持っていなかった。

　日本の証券会社が仕組み債を扱う場合には、デリバティブを専門的に扱う海外の金融機関に組成を任せるのが一般的とされる。デリバティブの専門家

でない証券会社が販売元になり、リスク性商品の扱いに慣れていない銀行員が顧客を紹介することに、構造的な問題がある。一方で低金利の下で収益が圧迫されている多くの地方銀行が仕組み債の販売によって利益を上げようとしている現実もある。金融庁によると 22 年 3 月末時点で 8 割の地方銀行が仕組み債を扱っていた（日本経済新聞 2023 年 6 月 10 日）。これらの事件は、上記の事件とは異なり「契約条件の維持が不公正」とみられる場合である。

6　相場操縦を目的とする株式売買契約の否定（罰金）

　2021 年 11 月 2 日、SMBC 日興証券の従業員が株価を操作していた疑惑が明らかになった。容疑は金融商品取引法違反（相場操縦）である。SMBC 日興証券は 2019 〜 21 年に計 10 銘柄で、大株主が株価下落でブロックオファー（BO）を取り下げないように、市場が閉まる直前などに会社の資金で大量の買い付け注文を出していた。ブロックオファーは、上場企業の大株主らが保有株を手放す際などに証券会社が株式を引き取り、時間外の相対取引を通じて特定の投資家に転売する取引である。株価への影響を最小限に抑えるためであり、証券会社を通じて日常的に行われている。SMBC 日興証券は 22 年 3 月に相場操縦罪で起訴された[7]。

　起訴状によると、元執行役員エクイティ本部副本部長の S1 は 2019 年 12 月 25 日に 1 銘柄の株価を不正に維持した罪に問われた。他に起訴された元副社長の S2 被告や元専務執行役員の H 被告、元エクイティ部長の Y 被告ら 5 人は、起訴事実を否認した。

　2023 年 2 月 13 日、東京地裁（神田大助裁判長）は、SMBC 日興証券に対し、10 銘柄すべてについて金融商品取引法違反（相場操縦）を認め、罰金 7 億円と追徴金 44 億 7,000 万円余りの支払いを命じ、元執行役員エクイティ本部副本部長の S1 に、懲役 1 年 6 月・執行猶予 3 年の有罪判決を言い渡した。この裁判では、S1 や SMBC 日興証券が罪の成立を争わなかったため、不正とされた注文の動機や報告・了承のルートなどは争点にならなかった。

　判決によると、日興は 2019 〜 21 年、東証 1 部上場（当時）の 10 銘柄について、市場が閉まる直前に計約 44 億円の自社資金で大量の買い注文を入れ

るなどし、終値を安定させる操作をした。不正取引の中心を担っていたのは
エクイティ部長の Y であり、その上司の執行役員であった S1 と法人として
の SMBC 日興証券は裁判で 10 銘柄全てについて罪の成立を認めた。S1 被
告はこのうち 1 銘柄で起訴され、有罪が確定した。

　10 銘柄は大株主の保有株を市場外で買い取って投資家に転売する「ブロッ
クオファー」取引の対象だった。売買価格は取引日の市場の終値が基準とな
り、日興は約 10 億 9,000 万円の差益を得たと認定された。

　判決は、この取引は投資家の「空売り」を誘発して株価の下落を招く問題
があり、下がりすぎると大株主が取引を止める恐れがあったと指摘した。「有
効な手立てを講じず、当座の利益を優先させた安易な姿勢で、自社資金での
買い支えを重ねた」と日興を批判した。

　そのうえで日興社内ではコンプライアンス部門が違法性に気づきながら放
置するなど、「違法行為を監視・防止する機能は形骸化していた」と述べた。
「複数の幹部による違法行為を容易に許した社内風土にも根深い問題があっ
た」とし、「会社の監督過失の程度は大きい」と結論づけた。S1 については
「違法性を認識しながら安易に了承した責任は重い」と指摘した（日本経済新
聞 2023 年 2 月 14 日）。

　S2 ら 5 人の初公判は 23 年 5 月 24 日に東京地裁で始まった。5 人とも金
融商品取引法違反（相場操縦罪）で起訴された。この公判では被告等は起訴内
容を否認し、相場操縦罪は成立しないと主張し、仮に成立したとしても共謀
は成立せず、人為的な株価操作を了承した事実もないと主張した。

　日本経済新聞の記事によると、争点は大きく 2 つある。まず、幹部らが出
した注文が金融商品取引法が禁じる「安定操作」に当たるかである。安定操
作罪は「株価を安定させる目的で売買してはならない」と規定する。検察側
は 10 銘柄すべてで Y 元部長が目標の株価を設定し、部下らに大量の買い注
文を指示していたと主張した。注文量は合計で約 44 億円にのぼり、株価操
作の結果、9 銘柄で終値を維持し、BO が成立したとした。もうひとつの争
点が「報告・了承の有無」である（日本経済新聞 2023 年 5 月 25 日）。

　三井住友 FG は個人向けが主体であった旧日興コーディアル証券を 2009
年に傘下に入れた後、法人ビジネスをほぼゼロから作り上げようとした。そ

のとき頼りにしたのが、銀行からの人材と、相場操縦で逮捕された Y ら外部人材の登用だった。しかし、三井住友 FG の太田純社長によると、「三井住友 FG から SMBC 日興証券に派遣する役員は知見に濃淡があり、経験の乏しい分野では業務管理が不十分な点があった」。リスクが把握できなかっただけでなく、銀行頼みの収益拡大方針が違法な情報共有などにつながった可能性がある（日本経済新聞 2022 年 11 月 5 日）。この事件は「価格そのものが操作される」という証券市場の根本的な欠陥を露呈するものである。

注

1）この分野では内田貴『制度的契約論』羽鳥書店、2010 年が注目される。
2）事実と判決理由は、瀬川信久・内田貴・森田宏樹『民法判例集　担保物権・債権総論』第 2 版、有斐閣、113 頁以下を利用した。
3）最高裁第 2 小法廷判決 1965 年 12 月 3 日、最高裁民事判例集（民集）第 19 巻 9 号 2090 頁。
4）奥田昌道『債権総論・増補版』悠々社、1992 年、48 頁以下。
5）借地借家法 11 条、32 条は、裁判所による事情変更の原則を認めており、判例もある。最高裁第 1 小法廷判決 2003 年 6 月 12 日、民集 57 巻 6 号 595 頁。最高裁第 2 小法廷判決 2008 年 2 月 29 日、判例時報 2003 号 51 頁。
6）アメリカのシリコンバレーバンクの破綻（23.3.10）がヨーロッパに波及し、クレディ・スイスは 1 日に 1 兆円以上の預金が流出するという流動性不安に襲われた。
7）SMBC 日興証券の前身は日興コーディアルグループで、2005〜2006 年に利益を不正に過大計上した有価証券報告書の提出とそれに基づく社債の発行で証券取引法違反で証券取引等監視委員会によって摘発され、東京証券取引所は 2006 年 12 月に日興コーディアルグループを監理ポストに割り当てた。ところが、2007 年 3 月、東京、大阪、名古屋の各証券取引所は日興コーディアルグループの株式上場を維持すると発表した。東京証券取引所の上場廃止基準の曖昧さが際だった事件であった。拙著『世界金融危機と現代法』法律文化社、2009 年、155 頁以下。

第6章
恒藤恭と憲法問題研究会

桐山孝信

はじめに

　私にとって中村浩爾は、「理論と実践との統一」を自ら実現しようと試みた「頑固な」研究者として心に刻み込まれている。その試みは死の直前まで愚直に進められたが、私との交錯は彼の後半生に限る。しかしその交錯の一つが恒藤恭をめぐる研究にあったことにはなにがしかの縁を感じる。中村とともに編んだ『社会変革と社会科学』のなかで、中村は「恒藤の特徴の一つは、その理論を積極的に実践したことにある」とし、恒藤の思想と実践の軌跡を検証する論考を著している[1]。私もまた、恒藤に関していくつかの拙文を書いたが[2]、恒藤の理論と実践とのかかわりは気になっていた。そこで本稿では、恒藤の晩年の理論と実践との統一について、1958年から1976年まで活動した「憲法問題研究会」とのかかわりを中心に検討する。憲法にかかわる政策がなし崩し的に悪い方向に進められている現在こそ、振り返ってみるべきテーマだと考えるためである。

1　平和問題談話会から憲法問題研究会へ

(1) 平和問題談話会と恒藤恭

　平和問題談話会（以下、談話会と略する。）と恒藤のかかわりについては、すでに優れた論考が存在するが[3]、談話会を継承し幅広く知識人を結集して

創設された憲法問題研究会とのかかわりについては、関口安義による恒藤恭の評伝[4]での叙述を除けば皆無に近い。また憲法問題研究会の活動についても、それが活動していた時代、特にその前半期こそマスメディアをはじめ社会的にも大いに注目されていたが、活動終了後は、関係者の証言を除けば、研究会の活動を総括する研究は少なく[5]、活動の意義が共有されていないように思う。

　1949年初頭に組織された談話会は、連合国との講和のあり方、およびそれとセットとなった日米安保条約（旧安保）に対する批判的研究を中心とした活動であり、談話会の名前で発表された声明や報告が社会的に注目された[6]。談話会では部会ごとに東京と京都でそれぞれ会合がもたれ討議を経て声明がまとめられるが、たとえば京都で1949年末開かれた会合では、恒藤が報告者となって、全面講和、非武装永世中立を提言し議論をまとめた。その後東京・京都で調整を経て発表されたのが、1950年1月15日付の「講和問題についての平和問題談話会声明」[7]であった。この声明は全面講和、非同盟中立、軍事基地化反対を3原則として、政治的にも社会党や労働組合にも支持された。また1950年9月の「三たび平和について」と題する報告は、冷戦対立のなかでの平和共存の可能性を示し、緊張緩和を果たすために日本が中立の立場に立つことを主張した点で先駆的かつ画期的提言と評された[8]。

　丸山眞男の回顧では、談話会発足までは知識人の横の交流がなく、せいぜい大衆啓蒙活動を媒介とした学者間の専門領域を越えた結びつきに過ぎなかったものが、この談話会で初めて学者間の連帯が強調され、評価されたという[9]。こうした意義は憲法問題研究会にも引き継がれた。

　談話会の意義について次のようなことも指摘できる。それは「三たび平和について」の執筆責任者であった丸山眞男が、憲法9条の存在理由を考えるなかで、「軍備のない国家はないんだけれども、憲法第九条というものが契機になって一つの新しい国家概念、つまり軍事的国防力というものを持たない国家ができた、と考え得るんじゃないかと」いうような議論をしたことを回顧しているが[10]、この発想は前年に恒藤が発表した「戦争放棄の問題」で共有しているものでもある。恒藤は言う。「もしも世界史のうえから見て、現代は大いなる転換の過程がはじまった時代である、いいかえると、諸々の

国家がしだいに戦争を放棄し、軍備を撤廃した平和国家に化して行くという、全く前例のない歴史的傾向が、かすかながらも動きはじめた時代である、と思惟し得るのであるならば、日本はあたかもそのような傾向の先端に立つにいたった国家であり、……国家として一段と進化し得る立場にたどりついた」と[11]。ここでの議論の関係はどうだったかはわからないが、談話会ではかなり突っ込んだ自由な討論があり、新しい発想を生み出す源泉にもなっていたと考えられるのである。

(2) 憲法問題研究会の発起人として

　談話会の例会は1950年代も開かれており、1960年の「安保改定問題についての声明」[12]で幕を下ろすが、談話会10周年の1957年ごろには会の活動が低調になっていることが指摘されていた。もっとも、社会運動としての護憲運動が安保反対運動、平和運動などとともに低調だったわけではない。1954年12月に憲法改正と再軍備を政治的課題とした鳩山一郎政権が発足し、それに続く岸信介政権も憲法改正を声高に叫んで、1957年8月には内閣の下に「憲法調査会」を発足させるなど、改憲の動きがあわただしくなっていたからである。他方、この憲法調査会への対応として、アカデミックな立場から構想されたのが憲法問題研究会である[13]。

　憲法問題研究会編『憲法を生かすもの』の「はじめに」は、憲法問題研究会の目的と任務について、会の代表となった大内兵衛が要領よくまとめている。つまり、発起人8名による「憲法問題研究会設立についての勧誘状」を46人の学者に送り、大多数の賛同を得て発足したこと、その目的は、憲法調査会が「現在の憲法問題に対する広汎な民意と正しい良識とを必ずしも代表して」おらず「特定の立場からのみ解釈され検討されていること」に遺憾の意を表明し、「憲法の基本原理とその条章の意味をできるだけ正確に研究し、(憲法改正)問題に関心を抱く国民各層の参考に供したいと考え」、良識ある研究者に参加を求めたことにあった。この勧誘状についてマスメディアが「憲法改正問題について反政府の旗上げをしたようにはやしたて」、政府関係者や憲法調査会長は非難を浴びせたが、それは「世の中に吹いていた不気味な風のせいであった」と皮肉っていた。実際1958年6月の設立総会でも、

研究会は純粋に学問的な会である—直接には政治的活動はしないが、国民のための会である—啓蒙的活動は辞しない、ことが確認されているのである[14]。

　この公式表明に至る道には、憲法調査会発足に先駆けて、「我妻栄さんや、宮沢俊義さんたちを憲法調査会のほうにとられないようにするという戦略を、おそらく大内兵衛先生と吉野さんが立てて、それで憲法問題研究会というものを作ろうということ」があった。したがって「我妻先生は当時、最高裁長官の最有力候補ですから、何としても入れたいというのが大内さんの考えで」[15]、我妻や宮沢が積極的に関与できる体制、つまり学問領域を越えた「学者」の研究団体の設立が目論まれたのであった。

　宮沢は、憲法学者として「自由民主党的憲法改正」に反対の立場から、憲法調査会への参加を断ったことをはっきり表明していた[16]。我妻栄のほうは「研究会を作った狙い」というエッセイの副題にある「調査会の意見だけが正しいと思われては困るから」が明快である。我妻が調査会のメンバーとなることを断った理由も、「調査会の意見が私の立場や思想と非常に違ったものになることを阻止しえないだろうと考えたこと」によるという[17]。

　こうして、アカデミズムを代表する2人を発起人に加えた憲法問題研究会は、官製の憲法調査会に対抗する「知識人共同体」として形成されることになった。いかなる団体もその置かれた社会的状況に応じて政治的性格を帯びるということを見越した戦略ではあったが、その根底には、押しつけられたとはいえ憲法に謳われた平和主義や民主主義の精神は国民の間に定着されるべきものと考えた戦後民主主義の知識人たちの共通の意識があったように思われる。ここでは、憲法問題研究会発足そのものが憲法調査会の活動に大きな影響を与えただけでなく、改憲の動きそれ自体も抑えることに貢献したことを指摘しておきたい。

2　憲法問題研究会の活動と恒藤

(1) 研究会と評論と

　恒藤もまた談話会の精神を引き継ぐものとしての憲法問題研究会の発起人となり、談話会の時と同じく末川博とともに関西の知識人共同体のまとめ役

として活躍する。大阪市立大学長を辞任し70歳に達しようとしていた。しかし決して「お付き合い」ということではなく、主体的な参加であったことがわかる。というのも、1950年代を通じて憲法をはじめさまざまな問題について社会的に発言していただけでなく、1955年6月20日付「中部日本新聞」その他の新聞紙上に「憲法調査会法案の要綱を見て」を発表し、憲法調査会発足の意図を「大幅な逆行的憲法改正を望ましいとする報告の作成」であることを批判的に明らかにしていたからである[18]。

　憲法問題研究会にかかわる情報の大半は、東京での活動を中心としたものであるが、創立総会では、非公開の研究会を毎月1回開催するほか、関西に支部を置いて恒藤恭と末川博を代表とすることが決められ[19]、談話会の時と同じく、関西での活動も期待された。この関西での活動については、末川博の日記に着目した邱静の仕事によって一端が明らかになっているが[20]、恒藤恭の日記は出席者情報を含め一層詳しい。

　憲法問題研究会設立の事情を恒藤の日記から拾ってみれば、1958年1月6日開催の平和問題談話会からしばらく後の5月19日に、末川と吉野の来訪があり、憲法問題研究会の件で相談を受け、6月3日に憲法問題研究会について議論を行って、6月8日の憲法問題研究会の第1回会合に参加したこと、それを受けて6月22日に関西支部で初会合を行い、以降、12月までに4回研究会を開催したことが記されていた[21]。

　恒藤も自ら研究報告を行い、『世界』その他の媒体で評論等を発表した。「憲法問題解決の基準」は『世界』1959年3月号に掲載されたものだが、憲法問題研究会での報告で議論に供したものである。「護憲」ということばによって誤解されることが多いが、恒藤は「社会の歴史的発展の結果として、なんらかの改正をほどこすことが必要となった場合には、できるだけ最も適当な時期に所要の改正がおこなわれることが望ましい」との立場である。したがって改正の基準は、①社会の歴史的発展を阻害するようになっているか否か、②適当な時期の改正か、である。その点岸内閣の提言は、旧憲法の精神から新憲法の精神への躍進的方向に逆行するようなしかたで、憲法の基本原則にかかわる実現をもくろんでいるところが問題なのだと指摘する。そして憲法が施行されて11年半あまりが経過した現在は改正の適当な時期にあ

るのかどうかと問い、旧安保条約やそれに基づく日米行政協定、さらには
MSA協定などのために「米国に対して高度の従属関係にある現状」では、「日
本国民が真に自主的に憲法を改正しうる十分な政治的条件」が与えられてい
ないこと、「おしつけ憲法」論は「おしつけられた」ことに力点を置くこと
によって、本来の目的である現憲法の基本原則を逆行的な方向で改正する目
的を隠ぺいし、国民一般に同感を呼び起こすための便宜的ないいぶん以外の
なにものでもないと批判したのである[22]。

(2) 砂川事件判決と「法の精神」

　改憲問題が焦点になっていた時期に、「砂川事件」に関する判決が出され
たこともあって、恒藤は高い関心を示した。もちろん、憲法9条や安保条約
に関心がある者であれば、法学者でなくても砂川事件を見過ごすはずはない
が、1959年3月30日に東京地裁が米軍の駐留は憲法9条2項に違反すると
の判決を下すとすぐに、恒藤も「純粋で誠実な判決」[23]と題する評論を発表
しいわゆる「伊達判決」を高く評価した。

　伊達判決に対して検察が行った跳躍上告に応じて、その年末に出された
「全員一致」の判決破棄差戻しを命じた最高裁大法廷判決に対して、厳しく
批判した。この表現は、冷静温厚な恒藤からは想像できない激烈なもので
あった。たとえば「保守政権の憲法を無視してはばからない態度に対し力強
い支持を与えたことを、心から悲しまざるを得ない次第で」あり、少数意見
は一人もなく「全裁判官が一致してそのような判決を行ったということにあ
きれるほかはなかった」という表現をみることができる[24]。

　別の評論でも、最高裁判決が「批判的反省に欠けた、独断的な考え方、な
らびに争われている問題点に関する、論理的矛盾にみちた主張」であって、
日本国憲法の内含する平和主義、ないしは国際協調主義の精神を正しく把握
していないこと、それに対して伊達判決は、「単に消極的に諸外国に対して、
従来のわが国の軍国主義的、侵略主義的政策についての反省の実を示さんと
するに止まらず、正義と秩序を基調とする世界永遠の平和を実現するための
先駆たらんとする高遠な理想と悲壮な決意を示すものといわなければならな
い」と述べられており、憲法の精神を正しいしかたで把握するための基本的

な手掛かりを適確に指し示したものと述べていた[25]。

　砂川事件判決の批評は膨大なものがあるが[26]、ここでは恒藤の理論と実践との統一という点に着目して検討を進める。その際にキーワードとなるのが「法の精神」である。上に引用した文章に現れているように、判決は正しく「憲法の精神」を把握しているのかどうかを恒藤は問題にした。ところで、正しく把握すべき「憲法の精神」、またその根底にある「法の精神」とは何を意味するのか。恒藤は法哲学者らしく「法の精神」概念を思想史的発展の下でとらえ、モンテスキューやイェーリング、パウンドなどの議論を丁寧に考察する学術論文をこの時期に書いている[27]。そして伝統的な議論は、法規範の体系に外在し、全法律生活のあり方を制約し、その変動・発展をうながす力を持つものとしてとらえられていることを明らかにする。だが、と恒藤は議論を転じる。「それとはちがった観点から、ちがったしかたで考えられた法の精神の概念」へと考察を進める。そして、「法体系に含まれる諸基本原則を統一的に保持しつつ、それに適合したしかたで諸々の法規範が現実に行われ、所期の社会的効果をもたらすことを志向するところの精神」を恒藤は「法の精神」と呼ぶ。それは、法の精神の概念が、法的実践および法社会学的、ないしは法理学的考察のために重要な意義を持つからである[28]。そして、法の理念との関係、法体系の構造理解における法の精神の役割、さらには立法者意思との比較などを吟味していく[29]。

　そして、ここで恒藤なりに解明した「法の精神」概念を具体的に日本国憲法の精神に適用したのが、「憲法の精神と改憲の問題」と題する評論である。ここで恒藤は、日本国憲法を、民主主義、国際主義、平和主義の思想・理念を貫く、他国の憲法にはない独自の異彩を放っているものと分析しつつ、完全な憲法というのはないので、この精神に適合し適当な時期に行われる改正には賛成するというのである[30]。つまり、砂川事件への法哲学者としての実践的対峙として、自らの法理論を鍛え上げたうえで、判例批評を行ったといえる。この点にも理論と実践との統一への努力を片時も忘れなかった恒藤の姿勢を垣間見ることができる。

(3) 憲法調査会の散会と憲法問題研究会の終焉

　憲法問題研究会の活動のうち、一般国民に大きくアピールしたのは、会員による新聞雑誌などへの評論発表のほかには講演会があり、憲法記念日には毎年必ず憲法記念講演会を開催したことである。講演会には多くの市民が参加し、またそれがマスメディアを通じて喧伝されたから、国民の間の護憲意識の高揚に効果を生み出したものと思われる[31]。しかし 1960 年 6 月に新安保条約の自然承認があり岸退陣後の池田内閣は「所得倍増計画」を表明したこともあって、日本社会は政治の季節から経済の季節へ重点が移っていったことは否めない。

　邱静は、東京でも 1965 年の後半以降、研究会の活動が活発でなくなったこと、月例研究会は 1970 年ごろから断続的となったことを紹介し、関西は会員も少なく 1962 年までは例会は予定通りに行われたが、それ以降不活発になり、1964 年 4 月以降に月例会の記載がなくなったとされる[32]。

　確かに末川日記では 4 月 25 日に研究会とあり、「将来の方針など協議」となっており、以後月例会についての記載がなくなっている[33]。他方、恒藤の日記で確かめてみると、3 月 7 日に研究会があり、「末川氏久しぶりに出席」と記し、問題の 4 月 25 日の研究会は「声明書の検討」と記されており、研究会に対する末川との温度差を感じる。というのは、4 月 25 日は、憲法問題研究会が 5 月 3 日に発表する予定の「声明（憲法調査会最終報告書提出に際して）」の協議と、6 月 20 日予定の講演会開催の件を協議した日だからである。その後 6 月 6 日にも研究会を開催し、講演会の人選を相談し、6 月 28 日に講演会が開催された。講演は、黒田了一「憲法調査会と改憲の動向」であった。この講演会開催を最後に、研究会関係の記載は見当たらなくなっている[34]。

　1964 年 5 月 3 日の声明は、憲法調査会の最終報告書提出に「先だって」研究会の立場を表明したものであり、憲法記念講演会開催時に発表しようとしたことがうかがわれる。声明では、憲法に対する不断の検討は必要であるが、いかなる状況でも改定してよいという結論とはならないこと、「現在の状況のもとでは、ひとたび改定が進行すると、特定の意図と判断が、改定の内容に強い影響を与え、結果として、憲法の基本原理を侵す危険が生ずる」

とし、憲法に関して努力すべき課題は、国民主権・人権・平和の三原理をさらに充実していくことであって、「伝統と自主の名のもとに憲法の逆転を誘致する改定に対して、私たちは強く反対するものである」とした[35]。

つまり恒藤にとってはひとつの区切りをつけるための研究会とみていた。①憲法調査会の活動内容については、法学者を中心としてすでに批判的包括的研究が発表されていたし[36]、②憲法問題研究会の立場から憲法の概要を示す『憲法読本』も企画されていたから、関西部会としては研究会の「政治的」使命を果たしたと総括したとみるべきである。恒藤自身も、啓蒙書たる『憲法問題』をその年の12月に出版したから、憲法の精神の実現という自らの実践活動を果たしたと考えたであろう。

おわりに

憲法調査会の活動は、当初考えられていたよりも公正に進められたと評価され、議論のまとめの段階の1963年6月19日には、高柳会長が憲法改正を不要とする意見書を調査会総会に提出するという事態もあった。そして1964年7月に最終報告書をもって散会した。

憲法問題研究会は、会員の講演や報告を編集した『憲法を生かすもの』と『憲法と私たち』を1961年と63年に出版し、「解説書の名のもとに片寄った立場で作られる『読本』は意外に大きな影響力をもつものである。それを防ぐためには、いろいろの立場からの『読本』が必要である。」(上ⅱ頁、我妻栄)として『憲法読本上・下』を1965年に出版した。

こうして、マスメディアによって描き出された調査会との「対決」は、一方の終了によって幕を閉じた。しかし研究会の市民向け講演会は1975年まで開催された。解散の理由は会員の高齢化とともに「会員相互の一体感」の維持が困難になったことが挙げられていた[37]。また会員相互で議論を尽くして合意した部分について声明を発してきた手法は、民主主義的手続きの見本であった。他方で研究会活動の「持続可能性」は気にかかる。

マスメディアからSNSへとコミュニケーション手段の重点が移行し、知識人の権威が喪失した現代にあって、憲法問題研究会の活動からどのような

教訓をくみ取ることができるか、早急な結論はだせないが、研究会が、政治的性格を帯びた非政治的でアカデミックな団体であったというユニークな性格に着目することが重要であろう。

　また恒藤の生き方に即して考えれば、『憲法問題』というタイトルそのものが、談話会から研究会まで変わらない恒藤の姿勢を物語っていたことに、改めて思いをはせることができる。「日本の社会と基本的人権」と題する京都新聞に発表したエッセイは現憲法の重要性を再確認するものであったが、関口も言うように絶筆にふさわしい随想であった[38]。こうして粛々と己の使命を果たして彼は永眠した。翻って中村浩爾は、まだまだやるべきことを残して帰らぬ人となった。さぞ無念であったろうが冥福を祈るのみである。そして課題は生きている私たちに残されている。

注

1 ）中村浩爾「恒藤恭思想の実践性とその現代的意義」中村浩爾・桐山孝信・山本健慈編『社会変革と社会科学』（昭和堂、2017 年）282-300 頁。ほかに、中村「恒藤恭の法思想における理論と実践」『大阪市立大学史紀要』7 号（2014 年）もある。

2 ）桐山孝信「恒藤恭『憲法問題』の時代：1949-1964」『大阪市立大学史紀要』12 号（2019年）21-35 頁など、当該『紀要』に幾度か発表した。

3 ）広川禎秀「恒藤恭と平和問題談話会─戦後平和主義思想の源流」鈴木良ほか編『現代に甦る知識人たち』（世界思想社、2005 年）179-211 頁。

4 ）関口安義『恒藤恭とその時代』（日本エディタースクール出版部、2002 年）の第 12 章「憲法擁護と平和への願い」407-444 頁、特に 410-421 頁。

5 ）高見勝利「護憲論のパトスとロゴス─憲法問題研究会が問いかけたもの─」『思想』755 号（1987 年 5 月）（同『宮沢俊義の憲法学史的研究』（2000 年、有斐閣）400-427 頁に所収）が本格的研究の嚆矢と思われるが、邱静『憲法と知識人─憲法問題研究会の軌跡』（岩波書店、2014 年）が唯一のモノグラフである。本稿でも関係資料の所在等について大変教えられた。

6 ）平和問題談話会の意義を論じた座談会や声明にかかわる資料などは、『世界─戦後平和論の源流』として 1985 年 7 月に臨時増刊号として発行されており、本稿での引用はこれによる。

7 ）『世界』1985 年 7 月、108-111 頁。また「補足講和問題の論点」が 1950 年 4 月号付録として掲載された。同 112-117 頁。

8 ）緑川亨・安江良介「平和問題談話会とその後─増刊号解説に代えて─」同上 63-64 頁。

9 ）同上、14 頁。もっとも丸山は、関西と関東との談話会部会の雰囲気の違いにも言及し、関西の方がより進歩的であったという。

10) 丸山眞男「サンフランシスコ講和・朝鮮戦争・六十年安保―平和問題談話会から憲法問題研究会へ―」『世界』1995年11月号。引用は『丸山眞男集第15巻』326頁。

11) 恒藤恭「戦争放棄の問題(上)」『世界』1949年5月号。引用は、恒藤恭『憲法問題』(講談社学術文庫、2020年)による(18頁)。なお、この文庫版に付せられた法哲学者の角田猛之による解説も是非参照願いたい(161-221頁)。角田による考察は「法哲学者・恒藤恭の憲法論―恒藤恭『憲法問題』の復刊をめぐって―」『関西大学法学論集』70巻4号(2020年)226-289頁で一層詳細に展開されている。

12) 『世界』1985年7月、168-174頁。

13) 同上、71-72頁。

14) 大内兵衛「憲法問題研究会―その目的と仕事」憲法問題研究会編『憲法を生かすもの』(岩波新書、1961年)2-8頁。

15) 丸山眞男、前掲注9、334頁。

16) 宮沢俊義「憲法調査会の発足をめぐって―私はこう思う―」『世界』1957年10月号。引用は、井上ひさし・樋口陽一編『『世界』憲法論文選』(岩波書店、2006年)313-314頁。

17) 我妻栄『民法と五十年　身辺雑記(4)』(1967年、有斐閣)所収、271-273頁。

18) 大阪市立大学恒藤記念室、恒藤恭関係資料Ⅷ-38、スクラップブック。

19) 憲法問題研究会編、前掲注14、7頁。また1960年末ごろまでの研究会での報告については、同書328-331頁。これによると関東では30回、関西でも25回開催されていた。

20) 邱静、前掲注5、81頁。

21) 大阪市立大学恒藤記念室、恒藤恭関係資料Ⅸ-83、日記(1958年)。

22) 恒藤恭『憲法問題』前掲注11、128-135頁。

23) 恒藤恭「純粋で誠実な判決」『法律時報臨時増刊』1959年4月、13-17頁。

24) 恒藤恭「平和憲法と最高裁の使命」『世界』1960年2月号、『憲法問題』前掲注11、151-152頁。

25) 恒藤恭「最高裁判決の欠陥と矛盾」『法律時報臨時増刊』1960年1月、10頁。

26) 近年では、田中最高裁裁判官による「情報漏洩」問題が訴訟にもなっており、上述の角田論文では法哲学者としての田中と恒藤との関連で興味深い解説を行っている。角田、前掲論文注11、274-289頁。

27) 恒藤恭「法の精神について」『私法学論集(民商法雑誌創刊25周年記念特集号)下巻』(1959年)、恒藤恭『法の精神』(岩波書店、1969年)所収、131-145頁。

28) 恒藤恭「法の精神についての再論」『法の精神』148頁。初出は、1960年発行の『大阪市立大学法学雑誌』7巻1、2号。

29) 同上、149-164頁。

30) 『法律時報臨時増刊―改憲問題の焦点』1963年11月、10頁。また、アカデミックな論文として「憲法の精神について―日本国憲法に即して見た法の精神」『大阪市立大学法学雑誌』8巻1号(1961年)1-19頁がある。

31) 邱静、前掲注5、80-82頁。

32) 同上、210頁。

33) 大阪公立大学大学史資料室、末川博関係資料18-20、日記(1964年)。

34）大阪市立大学恒藤記念室、恒藤恭関係資料 IX-89、日記（1964 年）。

35）憲法問題研究会編『憲法読本（下）』（岩波新書、1965 年）所収、195-196 頁。

36）有倉遼吉、鈴木安蔵編『憲法調査会総批判―憲法改正問題の本質　鈴木安蔵教授還暦祝賀論文集』（日本評論社、1964 年）。

37）憲法問題研究会「憲法問題研究会の解散にあたって」『世界』1976 年 6 月号、118-119 頁。

38）関口、前掲注 4、436 頁。

中村浩爾先生　履歴・業績

I　履歴

【略歴】

1946 年 6 月 21 日　福岡県門司市に出生

1969 年 3 月　京都大学法学部卒業

1971 年 3 月　京都大学大学院法学研究科修士課程修了

1974 年 3 月　京都大学大学院法学研究科博士課程学修退学

1974 年 4 月　日本学術振興会奨励研究員（～ 1975 年 3 月）

1975 年 4 月　京都大学法学部助手（～ 1976 年 3 月）

1979 年 4 月　大阪経済法科大学講師（～ 1986 年 5 月）

1986 年 6 月　大阪経済法科大学法学部助教授（～ 1993 年 9 月）

1993 年 10 月 大阪経済法科大学法学部教授（～ 2004 年 3 月）

2004 年 3 月　大阪経済法科大学退職

2004 年 4 月　大阪経済法科大学名誉教授

2006 年 9 月　博士（法学）（京都大学）

2022 年 2 月 22 日　逝去

【所属学会・役員等】

日本法哲学会

法哲学・社会哲学国際学会連合

日本法社会学会

民主主義科学者協会法律部会：理事、事務局長

日本スポーツ法学会：理事

日本生命倫理学会

基礎経済科学研究所：理事、自由大学院校長

大学評価学会　　　　　　　　　　　　　　　　　　　　　　　　など

II　業績

1　単著

・『現代民主主義と多数決原理—思想としての民主主義のために—』（法律文化社、1992 年）

・『都市的人間と民主主義』（文理閣、1994 年）
・『民主主義の深化と市民社会―現代日本社会の民主主義的考察―』（文理閣、2005年）

2　編著

・『アダム・スミス『法学講義 A ノート』を読む』中村浩爾編（基礎経済科学研究所自由学院、2008 年）
・『中支戦線従軍日誌―ある通信兵の前線と銃後―』中村浩爾編著／中村數夫著（文理閣、2009 年）
・『権力の仕掛けと仕掛け返し―憲法のアイデンティティのために―』中村浩爾・湯山哲守・和田進編著（文理閣、2011 年）
・『アダム・スミス『法学講義 A ノート』Police 編を読む』中村浩爾・基礎経済科学研究所編（文理閣、2012 年）
・『労働運動の新たな地平―労働者・労働組合の組織化―』中村浩爾・寺間誠治編著（かもがわ出版、2015 年）
・『社会変革と社会科学―時代と対峙する思想と実践―』中村浩爾・桐山孝信・山本健慈編（昭和堂、2017 年）
・『電力労働者のたたかいと歌の力―職場に憲法の風を―』中村浩爾・田中幸世編著（かもがわ出版、2019 年）

3　共訳書

・『現代法哲学の基本問題』V. ペシュカ著／天野和夫監訳（法律文化社、1981 年）
・『ヘーゲル　法哲学講義録　一八一九／二〇』ディーター・ヘンリッヒ編／中村浩爾・牧野広義・形野清貴・田中幸代（法律文化社、2002 年）
・『リベラリズムとコミュニタリアニズムを超えて―ヘーゲル法哲学の研究―』ロバート・R・ウイリアムズ編／中村浩爾・牧野広義・形野清貴・田中幸世（文理閣、2006 年）
・『ガンス法哲学講義 1832/33 ―自然法と普遍法史―』マンフレッド・リーデル編／中村浩爾・三成賢次・三成美保・田中幸世・的場かおり（法律文化社、2009 年）
・『ガンス　法哲学・社会哲学論集』ホルスト・シュレーダー編／中村浩爾・牧野広義・形野清貴・的場かおり・田中幸世（日本評論社、2018 年）

4　主要論文

・「学問との主体的かかわり―理論と実践についての一考察―」『京大法院会誌　院生論集』創刊号（1974 年）

・「多数決原理に関する一考察（一）～（三）・完―ケンダルの「絶対的多数支配」理論をめぐって―」『法学論叢』101 巻 1 号・101 巻 4 号・102 巻 1 号（1977 年）

・「民主主義と多数支配―我国の多数決論に関する覚書―」『京大法院会誌　院生論集』創刊五周年記念号（1978 年）

・「『生活形態としての民主主義』論の現代的意義― C. J. フリードリッヒの民主主義論を中心として―」『大阪経済法科大学法学論集』4 号（1980 年）

・「絶対的多数支配論のイデオロギー性―「多数決と真理」問題を手がかりとして―」『大阪経済法科大学法学論集』5 号（1981 年）

・「ケンダルの民主主義モデル―絶対的多数支配論の前提（1）―」『大阪経済法科大学法学論集』8 号（1983 年）

・「法的推論における権威の問題について―フリードリッヒの権威概念に関する一考察―」『法と強制（法哲学年報 1982）』（1983 年）

・「ケンダルのロック解釈について―絶対的多数支配論の前提（2）―」『大阪経済法科大学法学論集』11 号（1984 年）

・「第六章　民主主義と討論―戦後民主主義への一視覚―」横越栄一編『現代国家の諸相』（昭和堂、1985 年）

・「戦後日本における個人主義の定着」『金沢尚淑博士追悼論文集　法学の諸問題』（1987 年）

・「The Establishment of"individual"in Japan」Archiv für Rechts-und Sozialphilosophie, Beiheft 30（1987）

・「『日本型集団主義』と『柔らかい個人主義』のイデオロギー的意味―日本における個人主義の受容―」『大阪経済法科大学法学論集』16 号（1988 年）

・「現代における『日本的なるもの』」唯物論研究協会編『日本文化の諸相』（白石書店、1988 年）

・「第二章第四節　民主的人格形成におけるスポーツの役割」川口是編『憲法最前線―権力の仕掛けと仕掛け返し―』（法律文化社、1989 年）

・「『柔らかい個人主義者』の自己認識について」『大阪経済法科大学法学研究所紀要』10 号（1989 年）

・「理性と感情の調和という仮説について― J. C. Smith 氏の所論の検討を中心に―」『大阪経済法科大学法学論集』21 号（1990 年）

・「フラタニティに関する一考察」『大阪経済法科大学法学研究所紀要』11 号（1990 年）

・「都市と民主主義に関する一考察」『法的思考の現在（法哲学年報 1990）』（1991 年）

・「The Ideological Meaning of 'Japanese Collectivism' and 'Soft Individualism', Rechtstheorie, Beiheft 11（1991）

- 「『競争する個人』と『連帯する個人』―川口法思想をめぐって―」『大阪経済法科大学法学論集』29 号（1992 年）
- 「スポーツ・ルールと法規範」『大阪経済法科大学法学研究所紀要』19 号（1994 年）
- 「はじめに」「Ⅰ－一」「Ⅱ－四」川口是先生を囲む憲法と教育研究会編『憲法を生かす力とロマン』（文理閣、1996 年）
- 「スポーツ法における個人・団体・国家―競技者の『自己決定権』をめぐって―」『スポーツにおける契約の諸問題（日本スポーツ法学会年報 3 号）』（1996 年）
- 「『人間の尊厳』と『個人の尊厳』についての一考察」『大阪経済法科大学法学論集』41 号（1998 年）
- 「友愛原理の再生について」長谷川正安・丹羽徹編『自由・平等・民主主義と憲法』（大阪経済法科大学出版部、1998 年）
- 「市民の立場からの司法改革と現代弁護士論」『大阪経済法科大学法学論集』42 号（1998 年）
- 「第 5 章　個人の尊厳の法思想史的定位」竹下賢・角田猛之編『恒藤恭の学問風景―その法思想の全体像―』（法律文化社、1999 年）
- 「都市中間集団と政治哲学」『都市と法哲学（法哲学年報 1999）』（2000 年）
- 「市民社会の構成員に関するヘーゲル思想の示唆―中西洋のヘーゲル解釈を手がかりにして―」『立命館法学』275 号（2001 年）
- 「民主主義の変容と民主主義理念の再創造」『法の科学』31 号（2001 年）
- 「日本法の現状と改革戦略」『大阪経済法科大学法学論集』52 号（2001 年）
- 「Human Rights and Self-determination」Archiv für Rechts-und Sozialphilosophie, Beiheft 78（2001）
- 「青少年スポーツのあり方と倫理のルール化の進展」『アマチュアスポーツをめぐる法律問題（日本スポーツ法学会年報 9 号）』（2002 年）
- 「現代日本法における法化戦略の意義と限界」ホセ・ヨンパルト・田中成明・竹下賢・笹倉秀夫・酒匂一郎・永尾孝雄編『自由と正義の法理念―三島淑臣教授古稀祝賀―』（成文堂、2003 年）
- 「『法哲学』最終講義（2003 年 7 月 10 日）」『大阪経済法科大学法学論集』61 号（2004 年）
- 「『見えない大学』の可能性―豊かな大学像を描くために―」『法の科学』35 号（2005 年）
- 「『マナーのルール化』および厳罰化傾向についての一考察」広渡清吾・大出良知・川崎英明・福島至編『小田中聰樹先生古稀記念論文集　民主主義法学・刑事法学の展望（下巻）刑法・民主主義と法』（日本評論社、2005 年）
- 「国民を真の主人公に」『法の科学』36 号（2006 年）

- 「友愛原理と公共圏」『経済科学通信』111 号（2006 年）
- 「法哲学的視野の中の憲法改定」『経済科学通信』113 号（2007 年）
- 「多元的・重層的な市民社会における社会規範の存在様式―法律・道徳・慣習の協働―」『社会科学研究』60 巻 5 = 6 号（2009 年）
- 「道徳の法化と市民的道徳の形成」戒能通厚・原田純孝・広渡清吾編『渡辺洋三先生追悼論集　日本社会と法律学―歴史、現状、展望―』（日本評論社、2009 年）
- 「改憲動向下の民主主義および民主主義論―民主的実践の過少と民主主義論の過剰―」『法の科学』40 号（2009 年）
- 「A. スミスと J. ロールズ、そして A. セン―A. スミスと現代―」『経済科学通信』120 号（2009 年）
- 「法教育と道徳教育―法と道徳の区別と関連―」『法の科学』41 号（2010 年）
- 「民主主義の諸相」杉原泰雄・樋口陽一・森英樹編『長谷川正安先生追悼論集　戦後法学と憲法―歴史、現状、展望―』（日本評論社、2012 年）
- 「社会編成原理としての友愛」広渡清吾・朝倉むつ子・今村与一編『日本社会と市民法学―清水誠先生追悼論集―』（日本評論社、2013 年）
- 「死刑と裁判員制度」根本到・奥田香子・緒方桂子・米津孝司編『労働法と現代法の理論―西谷敏先生古稀記念論集―（上）』（日本評論社、2013 年）
- 「鶴のように凛として」杉村敏正先生追悼文集編集委員会編『杉村敏正先生の人と学問―杉村敏正先生追悼文集―』（有斐閣、2014 年）
- 「恒藤恭の法思想における理論と実践」『大阪市立大学史紀要』7 号（2014 年）
- 「主要文献案内『スポーツ法学序説』（信山社、2001 年）」角田猛之・ヴェルナー・メンスキー・森正美・石田慎一郎編『千葉正士先生追悼　法文化論の展開―法主体のダイナミクス―』（信山社、2015 年）
- 「現代スポーツにおける法と道徳と政治」大島和夫・榊澤能生・佐藤岩夫・白藤博行・吉村良一編『民主主義法学と研究者の使命―広渡清吾先生古稀記念論文集―』（日本評論社、2015 年）
- 「法学研究者の社会的責任―趣旨説明を兼ねて―」『法の科学』47 号（2016 年）
- 「ファシズム潜在状況と研究者の気概」『法の科学』49 号（2018 年）

＊履歴・業績は、橋本久先生が纏められた「中村浩爾教授　略歴・主要業績目録」『大阪経済法科大学法学論集』61 号（2004 年）、国立国会図書館サーチ、国立情報学研究所学術情報ナビゲータ（CiNii）および各学会・研究会の HP などに掲載されているデータを基に、適宜加筆・修正を加え、作成しました。

執筆者紹介（執筆順　＊は編者）

広渡清吾（ひろわたり せいご）
東京大学名誉教授
主な業績：『社会投企と知的観察―日本学術会議・市民社会・日本国憲法』日本評論社、2022年。『移動と帰属の法理論―変容するアイデンティティ』（大西楠・テアと共編著）岩波書店、2022年。『ドイツ法研究―歴史・現状・比較』日本評論社、2016年

笹倉秀夫（ささくら ひでお）
大阪市立大学名誉教授、早稲田大学名誉教授
主な業績：『法学講義』東京大学出版会、2014年。『法への根源的視座』北大路書房、2017年。『思想への根源的視座』北大路書房、2017年。

牧野広義（まきの ひろよし）
阪南大学名誉教授
主な業績：『ヘーゲル論理学と矛盾・主体・自由』ミネルヴァ書房、2016年。『マルクスの哲学思想』文理閣、2018年。『人間の尊厳と個人の尊重』学習の友社、2022年。

豊川義明（とよかわ よしあき）
弁護士、関西学院大学名誉教授
主な業績：『ウォッチング労働法［第4版］』（共編著）有斐閣、2019年。『労働における事実と法―基本権と法解釈の転回』日本評論社、2019年。『現代労働法論―開かれた法との対話』日本評論社、2023年。

櫻井善行（さくらい よしゆき）
名古屋市立大学大学院経済学研究科研究員
主な業績：「ユニオンショップと少数派組合」中村浩爾・寺間誠治編『労働運動の新たな地平―労働者・労働組合の組織化』かもがわ出版、2015年。『企業福祉と日本的システム―トヨタと地域社会への21世紀的まなざし』ロゴス、2019年。

濱　真一郎（はま しんいちろう）
同志社大学法学部教授
主な業績：『法実証主義の現代的展開』成文堂、2014年。『バーリンとロマン主義』成文堂、2017年。『ハート対ドゥオーキン論争のコンテクスト』成文堂、2020年。

深尾裕造（ふかお ゆうぞう）
関西学院大学 島国と海洋文化研究センター 客員研究員
主な業績：『イングランド法学の形成と展開―コモン・ロー法学史試論』関西学院大学出版会、2017年。『マグナ・カルタの800年』（編著）関西学院大学出版会、2019年。ベイカー著『イギリス法史入門 第5版 第1部〔総論〕』（翻訳）関西学院大学出版会、2023年（第5版 第2部〔各論〕・翻訳、近刊予定）。

戒能通弘（かいのう みちひろ）
同志社大学法学部教授
主な業績：『近代英米法思想の展開―ホッブズ＝クック論争からリアリズム法学まで』
ミネルヴァ書房、2013 年。『法の支配のヒストリー』（編著）ナカニシヤ出版、2018 年。
G・ポステマ『ベンサム「公開性」の法哲学』（単訳書）慶應義塾大学出版会、2023 年。

的場かおり（まとば かおり）＊
大阪大学高等共創研究院（兼）大学院法学研究科教授
主な業績：『プレスの自由と検閲・政治・ジェンダー―近代ドイツ・ザクセンにおけ
る出版法制の展開』大阪大学出版会、2021 年。「19 世紀初頭フランスにおけるプレス
の自由と立法―ドイツ同盟のプレス法議論への示唆」阪大法学 73 巻 4 号、2023 年。『ガ
ンス法哲学・社会哲学論集』（共訳）日本評論社、2018 年。

三阪佳弘（みさか よしひろ）
大阪大学大学院高等司法研究科教授
主な業績：「近代日本の地域社会と弁護士― 1900 年代の滋賀県域を題材として」法と
政治第 62 巻第 1 号、2011 年。『近代日本の司法省と裁判官― 19 世紀日仏比較の視点
から』（単著）大阪大学出版会、2014 年。『「前段の司法」とその担い手をめぐる比較法
史研究』（編著）大阪大学出版会、2019 年。

西谷　敏（にしたに さとし）
大阪市立大学名誉教授
主な業績：『ドイツ労働法思想史論―集団的労働法における個人・団体・国家』日本
評論社、1987 年。『労働法における個人と集団』有斐閣、1992 年。『労働法の基礎構造』
法律文化社、2016 年。

伍賀一道（ごか かずみち）
金沢大学名誉教授
主な業績：『現代資本主義と不安定就業問題』御茶の水書房、1988 年。『雇用の弾力化
と労働者派遣・職業紹介事業』大月書店、1999 年。『「非正規大国」日本の雇用と労働』
新日本出版社、2014 年。

川西玲子（かわにし れいこ）
NPO 法人「働き方 ASU-NET」副代表理事、日本自治労連・元副委員長
主な業績：「つながって、新たな模索と前進を」『労働法律旬報』1877、2016 年。『ジェ
ンダー平等と公務非正規の組織化』（共著）かもがわ出版、2015 年。「公務の市場化の
もと、いま求められる新たな組織化運動」『労働法律旬報』1801、2013 年。

森本壮亮（もりもと そうすけ）
立教大学経済学部准教授
主な業績：『変容する日本経済―真に豊かな経済・社会への課題と展望』（共編）鉱脈
社、2022 年。「『資本論』解釈としての New Interpretation」『季刊経済理論』第 51 巻第
3 号、2014 年。「利潤率の傾向的低下法則と日本経済―置塩定理を中心にして」『桃山
学院大学経済経営論集』第 57 巻第 3 号、2016 年。

福島利夫 (ふくしま としお)

専修大学名誉教授

主な業績：『労働統計の国際比較』(共編) 梓出版社、1993 年。『格差社会の統計分析』(共編) 北海道大学出版会、2009 年。「現代日本の女性労働とジェンダー不平等の構造」『経済』2021 年 3 月号、新日本出版社。

中谷武雄 (なかたに たけお)

一般社団法人文化政策・まちづくり大学 (通称市民大学院)

主な業績：「アダム・スミスと三姉妹芸術」中村浩爾・基礎経済科学研究所編『アダム・スミス『法学講義 A ノート』Police 編を読む』文理閣、2012 年。「「新しい知」のあり方を探る：経済学研究の観点から」(共著)『カタストロフィーの経済思想：震災・原発・フクシマ』昭和堂、2014 年。「ジョン・ラスキンと経済学：『この最後の者にも』と「同一賃金による労働の社会的組織化」」(基礎経済科学研究所) 経済科学通信第 154 号、2021 年 12 月。

北川健次 (きたがわ けんじ)

元公立小学校教員、現大学講師

主な業績：「生活綴方教育の再構築」中村浩爾他編『社会変革と社会科学』昭和堂、2017 年。「教師の研修と大学」『教育』2023 年 10 月号、旬報社。

田中幸世 (たなか さちよ)

大阪経済法科大学アジア研究所客員研究員、基礎経済科学研究所理事

主な業績：「ガンス法哲学講義にみる労働と貧困─アダム・スミス受容の一側面」『法の科学』41 号、2010 年。「自由大学運動と現代」中村浩爾ほか編『社会変革と社会科学─時代と対峙する思想と実践』昭和堂、2017 年。『電力労働者のたたかいと歌の力─職場に憲法の風を』(共編著) かもがわ出版、2019 年。

後藤宣代 (ごとう のぶよ)

福島県立医科大学医学部非常勤講師

『カタストロフィーの経済思想─震災・原発・フクシマ』(共著) 昭和堂、2014 年。『21 世紀の新しい社会運動とフクシマ─立ち上がった人々の潜勢力』(共編著) 八朔社、2020 年。『核と放射線の現代史─開発・被ばく・抵抗』(共著) 昭和堂、2021 年。

奥野恒久 (おくの つねひさ) *

龍谷大学政策学部教授

主な業績：『アイヌ民族の復権─先住民族と築く新たな社会』(共編) 法律文化社、2011 年。『人権論入門─日本国憲法から考える』法律文化社、2019 年。「1990 年代以降の憲法学における平和主義論」龍谷大学政策学論集第 10 巻第 1 号、2020 年。

本多滝夫 (ほんだ たきお) *

龍谷大学法学部教授

主な業績：『辺野古訴訟と法治主義─行政法学からの検証』(共編) 日本評論社、2016 年。『転形期における行政と法の支配の省察』(共編) 法律文化社、2021 年。『デジタル化と地方自治─自治体 DX と「新しい資本主義」』(共著) 自治体研究社、2023 年。

大田直史（おおた なおふみ）

龍谷大学政策学部教授

主な業績：『行政サービスのインソーシング』（共著）自治体研究社、2021 年。『地方自治法入門〔第 2 版〕』（共著）成文堂、2021 年。『公共政策を学ぶための行政法入門』（共著）法律文化社、2018 年。

豊崎七絵（とよさき ななえ）

九州大学大学院法学研究院教授

主な業績：『刑事訴訟における事実観』日本評論社、2006 年。「再審請求権の本質」法律時報 92 巻 1 号、2019 年。「犯人の言動に関する経験則について」後藤昭編集代表『裁判員時代の刑事証拠法』日本評論社、2021 年。

大島和夫（おおしま かずお）

神戸市外国語大学名誉教授、京都府立大学名誉教授

主な業績：『世界金融危機と現代法』法律文化社、2009 年。『日本の法学とマルクス主義』法律文化社、2019 年。「資本主義世界の変化と日本」『京都府立大学学術報告・公共政策』14 号、2023 年。

桐山孝信（きりやま たかのぶ）＊

大阪公立大学名誉教授

主な業績：『民主主義の国際法』有斐閣、2001 年。『社会変革と社会科学―時代に対峙する思想と実践』（中村浩爾・山本健慈と共編）昭和堂、2017 年。「恒藤恭の国際法・世界法研究（1）～（5 完）」大阪市立大学法学雑誌 51 巻 4 号～64 巻 1・2 号（2005～2018 年）。

編者紹介

桐山孝信（大阪公立大学名誉教授）

本多滝夫（龍谷大学法学部教授）

奥野恒久（龍谷大学政策学部教授）

的場かおり（大阪大学高等共創研究院〈兼〉大学院法学研究科教授）

民主主義の深化と真価 —思想・実践・法—

2024年3月15日　第1刷発行

編　者	桐山孝信・本多滝夫 奥野恒久・的場かおり
発行者	黒川美富子
発行所	図書出版　文理閣 京都市下京区七条河原町西南角 〒600-8146 電話（075）351-7553　FAX（075）351-7560 http://www.bunrikaku.com
印　刷	新日本プロセス株式会社

ISBN978-4-89259-953-8